L'APOLLON MODERNE,

OU LE

DÉVELOPPEMENT INTELLECTUEL

PAR LES SONS

DE LA

MUSIQUE.

CET OUVRAGE SE VEND

A LYON,
{ Chez C. R. BRIJON, Auteur, à côté
le marchand de liqueur, rue du
Bât-d'Argent, proche de la place
duP lâtre.
Chez les freres PÉRISSE, Libraires,
rue Merciere.

A PARIS,
{ Chez PISSOT, pere & fils, Quai des
Auguftins.
Chez ESPRIT, au Palais Royal.

A Touloufe, chez CROSAT.

A Aix en Provence, chez DAVID.

A Lille, chez JACQUEZ.

A Bordeaux, chez L. G. LA BOTTIERE.

A Rennes, chez RAVAUX ET J. VATAR.

A Nantes, chez la veuve VATAR.

A Strasbourg, chez KONIG.

A Dijon, chez FRANTIN.

A Nancy, chez BABIN.

Nta. L'Auteur procurera l'inftrument appelé Aurillette, aux perfonnes qui le voudront.

L'APOLLON MODERNE,

OU LE

DÉVELOPPEMENT INTELLECTUEL

PAR LES SONS

DE LA

MUSIQUE.

Nouvelle découverte de premiere culture, aisée & certaine pour parvenir à la réuſſite dans les Sciences, & nouveau moyen d'apprendre facilement la Muſique.

PAR C. R. BRIJON.

Pour inſtruire l'homme, la marche de la nature eſt toujours la meilleure.

Héloï... *l.* III. 5 p.

DEUXIEME ŒUVRE.

Prix en blanc avec les exemples & les airs gravés, 9 liv.

A LYON;

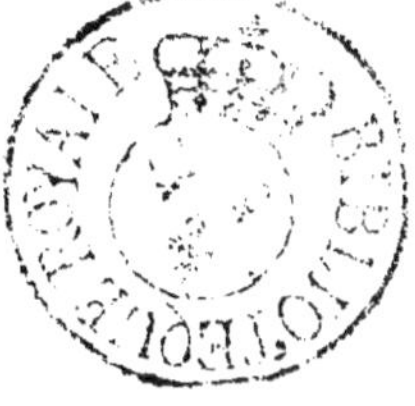

M. DCC. LXXX.

Avec Approbation & Privilége du Roi.

AVERTISSEMENT.

L'ON rend cet Ouvrage public, parce qu'il eſt reconnu avantageux & utile à la jeuneſſe, il ſe pratique même en quelques parties, mais non dans leur ordre, manquant ou ajoutant à la plupart de leurs attributs, ce qui peut empêcher que l'on ne réuſſiſſe.

Je penſe qu'on voudra bien ſuivre & ſe conformer exactement à ce qui eſt dit dans ce livre, qui ayant été lu à des meres de familles l'ont, non—ſeulement trouvé intéreſſant, mais ont préféré & adopté, pour leurs enfans, les inſtructions qu'il renferme ; & de plus, leur ſatisfaction s'eſt répandue juſqu'à faire la plus grande partie des remarques & des obſervations que voici :

Dans la jeuneſſe on laiſſe ignorer toutes les propriétés de la Muſique ſi convenable à la conſtitution humaine, ou au lieu de faire connoître les avantages de cet art ; on le peint ſous les couleurs les plus

a iij

foibles, en le traitant d'art difficile, pénible, & presqu'inutile.

Que de personnes chargées de la premiere éducation qui le rejettent continuellement comme nuisible, dangereux,
déplacé, ne pouvant que distraire &
empêcher de profiter de ce qu'ils ensei-
gnent ! Ces idées sont tellement répan-
dues, reçues & même écrites, qu'on juge
à peine la Musique propre à autre chose
que pour ce qui est dissipation, frivolité ;
c'est aussi pourquoi on cultive & on regarde
cet art comme un pur agrément, & pour
compléter l'éducation. Que l'on est éloigné des vraies propriétés & utilités de
la Musique ! autrefois elle étoit tout, la
source & l'origine des grandes choses,
de toutes les sciences & des arts ; en cela
elle n'a rien perdu que dans les esprits,
elle a même, quant à elle, gagné à quelques égards.

L'on verra assez, dans cet ouvrage, pour
juger de ce qu'elle doit être, & en effet,
elle est la premiere culture, comme on va
le prouver.

Que l'on examine les enfans, par la
multitude d'objets qu'ils voient, leur ame
ne peut se fixer. Dans ce qu'on leur dit,
dans ce qu'on leur apprend, elle n'en

peut faire davantage , en ce qu'il faudroit que leur réflexion agît ou pût agir au-deffus de ce qu'elle fait. La fuite qu'ils mettent dans ce qu'ils difent, dans leur action, eft beaucoup trop courte , trop foible , trop inférieure , & en deffous de ce qu'il faudroit ; parce que fans propor-tion , fans combinaifon , & fans ordre fuivi, on ne peut être inftruit ni inftruire. A 7 à 8 ans les plus favorifés de la na-ture,font ceux en qui la mémoire fe trouve développée à certain point; ils ont retenu en partie ce qu'on leur a appris , ils le confondent avec les idées qu'ils ont des objets qui ont frappés leurs yeux , & entr'autre leurs oreilles , on leur a fait pratiquer des principes que leur ame ne juge point; ou en juge fi peu de chofe que ce n'eft prefque rien , ils ont de l'ef-prit, une intelligence qu'on pourroit ap-peller défordonnée , ils ont de la fineffe , ils font adroits, ils parlent & agiffent , & cela, pour bien dire , fans juftefse & fans conception.

Des philofophes de toutes les nations favantes fe font efforcés de trouver le meilleur moyen de développer l'efprit de la jeuneffe , mais ils n'ont pas réuffis ; il n'y a cependant que la Mufique dans laquelle on ne trouveroit aucun obstacle, & au surplus, qui présenteroit toutes sortes d'avantages. Dans ses sons on y trouve l'ordre suivi, la combinaison, la proportion ; l'ame par l'oreille est frappée de ces trois choses en peu de temps, & cela peut y être gravé de très-bonne heure. Versé dans ces trois ordres, qui sont la base de toute culture, dans l'instruction que reçoivent les enfans, leur ame appercevant & sentant ce qui est conforme deviendroit promptement bon juge.

On n'ignore pas que la Musique se trouve des plus nécessaires, pour maintenir, déterminer la santé dans certaine circonstance ; entr'autre, elle est un des meilleur préservatif contre les maladies de nerf, la consomption. Je ne suis pas le seul qui ait vu des personnes qui en étoient atteintes, & quoiqu'à l'âge de 30 à 40 ans, leur disposition pour la Musique ne se trouvant pas encore effacée, elles l'ont cultivée pendant 3 à 4 années presque tous les jours, & ont été parfaitement rétablies, même au point, que quelques-unes ont eu après ce temps des maladies, sans aucune cause des premieres.

Nous distinguons la Musique comme utile & comme agréable, par ses prepriétés & utilités : elle eſt pour tout le monde ; mais la poſſéder, l'exécuter dans le haut dégré de diſtinction , ne peut guere convenir qu'à ceux qui en font état , en ce que l'exercice continuel qu'il en faudroit faire pendant la plus belle & la plus grande partie de la jeuneſſe , eſt le temps le plus précieux emporté pour toute inſtruction.

Ici, la Muſique eſt traitée pour développer, déterminer & aſſujettir promptement les parties intellectuelles dans l'ordre qui convient, pour ce qui eſt inſtruction ; & encore, pour parvenir à reſſentir, retirer & jouir du fruit de ſes effets.

On la cultive par ſes premiers principes continués par gradation, & ils ſont rédigés à la portée de la jeuneſſe. La Muſique s'y trouve une des plus courtes parties des inſtructions néceſſaires ; après quoi, l'exercice de ſa partie agréable reſte dans tous ſes droits, & la réuſſite à certain degré plus aſſurée, attendu que ſes vrais principes ſeront en ſoi. Chacun de ſes principes contenus dans ce livre , eſt éclairci & appuyé par l'exemple en gravure , qu'on trouvera par le moyen des nombres indicatifs , en chifre *arabe* ou *romain*, avec le nombre de la page. Pour voir plus commodément les exemples de Muſique & les pratiquer, ils ſont réunis & ſéparés du corps de l'impreſſion, & les gravures ſont à l'imitation des copies faites à la main, afin que les yeux ne ſe fatiguent point en quittant ce livre, qui néanmoins ſe reliera en un ſeul volume ſi l'on veut.

INTRODUCTION
ESSENTIELLE.

Les esprits éclairés se réunissent de toutes parts. La vérité allume son flambeau pour la félicité générale, & va fouler au pieds tous les monstres qui troublent l'ordre social, les vices. C'est l'ignorance qui les a enfantés, & il n'appartient qu'aux sciences de les étouffer.

La culture fait tout sur les hommes, & principalement sur les êtres bien organisés. On a encore trop négligé jusqui'ici les arts qui tendent à dissiper la barbarie, un des plus essentiels, c'est la Musique.

L'employant à former de bonne heure l'oreille des enfans dans la maniere que l'on verra, elle les prépare à toutes opérations intellectuelles dans les différens états qu'ils seront dans le cas d'embrasser.

La réussite dans les sciences plus ou moins même pendant la vie, dépend presque toujours des premieres cultures; pour moi, je croirois avoir bien mérité de la patrie, en fixant toute mon attention sur un objet aussi important que celui-ci.

Nous vivons sous un regne où le bonheur ne peut plus nous fuir. Le Monarque qui tient en ses mains les rênes de l'état, n'a d'autre vue que notre bien être, & son Auguste épouse fidelle imitatrice de sa bienfaisance & de sa bonté, s'efforce, à son exemple, d'être les délices de la terre, en regnant sur tous les cœurs par ses vertus & ses bienfaits; puissent leurs descendants, en s'immortalisant comme eux, se servir toujours de leur puissance pour la gloire & le bonheur de leurs sujets!......

En m'armant de zele & de courage pour soulager l'humanité dans la premiere culture, j'ai cru ne pouvoir mieux faire que d'employer des moyens capables d'en ôter la gêne, la fatigue & l'ennui toujours nuisibles à la santé dans le premier âge; ces moyens, fondés sur l'expérience, développeront l'intelligence plus surement que ceux dont on a fait usage jusqu'à présent.

La route que je vais tracer est nouvelle

a bien des égards , & facile à pratiquer comme à faire pratiquer.

Pour entrer en matiere , nous difons & nous établiffons, conformément à la phyfique & à la raifon, que la culture & les fenfations que recevroit l'oreille par un inftrument fimple & jufte dans le premier âge , ou la proportion , la combinaifon , & l'égalité feroient dans les fons de cet inftrument , l'ame fe formeroit dans chacune de fes parties ; les fibres , dans le cerveau, vibrant quelques inftants chaque jour dans ces trois ordres pendant deux années, & un peu plus à quelques-uns , l'appercevant néceffaire.

L'oreille certainement acquéreroit la jufteffe de fes fons ou tons, & cela feroit encore très-utile à la fanté , en ce que ces vibrations harmonieufes fuppléeroient au défaut d'action , & feroient circuler les liqueurs avec aifance. Pour inftruction relative , l'on préféreroit à fe fervir des nombres , & à faire compter jufqu'à trente par des objets amufans qui fixeroient l'atten-tion fans la fatiguer. Il s'enfuit , que ces en-fans dans ce que l'on voudroit les éduquer fuivant leur portée , feroient inclinés à effectuer ce que leur ame fentiroit , leurs fibres ayant l'action d'ordre , de combi-

naiſon , de proportion , & leur mémoire ;
leur conception par ces ſecours reçus ,
ſont en fonctions , & cédent avec facilité.
A l'égard du chant , c'eſt de rendre l'oreille
des plus juſtes pour la Muſique , en cultivant cet organe ſans faire du tout
chanter à l'âge de ſix ans , & pendant le
temps convenable par les ſons du violon ,
d'où il réſulte que l'ame devient excellent
juge pour diriger la voix. Et pour cultiver la Muſique , c'eſt par une maniere
d'en enſeigner les regles pour les apprendre parfaitement , auſſi ſans faire
chanter , & lorſque les organes auroient
acquis aſſez de force , pour lors on chan-
teroit.

Ces articles ſont la baſe de cet ouvrage ,
qui paroît d'autant mieux fondé , qu'il eſt
peu de perſonnes en qui la nature ait
refuſé une bonne organiſation à l'oreille
& à la voix , ainſi qu'on le verra , ce
qui fait croire que juſqu'à préſent , c'eſt
par le défaut de méthode , que quantité
de gens ne réuſſiſent pas , ou imparfaitement dans la Muſique.

Après l'examen des différentes manieres d'enſeigner , des méthodes écrites ,
un grand nombre d'expériences de l'ouïe
& de la voix , relatives à la Muſique ,

depuis l'enfance jusqu'à un âge avancé, & après avoir recherché toutes les caufes phyfiques des faits dans ces deux organes, je fuis parvenu à trouver cette premiere culture de l'oreille, & cette premiere inftruction citée, & qui conduit à un moyen d'enfeigner les lettres de l'alphabet, les affembler par deux, par trois, en amufant les enfans fans fatiguer leur attention, & ce qui n'exige qu'un peu de précaution de la part de ceux qui en ont foin.

La Mufique étant le mobile & la fource de cet ouvrage, on fent qu'il eft indifpenfable d'en rapporter l'hiftorique néceffaire, & autres faits de l'hiftoire, particuliers & importans, de nouveau, de curieux, d'amufans parfemés dans ce livre, afin de détendre, égayer & reveiller l'attention ; ce moyen dans cet ouvrage fe trouve préférable à cet ordre ftrict & pédantefque, qui jette dans l'ennui fouvent jufqu'à l'anéantiffement ; & dans fon cours, l'ordre qui a paru le mieux convenir, eft celui, comme fe font préfentés les circonftances, les évenemens, les nouveautés, &c.

La phyfique ayant le principale rôle dans cet ouvrage, où pour y tout voir avec netteté, & pour utilité à l'éducation,

on ne peut être difpenfé d'avoir quelques
idées du phyfique anatomique des organes
de l'ouie, de la voix, & fur ce qui re-
gaide l'ame ; chacune de fes parties font
traités d'une maniere claire pour tout le
monde , par Mr. Julien, docteur en
médecine.

Si l'on trouve trop de détail, quelques
endroits répétés dans le cours de ce livre ,
ou dans les inftructions, dans les principes de Mufique , on envifagera qu'il
eft dangereux d'être concis pour faire
entendre & concevoir à des enfans ce
qu'on leur apprend ; l'on a tellement
réduit & affoiblit les élémens de Mufique ,
qu'il n'en refte prefque plus que l'écorce ,
encore a-t-on laiffé fubfifter toute les
pofitions de clefs où il n'en faudroit qu'une,
& tout au plus une deuxieme par tolérance.

On fent la néceffité d'être inftruit & de
l'être bien , ainfi les premiers principes
que l'on donne à des enfans ne peuvent
être qu'étendu , fimple , bien fuivi , &
nettement expliqué ; les idées qu'ils en
confervent leur font des plus fructueufes
pour ce qu'ils ont a apprendre à mefure
qu'ils avancent en âge, & ce n'eft guere
qu'à dix à onze ans que la conception ,
l'intelligence cedent à ce qui eft concis ,
bien

bien entendu à un degré conforme , &
qui doit ne s'augmenter qu'en proportion.

On répete encore une fois que ces principes font·pour des enfans , ils font rédigés à leur portée , & les géneront peu.
C'eſt pourquoi dans un ouvrage de diſ-
cuſſion & d'établiſſement de préceptes,
tel que celui-ci, on ne peut guere y rencontrer qu'une diction naturelle ; toute
autre ſentiroit le charlataniſme , & ne
prouveroit rien à mon avis.

Les nouveautés qu'il contient , font
les fondemens creuſés davantage , ou
pris en deſſous des principes·élémentaires
connus de premieres inſtructions & de
Muſique , dont on profitera en aſſurance,
n'étant plus trop au–deſſus des diſpoſitions
après la pratique de ces nouveaux préceptes. Il ſemble que ceux qui inſtruiſent
fuient d'examiner le phyſique & le moral
de l'homme ; ils ne font parade que d'eſprit,
& ne préferent que leur amuſement dans
les préceptes qu'ils donnent beaucoup
trop au–deſſus de la portée des éleves , &
les fatiguent juſqu'à les énerver , vu
qu'un ſi grand nombre peut à peine les
entendre, & perdent un temps très-con-
ſidérable pour n'en retenir que quelques

parties encore imparfaitement , & à combien n'en refte – il qu'une confufion qui
ne fert qu'à affoiblir leur efprit , ce qui n'arrive que trop par malheur pour la foẃiété.

Les ingrates difpofitions devenant
bonnes par cette nouvelle culture , à plus
jufte raifon , les bonnes en retirent
avantage bien plus promptement.

La Mufique jufqu'à préfent n'a été
regardée que comme un agrément d'é-
ducation , & à cet effet mal cultivée ;
elle doit en être la premiere partie par
fes rapports à notre conftitution & fes
effets fur nous , qui nous en prouvent à
tous égards la néceffité & l'utilité , pour
le peu que l'on veuille penfer & refléchir,
l'on conviendra de ce fait.

Pour reffentir les effets de la Mufique
dans leur étendue , comme pour bien
l'exécuter à l'âge fait , il eft néceffaire
de la favoir , & l'on ne peut bien l'apprendre que dans la grande jeuneffe ,
auffi établi–t–on tous les moyens en
conféquence.

Les jeunes perfonnes qui ne voudroient s'adonner qu'aux inftrumens ,
pour y bien réuffir , ne peuvent fe paffer
des inftructions de ce livre.

On a rédigé les principes de Musique, de maniere qu'il a fallu peu y ajouter pour l'apprendre par les méthodes ordinaires, & ceux qui auront la volonté d'en faire usage à tout âge, pourront se satisfaire ; ainsi outre les nouveautés, cet ouvrage contient tout ce qui est élémentaire dans le genre.

On pratiquera les méthodes ordinaires de Musique, (en chantant comme on a toujours fait, ou ne chantant pas, ainsi établi par cette nouvelle maniere,) soit sur la seule clef de *sol* à la seconde ligne ; sur la clef de *fa* à la quatrieme ligne, ou sur toutes les deux, ou sur toutes les positions de clef, ou toutes ces positions ne se pratiqueront qu'après la connoissance de quelques principes, n'ayant fait usage que de la clef de *sol* à la deuxieme ligne. C'est on ne peut pas plus mal-à-propos, que certains maîtres préferent encore de faire commencer par la clef d'*ut* à la premiere ligne, puisque l'on ne fait usage partout que de la clef de *sol* à la deuxieme. L'on peut aussi pratiquer par la transposition, c'est-à-dire, le dernier *dieze* ou dernier *bémol* posé à la clef se transmet

b ij

en ton majeur ou mineur toujours
naturel , qui décide la clef & la poſition
que l'on doit pratiquer.

Cet ouvrage eſt en deux parties contenues dans ce volume. La ſeconde comprend tous les principes de Muſique &
les leçons notées ; elle commence par
un petit diſcours ſur la néceſſité de la
théorie pour la culture des arts , & particuliérement pour la Muſique, & en ſon
lieu & place , eſt un moyen pour l'articulation de la parole dans le chant.

La premiere partie eſt en quatre ſec-
tions , on va voir ce qu'elles contiennent.
Pour la commodité des lecteurs , on les
a diviſée par article , & de même la ſeconde,
pour faciliter les maîtres & les éleves.
Le nombre de chaque article d'ici renverra
au même nombre dans l'ouvrage.

TABLE INDICATIVE

Des principales matieres contenues dans ce livre.

SECTION PREMIERE.

la bruyante fait fuir les animaux féroces. L'Hyenne animal des plus féroces se laisse prendre par le chant mélodieux, & par le son des instrumens. Pouvoir de la Musique sur les oiseaux. Certains oiseaux imitent les sons qu'ils ont entendus & retiennent des airs. Comment l'on peut chanter sans apprendre à chanter. Exemple dans une jeune femme.

ART. IX. *De la Musique de la nature. Remarque de Jean Jacques Rousseau. Notre Musique fait des enthousiastes, l'organe de l'ouie acquiere les qualités convenables.*

ART. X. *Combien l'ouie est nécessaire à l'homme, démonstration de Mr. de Buffon. Les sons de la trompette ont rendus l'entendement à des enfans sourds.*

ART. XI. *Des grosses voix de femme, dans les jeunes filles ce défaut peut se corriger. Défaut de conformation dans l'organe de l'ouie, & qui fait que la voix fausse, reconnue par Mr. de Buffon; ses remarques; moyen de tirer quelqu'avantage de ce défaut. Pourquoi en Italie, en*

SECTION TROISIEME.

ARTICLE XIV. Différentes expériences sur l'ouïe, en le cultivant par les sons du violon, dès l'âge de cinq à six ans jusqu'à un âge avancé ; ce qui en a résulté.

ART. XV. Dans les deux sexes à dix-huit mois les enfans ont la même voix. Le défaut de justesse dans la voix prend sa source quand on apprend à parler aux enfans, cause qui augmente ce défaut à mesure qu'ils avancent en âge. Pourquoi la plus part des gens du peuple & de campagne chantent juste leurs chansons & dansent en mesure. Causes pourquoi des gens ont la voix fausse & roide ayant l'oreille des plus justes.

L'âge ou la voix de fille se forme, & de la muë de celle des garçons.

ART. XVI. Si l'on n'a point chanté, ou peu entendu chanter, ou des

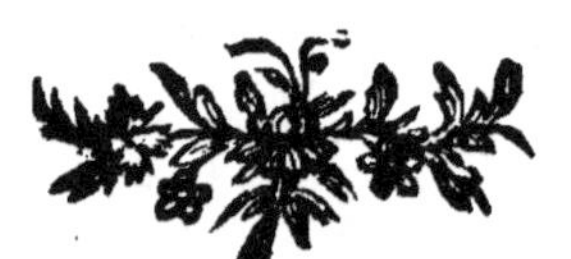

SECTION QUATRIEME.

ARTICLE XVIII. *DE la premiere éducation des enfans. La Musique, premiere culture de toute ; bons effets de ses sons dans le cerveau où tout objet à ses rapports, les rapports de ses rapports, &c. &c. Les connoissances physiques du cerveau devroient être une partie de l'éducation, avantages qui en résulteroient pour soi & la société. Les peuples bercés & élevés dans la Musique ont toute facilité pour la culture des sciences & des arts.*

Pourquoi la méthode que l'on établit ici est plus avantageuse que tout autre.

ART. XIX. *L'instrument pour cultiver l'oreille s'appelle aurilette, sa construction, & le détail des leçons qu'il renferme.*

Par le produit de cet instrument, il s'établit dans le cerveau l'idée de l'ordre, de combinaison, de

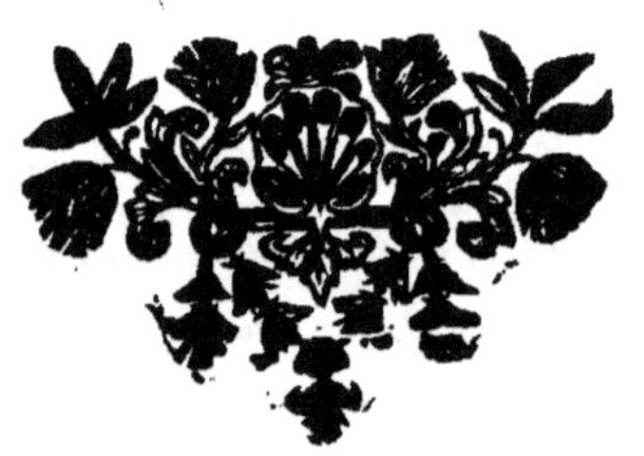

L'APOLLON

L'APOLLON MODERNE,

OU LE

DÉVELOPPEMENT INTELLECTUEL

PAR LES SONS

DE LA

MUSIQUE.

SECTION PREMIERE.

ARTICLE I.

LES beaux arts ne contribuent pas seulement à l'amusement, ils concourent encore à l'utilité, en épurant le goût ; ils influent sur tout ce qui peut faire la félicité de l'homme qui leur doit son élévation ; ils embellissent les arts utiles, adoucissent les caracteres durs, développent &

A

perfectionnent la délicatesse des sentimens , ce qui conduit aux égards réci-
proques qui font l'ame & le soutien de
la société , & qui font nécessaires pour
former des liaisons , des intimités , même
avec les personnes les plus éloignées.

Lorsqu'on les possede, l'on est recherché , accueilli , chéri & considéré. Ils
font répandus presque par-tout , & cons-
tituent cette douce harmonie qui lie
toutes les nations. Ils font propices au
commerce qui leur doit son lustre ; ils
se secourent mutuellement & ont une
liaison inséparable entr'eux.

L'on ne peut gueres donner de certitude sur l'origine des arts , les circonstances , les événemens , les besoins les
ont fait naître ; les objets qui avoient
quelque rapport & une suite entr'eux ,
ont été rassemblés ; les connoissances se
font augmentées , les observations se
font accumulées ; de là il s'est formé des
savans qui ont mis l'ordre , dirigé les
principes , & ont fait différens corps
d'arts & de sciences qui se font accrus par
degré , ainsi l'on pourroit dire qu'ils font
l'ouvrage de tout le monde.

La Musique est aussi utile & nécessaire
que les autres arts , tout étant dans un

ordre tel que l'on ne peut se passer d'aucun, elle est des plus anciennes, &, pour ainsi dire, la source de toutes les sciences, son invention & celle des instrumens font une suite du chant qui n'est pas moins naturel que la parole.

La Musique a été employée, dès son commencement, pour le culte divin, les sentimens vifs & les transports qu'elle cause à l'ame lui font épancher sa joie. Ainsi David, dans ses divins Cantiques, louoit, adoroit, chantoit les grandeurs de Dieu & publioit ses bienfaits.

Dans la famille de Caïn, l'usage de la Musique fut bien opposé; ceux qui la cultiverent la réduisirent en art, rappelerent leurs observations à des regles fixes, la varierent par le secours des instrumens, & la perfectionnerent pour l'asservir aux objets qui flattoient leurs sens & pour leur plaisir personnel.

Le peuple de Dieu ne travailla à son accroissement que pour la gloire de son souverain maître, & l'on ne peut douter qu'il n'inspirât à ses ministres & à ses chantres comme il vouloit qu'on célébrât ses louanges.

Les chantres Israélites porterent la

fcience du chant jufqu'où elle pouvoit
aller , & étoient parvenus à la perfection fur tout ce qui regarde le fon de
la voix & des inftrumens; par là, tout étoit
proportionné à la majefté de Dieu. L'on
voit parmi les Lévites un ordre admirable pour l'exercice de fon augufte
miniftere ; ils étoient au nombre de quatre mille chantres , partagés en différens
corps , dont chacun avoit fon chef
dont le genre, auffi bien que les fonctions
étoient marqués.

Voici un échantillon de cet ordre dans
la diftribution que David fit des parties
de la Mufique fainte , avec laquelle il
voulut folennifer le tranfport de l'arche
de là maifon d'Obédédon dans la cita-
delle de Sion.

Toute la troupe de muficiens étoit divi-
fée en trois chœurs , les premiers avoient
des inftrumens de cuivre concaves, fort
retentiffans , femblables à nos timbales,
mais ils n'étoient pas couverts de
peaux , ils étoient dans leur vide
traverfés de barres doublées , qu'on
frappoit en différens endroits ; ces fons
fe marioient fort bien avec les trompettes facerdotales qui précédoient ; &
par leurs mouvemens vifs , perçans &

coupés, ils étoient très-propres à réveiller l'attention des auditeurs.

La seconde troupe des chantres, composée de dessus, touchoit un autre instrument. Le troisieme chœur étoit composé de basses qui servoient à nourrir & à soutenir ces dessus, avec lesquels ils étoient toujours d'accord, parce qu'ils étoient conduits par le même maître des chantres.

David avoit une si grande connoissance des effets de la Musique, qu'il calmoit avec les sons de sa harpe les fureurs de Saül.

La Musique, répandue par-tout, formant deux classes différentes, se trouve indispensablement nécessaire dans quantité d'occasions, eu égard aux sensations qu'elle faisoit, & qu'elle pouvoit faire, de même que les instrumens. On remarqua ses caracteres différens pour les appliquer & en faire usage de chacun où il pouvoit convenir. L'on se servoit des instrumens de Musique pour exciter l'ardeur martiale des combattans. Quintilien attribue en partie la réputation de la milice Romaine, à l'effet que produisoient sur les légions les sons guerriers des corps & des trompettes, & tout exercice militaire, ne se conduisoit que par le secours des caracteres différens de Musique d'instrumens. Chaque peloton de troupes distinguoient ses assemblées, ses départs, ses exercices & leurs différens mouvemens; les assemblées générales, les exercices tous réunis. Les différentes marches, & la marche pour l'approche du lieu du combat, lorsqu'il falloit le livrer, le raliement des troupes dispersées, la retraite dans leur quartiers, &c. Il y avoit les caracteres pour inspirer le courage, le ranimer lorsqu'il étoit abbattu, pour l'annonce de la victoire & pour son triomphe.

La Musique s'augmenta & se perfectionna considérablement parmi les payens, ils lui reconnurent des effets si merveilleux, que la plupart seroient au-dessus de notre croyance, s'ils n'étoient assurés par les plus graves philosophes & les plus judicieux historiens. Je vais seulement en rapporter quelques faits, qui en donneront assez d'idées pour appercevoir ce qu'elle renfermoit.

Ils attribuerent l'invention de la Musique à Apollon, Mercure, Amphion, Orphée, Terpandre, (au son de sa lire, il appaisa une sédition à Samos) & à douze ou quinze autres Musiciens célebres qui la perfectionnerent jufqu'au temps de Thimotée, qui étoit encore célebre poëte & le plus habile de fon temps pour jouer de la citarre à laquelle il avoit ajouté quelques cordes ; il a multiplié les tons de la Mufique & les cordes à la lire , il étoit fi parfait muficien , & produifoit des fenfations fi vives fur Alexandre, qu'il exitoit en lui des fureurs & les calmoit. L'Egypte fut regardée comme l'école de la fageffe , l'origine des arts & des fciences ; on croit que la poéfie y prit naiffance , que la Mufique en donna l'idée par fa mefure , & par fa cadance , & par le rapport que les fons ont les uns avec les autres, & par leur conformité avec les organes , compofant cette ordre combinée & fatisfaifant.

Pendant long-temps , l'on ne connût point de poéfie qui ne fût chantée ; on la croyoit inféparable de la Mufique , ce qui les fit confidérer comme deux fœurs les plus unies , que l'on regardoit comme le langage des dieux.

Les plus grands hommes de la Grèce, allerent en Egypte exprès pour y puifer les plus rares connoiffances. Les arts & les fciences s'accrurent prodigieufe-ment par les génies Grecs qui devinrent les feuls modeles de tout l'univers ; ce font eux qui mirent la Mufique en grande vénération par le cas qu'ils en faifoient, & encore plus par toutes les recherches qu'ils avoient faites pour en établir prefque tous les principes, les rapports des fons, les calculs, l'étude de fes propriétés, pour exciter telles ou telles fenfations dans l'ame, la ravir, l'extafier, & déterminer fes effets fur les corps, auffi, felon eux, l'ame étoit, pour ainfi dire, formée d'harmonie. Sous le nom Mufique ils comprenoient la collection de toutes les fciences : Hermès la définit, comme la connoiffance de l'ordre de toute chofe. C'étoit auffi la doctrine de l'école de Pythagore & de celle de Platon, qui enfeignoient que tout étoit Mufique dans l'univers, & ce nom étoit donné à tous les arts par les Athéniens. On ne peut plus douter du haut degré de perfection où ils porterent la Mufique; pour la poéfie, elle fut jufqu'à fon dernier période. Les poëtes étoient muficiens, les muficiens étoient poëtes, & chacun d'eux faifoit la Mufique & les vers, les prêtres compofoient les hymnes accompagnées d'inftrumens, & la Mufique à l'honneur des dieux; ils étoient tous orateurs & philofophes du premier ordre. Il n'eft plus étonnant qu'ils fuffent perfuadés que la Mufique pouvoit contribuer à former le cœur des jeunes gens, en y introduifant une forte d'harmonie qui pût les porter à tout ce qui eft honnête. Rien n'étoit plus utile, felon Plutarque, que la Mufique pour exciter en tout temps à toutes fortes d'actions vertueufes, & fur-tout lorfqu'il s'agiffoit d'affronter les périls de la guerre.

Platon & Ariftote recommandoit qu'on eût grand foin de la faire apprendre aux jeunes gens, outre cela, elle a une liaifon néceffaire avec cette partie de la grammaire appelée profodie. Les Pithagoriciens s'en fervoient pour exciter le cœur à des actions louables.

Athénée affure que toutes les loix divines & humaines, les exhortations à la vertu, la connöiffance de ce qui concernoit les dieux, les vies & les actions des hommes illuftres, étoient écrites en vers & chantées publiquement par des chœurs & des inftrumens.

Polibe, hiftorien fage, rapporte que les premiers Arcadiens, très-aufteres dans leur genre de vie, lorfqu'ils fonderent leur république, firent de la Mufique une partie de leur difcipline, ils contraignoient les jeunes gens à s'y appliquer jufqu'à l'âge de trente ans , pour adoucir la rudesse du naturel , occasionnée par la tristesse & la froideur de l'air , & le travail manuel & pénible. Mais que les Cynétiens qui la négligerent , surpasserent en cruauté tous les Grecs , & qu'il n'y a point de ville où l'on ait tant vu de crimes que dans celle de Cynethe.

La Musique étoit devenue une science bien étendue , puisque , outre la composition des chants musicaux , & l'exécution de ses chants avec la voix & sur les instrumens à quoi se borne la nôtre , la leur comprenoit l'art poétique qui enseignoit à faire des vers de toutes sortes , aussi bien qu'à mettre en chant ceux qui en étoient susceptibles; l'art de la saltation & du geste , qui enseignoit les pas & l'attitude , soit de la marche ordinaire , soit de la danse , & les gestes qui doivent être employés dans la déclamation ; enfin, elle renfermoit l'art de composer & d'écrire en note la simple déclamation, pour régler par ces notes, tant le son de la voix que la mesure & les mouvemens du geste , art qui nous est inconnu. Toutes ces parties qui ont réellement entr'elles une liaison naturelle , composoient un seul & même art exercé par les mêmes artistes , elles se sont séparées , sur-tout la poésie qui a fait un ordre à part.

L'utilité de la Musique , par ses merveilleux effets pour certaines maladies , ne devroit nous laisser aucun doute par les attestations des grands philosophes & judicieux historiens. Asclépiade, Démocrite , Xénocrate , Théophraste , Martien Capelle & autres , qui assurent & rapportent que la Musique & l'harmonie des instrumens , ont guéris des maniaques ou furieux , de la fievre , de la syncope, de l'épilepsie, de la folie, de la surdité, la sciatique, de la défaillance de cœur, de l'aliénation d'esprit , de la piquûre du scorpion, de celle de la vipere & de la tarentulle.

Le savant Buret justifie ces faits de cette maniere. Pour peu que l'on soit initié dans les mysteres de la saine physique , on comprendra aisément que la guérison de certaines maladies , par la Musique , n'a rien que de fort naturel : les secousses réitérées que donnent aux fibres & aux liquides de notre corps les différentes vibrations de l'air subtil dans lesquelles consistent les divers sons , peuvent souvent remettre les ressorts détraqués de notre machine dans cette espece d'équilibre qui constitue la santé.

Le caractere belliqueux des Romains, leur travaux guerriers, les empêcherent de confidérer & de cultiver la Mufique autant que les Grecs, chez qui ils allerent chercher les loix pour en jouir, elle fe maintint foiblement dans le même état pendant plufieurs fiecles. Quant à l'éloquence elle a été portée chez eux à un fuprême degré. Le luxe funefte aux mœurs, s'empara de l'efprit de ces conquérans de l'univers; la Mufique perdit fon énergie, devint efféminée & affervie à leurs vils plaifirs. Ce fléau de mars, la guerre qui n'eft que carnage, qui réduit tout en cendres, mit fin à cet empire formidable. Dans cette révolution générale, la Mufique s'en reffentit tellement qu'elle fut comme éteinte, & quantité d'autres arts fubirent ce même fort. Les artiftes n'écrivoient point ou peu, & ne faifoient part au public que de la pratique de leurs inventions & de leurs recherches, en en laiffant ignorer les principes; avons-nous connoiffance de toutes les inventions d'Archimede? peut-on dire qu'il n'étoit pas favant, grand phyficien, de même que Hippocrate & Galien? a-t-on tous leurs ouvrages? Ainfi il ne pouvoit manquer chez les anciens qu'il n'y eût des hommes qui fuffent le phy-fique de leur Mufique. La nôtre, quoique moins parfaite, a cependant produit de femblables effets à la leur fur quelques per-fonnes, fuivant ce que nous voyons dans notre hiftoire. D'Aubigny rapporte que fous Henri III, le muficien Claudin, jouant aux nôces du Duc de Joyeufe, un feigneur s'anima & s'oublia jufqu'à mettre la main aux armes ; mais l'artifte fe hâta de le calmer par un genre de Mufique oppofé. On lit dans l'hiftoire de l'académie des fciences de Paris, qu'un muficien fut guéri d'une violente fievre, par un concert qu'on fit dans fa chambre. Il y a quelques années que Mad. la Mar-quife de **** avoit fon fils, âgé de fix ans, fi dangereufement malade qu'il ne pouvoit du tout dormir depuis plufieurs jours, il lui vint dans l'idée de jouer avec beaucoup de douceur du par-deffus de viole, proche de fon lit ; il s'endormit pour deux heures, & s'en trouva très-foulagé, elle lui procura ce remede pendant plu-fieurs jours, il lui fut fi efficace qu'il en a été parfaitement rétablit.

Article II.

On a vu que la Musique comprenoit toutes les sciences, & la connoissance de l'ordre de toutes choses; mais il étoit réservé à un musicien françois de trouver le principe de tous les rapports & le fondement de toutes les sciences.

Jusqu'à nos jours l'on avoit ignoré que le principe musical & harmonique est immédiatement donné par la nature. Pour l'intelligence de ce que nous allons rapporter, nous dirons que chaque son ou ton qui compose la Musique, a son degré déterminé par les intervalles limités de l'un à l'autre, & représentés par les notes. Pensons avoir posé dix-sept notes de suite en montant, & la premiere sera, supposons *ut*, la deuxieme *re*, après, *mi*, *fa*, *sol*, *la*, *si ut*, *re*, *mi*, *fa* & *sol* douzieme, ensuite, *la*, *si*, *ut re*, & *mi* dix-septieme. La premiere, la douzieme & la dix – septieme note sont celles dont on a besoin comme on va voir.

Un corps sonore, assez gros, frappé ou une corde sur un instrument long, pincée ou frappée , fera entendre trois sons distincts différens , le son fondamental comme nous l'avons supposé *ut* , avec le son *sol* douzieme , & le son *mi* dix-septieme , actuellement qu'on accorde trois corps sonores ou trois cordes dans la même raison , c'est-à-dire , une corde à la premiere note *ut* , une à la douzieme *sol* & une à la dix-septieme *mi* , la corde à la premiere note pincée , ou frappée, donnera ce son *ut* , dit fondamental , & les deux autres cordes sans être touchées, frémiront & feront entendre ce *sol* douzieme & ce *mi* dix – septieme. Ainsi , un corps qui, pincé ou frappé seul , frémit en faisant entendre deux autres différens sons, & y ayant deux cordes à l'unisson de ces deux différens sons, qui frémissent aussi en faisant entendre ces deux mêmes sons , prouve bien incontestablement que le principe musical est dans la nature , & tout corps sonore , ne peut-être sans ces sons analogues & harmoniques.

Un grand philosophe n'a eu d'autre choix que ce principe pour comparer & démontrer les trois facultés de l'ame , qui font la sensibilité , l'entendement & la volonté. En effet , il n'y a point de fibre dans le cerveau qui n'entre en vibration au son qui a rapport, & ce qui s'opere à toute espece de sons. Les anciens ont senti tous les rapports à cet égard, si par hasard ils n'en ont pas connu le vrai principe, il nous est connu & nous en ignorons presque tous les effets. Ils ont regardé & traité la Musique comme le vrai langage du cœur, par les affections ; le langage de l'esprit, par les idées, les images, le dessin, le coloris ; & celui de l'oreille, par les sons de toute espece, dont ils faisoient un choix si beau, & qu'ils savoient ranger si artistement dans certain ordre, qu'ils devenoient l'objet de toute affection de l'ame, & des effets sur les corps.

A l'égard du langage & du discours ; les inflexions de voix, les ponctuations, les différens sons, les syllabes, plus ou moins longues, l'analogie dans ce qui le compose, les silences, les phrases, la division, la distribution ; enfin toutes les parties qui concourent à la perfection de la parole, sont puisées dans leur Musique. Tout ceci ne contribue pas peu à prouver sa supériorité sur la notre, qui ne tire son plus grand mérite, que de l'habitude de nos organes ; & où notre raison est, pour ainsi dire, contrainte de

mandier

mandier des sens, ce qu'elle devroit trouver dans notre Musique. Car, combien y en a-t-il auxquelles elle n'est qu'un charivari. On ne peut cependant s'en prendre aux sens s'ils ne sont pas soumis par notre Musique ; mais à son défaut de perfection ; défaut qui ne peut provenir que du manque de secours des sciences qui y sont liées, & qui y sont aussi indispensablement nécessaires, qu'il le seroit aux musiciens de les savoir.

Les sciences ont semblablement besoin des secours de la Musique, & l'on ne peut également les exercer parfaitement sans elle, attendu que l'harmonie se trouve dans tout ce qui est au monde.

ARTICLE III.

L'ON pourroit faire quelques essais, pour savoir si l'on parviendroit à trouver cette Musique qui doit être celle de tout le monde, sur ceux qui n'ont point d'idée des sons rangés dans un ordre limité ; les moyens pour en connoître l'effet physique paroissent un peu longs & pénibles, mais ils ne sont pas inpraticables.

Ramasser de chaque morceau de Musique,

B

approchant du même genre, les endroits
ou paſſages ſeulement qui font des ſenſations vives, faire un corps de pluſieurs de
ſes paſſages les plus analogues, remarquer
les idées qui pourroient y convenir par la
parole ; cette Muſique n'ayant qu'une ſeule
& même partie, ou étant purement mé-
lodique, s'exécuteroit ſur un inſtrument
ou pluſieurs, & il faudroit que le choix
de ces épreuves fût aſſorti ſuivant chaque
perſonne, à leur connoiſſance, à leur
éducation & à leur caractere. Ceux à
qui certains récits, en parlant, font des
ſenſations vives, écriront en Muſique les
différens ſons exactement qu'on y a mis,
& les exécuteront en tout comme dans le
récit. Les ſons de la voix, parlante, peuvent
ſe noter ainſi qu'on le verra. Dans l'imitation exacte ſur les inſtrumens des voix,
des chants, des cris de toutes perſonnes,
même des ſauvages de tout âge, des
ramages des oiſeaux, les aboiemens,
miolemens, hurlemens, braiemens, bêle-
mens des quadrupedes vieux & jeunes,
les fibres les plus rétifs dans tous ces
différens ſons ſuivant leur ordre, doivent
y trouver des rapports ; & il n'y a que
les violons, altos, & baſſes qui puiſſent
imiter & rendre ce qui vient d'être

dit, & tout autre inftrument ne peut y être propre.

L'on choifira fur les fons de la voix parlante de chaque perfonne, le fon fur lequel pourra le mieux s'établir le ton principal, & dans toute épreuve, comme dans toute imitation, on ne penfera nullement aux principes actuels de notre Mufique pour ne fuivre que la pure nature.

Article IV.

Il y a néanmoins des perfonnes à qui un genre de Mufique caufe une fenfation fi agréable, qu'elle diffipe leur chagrin, leur ennui, leur mal-aife, leur triftefie, leur langueur ; en voici une cure qui m'a été affurée il n'y a pas long-temps par des perfonnes dignes d'être crues.

Une Dame, peu affectée par la Mufique ordinaire, ayant été dans une ville de guerre, par l'avis de fon médecin, uniquement pour entendre tous les jours la Mufique militaire pour une maladie de langueur, de triftefie, quelquefois des foibleffes confidérables, des vomiffemens dans certains temps, maux de tête ;

enfin fort malade fans une maladie dan-
gereuse ; après avoir fait tout ce qu'il
étoit poffible pendant plus de deux années,
deux régimens pafferent où elle étoit alors,
cette Mufique militaire qu'elle entendit,
lui procura un raviffement & un contentement qu'elle n'avoit point éprouvés
depuis très-long temps , & même avant
fa maladie ; le lendemain elle fe trouva
comme auparavant , quelquesjours après
elle fe détermina à fuivre le confeil de
fon médecin , & deux mois de Mufique
militaire la guérirent parfaitement.

On doit penfer que la Mufique doit être
proportionnée au goût & au degré de
connoiffance qu'on en a ; car un grand
muficien ne feroit point affecté par une
petite mufique , cela eft auffi phyfique que
ce que nous allons dire.

Boile parle d'un chevalier Gafcon , qui
au fon d'une cornemufe ne pouvoit retenir
fon urine, & des femmes qui fondoient
en larmes lorfqu'elles entendoient certains tons.

La guérifon de ceux qui ont été mordus
de la tarentule , paroîtroit peu croyable fi
elle n'étoit affurée par des témoignages
auxquels on ne peut fe refufer raifonna-
blement.

Peu de temps après que l'on a été mordu d'une tarentule , il survient à la partie une douleur très-aigue, & peu d'heures après un engourdissement ; on tombe ensuite dans une profonde tristesse ; on a peine à respirer ; le poux s'affoiblit, la vue se trouble & s'égare ; on perd la connoissance & le mouvement , & on en meurt, à moins que d'être secouru ; le médecin emploie quelques remedes qui seroient inutiles si la Musique ne venoit à son secours , étant sans mouvement & sans connoissance , un joueur d'instrument essaie différens airs , & lorsqu'il a rencontré celui dont les tons & la modulation conviennent au malade , on voit que celui-ci commence à faire quelque léger mouvement, qu'il remue d'abord les doigts en cadence , ensuite les bras & les jambes , peu à peu tout le corps , & enfin se leve sur ses piés , & se met à danser en augmentant toujours d'activité & de force, il y en a qui dansent six heures sans se reposer , après quoi on le met au lit ; & quand on le croit assez remis on le tire du lit par le même air , & reprend ces mouvemens convulsifs de danse ; cet exercice dure quelques jours,

jufqu'à ce que le malade fe trouve fatigué
& hors d'état de danfer davantage, ce
qui annonce fa guérifon ; car tant que le.
venin agit fur lui, il danferoit fi l'on vouloit, fans aucune difcontinuation, jufqu'à
mourir d'épuifement. Le malade, lorfqu'il
commence à fe fentir las, reprend peu-à-
peu la connoiffance & le bon fens, &
revient comme d'un profond fommeil fans
fe fouvenir de ce qui s'eft paffé pendant
fon accès, non pas même de fa danfe. Il
y a une remarque à faire ; que l'on fache
peu, beaucoup, ou point du tout la Mufique ; que l'on ne foupçonne pas ce que
c'eft que chant, qu'inftrument, étant en
tout ignorance en cette partie, la Mufique
produit toujours fon effet, & n'eft pas
moins le feul & unique remede pour cette
maladie. Le caractere des airs qui operent
fur chaque malade eft différent, & ils font
encore plus ou moins compofés pour
chacun. Le phyfique de cette merveille
eft de l'effort de M$^{rs.}$ les Phifiologiftes.
Je ne puis laiffer fous filence un autre fait
qui les concernent.

Un jeune homme tomboit du mal
caduc ou haut mal, pendant 7 à 8 années,
jufqu'à l'âge de 16 ans ; ce qui lui arrivoit
fur les derniers temps deux à trois fois

par femaine, & de temps à autre deux fois par jours. Paffant devant la cathédrale de cette ville , la veille de la fête , il lui vint dans l'idée de monter au clocher pour y voir la groffe cloche ; on vint à la fonner, & par finguliere curiofité , il fe coucha à terre & fe gliffa deffous, y refta près d'une demi-heure, le temps qu'elle fonna ; il s'en retira fort étourdi , & fut quelque temps qu'il n'entendoit que difficilement. Mais jufqu'a l'âge de 24 ans qu'il eft mort , il n'a eu aucun reffentiment de fon mal.

Les fons agiffent même fur les corps inanimés , des verres fe brifent à certains fon de la voix ; Petter , Hollandois , eft cité pour cet effet , par Morhoff, & cela s'opere par un gros fon qui en rencontre l'octave fenfée uniffon , ou , lorfqu'on fait dans un verre des cris plus haut , des fons plus aigus que le verre n'en produit natu-rellement , il fe rompt.

Kircher parle d'une grande pierre qui frémiffoit au fon d'un certain tuyau d'orgue. Boyle dit que les ftalles dans l'églife tremblent au fon de la voix ou de l'orgue , & qu'il les a fenti frémir. Le pere Merfenne , parle auffi d'un efpece de carreau , que le jeu d'orgue ébranloit comme auroit pu faire un tremblement de terre.

On ne peut plus gueres douter des propriétés de la Mufique, mais à combien d'autres expériences, de recherches, de découvertes n'a-t-elle pas donné lieu ! que ne lui doivent pas la phyfique, la mécanique, toutes les fciences, tous les arts ; à combien de chofes n'a-t-elle pas été comparée, & combien de chofes lui font comparées ! combien d'inftrumens n'a-t-elle pas fait naître ! enfin l'on ne finiroit pas, fi l'on vouloit rapporter toutes fes utilités.

SECTION DEUXIEME.

ARTICLE V.

SUIVANT l'hiftoire de toutes les nations, nous ne pouvons guere douter que le génie ou l'efprit des hommes eft le même par-tout l'univers, tant de révolutions de toute efpece, de changemens de mœurs, de politique depuis l'exiftence du monde, jufqu'à nous, le juftifient, ainfi qu'on va le voir en peu de mots.

Dans toutes divifions, révolutions des

peuples, chacun d'eux eſt tantôt féroce, humain, barbare, ſervile, ſavant, ignorant, eſclave, bon, méchant, &c. quelle différence des Grecs d'aujourd'hui à ceux d'autrefois ! quelle oppoſition de penſer & d'agir des Italiens aux anciens Romains! Les Ruſſes ſi peu reconnoiſſables de ce qu'ils étoient avant Pierre-le-Grand. Les Amériquains actuellement avec des loix admirées des nations, cette aménité, cette honêteté & politeſſe ſi naturelle en nous, & ſi oppoſée à la férocité & la barbarie de nos ancêtres. Enfin ſans nous étendre davantage, ceci nous fait aſſez voir que les organes ſont ſuſceptibles de toute impreſſion en tous climats, qu'elles cedent à tous les objets qui les frappent, donc, il n'y a qu'un même eſprit, mais qui a des parties infinies. Et en nous il ſe meut & acquiert de l'action par la culture, puiſque l'homme a des idées en tant que ſes organes ont été développées, & ſi elles ne ſont conſtituées dans l'ordre commun à tous, ſur-tout s'il eſt privé de l'entendement dès ſa naiſſance, il exiſte dans la ſociété à-peu-près comme les animaux. Voici à ce ſujet ce qui eſt rapporté d'un jeune homme de la ville de

Chartres , dans l'histoire de l'Académie Royale des Sciences.

Ce jeune homme sourd de naissance , & par conséquent muet , jusqu'à l'âge de 23 à 24 ans , commença tout d'un coup à parler ; au grand étonnement de toute la ville , on sut de lui que trois ou quatre mois auparavant , il avoit entendu le son des cloches , & avoit été extrême-ment surpris de cette sensation nouvelle & inconnue. Ensuite il avoit entendu parfaitement des deux oreilles , après ces trois ou quatre mois , il se crut en état de rompre le silence , & il déclara qu'il parloit , quoique ce ne fût encore qu'im-parfaitement. Des théologiens habiles & autres savants l'interrogerent pour apprendre de lui quelle étoit sa maniere de penser , & entr'autre sur l'existence de l'Etre-suprême , sur ses ouvrages , sur l'ame & ses facultés , quoiqu'il fût né de parens catholiques, qu'il assistât à la messe, qu'il fût instruit à faire le signe de la croix , & à se mettre à genoux dans la contenance d'un homme qui prie ; l'on fut convaincu qu'il n'avoit jamais joint à tout cela aucune intention , ni compris celle que les autres y joignoient; il ne savoit pas bien distinctement ce que c'é-

toit que la mort, & il n'y penſoit jamais.
Il menoit une vie purement animale, tout
occupé des objets ſenſibles & préſents,
& du peu d'idées qu'il recevoit par les
yeux. Il ne tiroit pas même de la comparaiſon de ces idées, tout ce qu'il ſemble
qu'il en auroit pu tirer. Ce n'eſt pas qu'il
n'eût naturellement de l'eſprit ; mais l'eſprit d'un homme privé du commerce des
autres eſt ſi peu exercé, & ſi peu cultivé,
qu'il ne penſe qu'autant qu'il y eſt indiſ-
penſablement forcé par les objets exté-
rieurs.

Le réſultat eſt que le plus grand fond
des idées des hommes eſt dans leur commerce réciproque, & que l'eſprit plus ou
moins vif & actif a toujours beſoin du
ſecours de l'art. Tout mortel ſans éducation eſt ſemblable à un diamant brut, à
un champ ſtérile & abandonné, qui n'offre
jamais à la vue cette vivacité éblouiſſante,
ou cet aimable verdure qui leur ſont naturelles ; dès que le laborieux artiſte y a
donné ſes ſoins, c'eſt pourquoi nul homme,
quelque vieux qu'il puiſſe être, n'a pas
encore vu un payſan qui n'eſt jamais
ſorti de ſa chaumiere, dépourvu de tout
ſecours, devenu un habile orateur ou un
grand mathématicien, ou raſſembler les

qualités éminentes de l'homme du plus grand monde.

ARTICLE VI.

Tout le monde fait que dans les contrées du Nord , les empires , les royaumes d'Allemagne ont produits de grands hommes en tout genre , & que les fciences y font parvenues au degré de perfection le plus diftingué ; les Copernik, les Wolf , les Euler , Madame Karfch aujourd'hui célebre poëte ; le chevalier Glouk fi célebre pour la Mufique & un infinité d'autres , juftifient que malgré les rigueurs du froid , les brouillards , & toute l'ingratitude du climat , la culture des organes y eft fructueufe comme ailleurs. Et ceux qui réufiffent peu dans l'éducation qui leur eft donnée , ainfi que parmi nous , le défaut des organes peut venir d'autre caufe que de la nature qui s'égare rarement , comme par le peu de foin , dans l'enfance , la tête recevant des compreffions qui peuvent gêner le cerveau , d'où les organes rifquent d'être dérangés.

Les peuples Allemans font très-ingénieux , cultivent tous les arts , & particuliérement la Mufique ; ils ont l'oreille

très-délicate & fine, qualité qu'ils acquierent dès leur naiffance, parce qu'ils ne ceffent d'entendre des inftrumens, & chanter ; foit dans les maifons, dans les rues,
dans les églifes, & où il n'y a point de
Mufique dans les églifes, l'on y chante les
offices à deux ou trois parties enfemble
différentes, foutenues & accompagnées
de l'orgue, & même dans celles de campagne & dans les temples. Les hommes
de tout état jouent des inftrumens, &
tout le monde chante. Ce qui pourra
paroître étonnant, c'eft d'y voir les enfans chanter jufte, & plufieurs même
avant que de pouvoir encore parler,
cela n'eft cependant pas furprenant, parce
que leurs oreilles font continuellement
frappées par les fons de la Mufique. L'exercice de la Mufique dans tous les temps a
fait le plaifir de toutes les nations, & par-
tout on lui a reconnu des effets d'utilité ;
les fauvages même en ont une, & ceux
du Canada fe guériffent parmi eux de
plufieurs maux par certaine efpece de
fymphonie. Chardin dit qu'en Perfe,
quand on veut faire des ouvrages expéditifs,
qui demandent une multitude de bras,
le travail fe fait au fon des inftrumens, &
qu'ainfi l'ouvrage fe fait avec beaucoup
plus de zele & de promptitude.

ARTICLE VII.

Tous les peuples chantent & ont chanté en tout temps, & pour peu que l'on veuille faire quelque remarque comme j'en ai faite, l'on verra qu'il est plus naturel de chanter que de parler, quoi qu'en ait dit un philosophe de nos jours & Musicien, que les enfans crient, pleurent & ne chantent pas. Les enfans, avant de pouvoir encore parler, dans leur momens de plaisirs, de contentement, font appercevoir leur joie par un espece de chant, ouvrant ou ayant la bouche fermée, qui à la vérité est peu varié, il s'étend quelquefois jusqu'à une octave, & communément moitié & plus, & quand quelques-uns d'eux ont rencontré des nourrices d'un caractere gai, qui les amusent & chantent beaucoup, alors l'espece de chant de ses enfans devient plus varié par les sons ; voici pourquoi il est plus facile à chanter qu'à parler. L'organe de l'ouie & de la voix à moins de défauts de nature que l'organe de la parole ; l'on voit peu d'enfans dont la langue se délie avec aisance, & ce n'est que long-temps après qu'ils entendent & articulent des fons qu'ils peuvent parler, ce qui a fait dire à un docteur en médecine que tout le monde venoit au monde muet, non pas muet, proprement dit, mais par les obftacles de nature, & encore les accidentels qui s'oppofent à cette partie de la parole dès en naiffant.

Effectivement il y a quantité de perfonnes qui ne peuvent parler avec facilité, comme il y en a qui bégayent tellement qu'à peine peut-on diftinguer ce qu'elles veulent dire, & nous voyons qu'en chantant, elles parlent franchement & de fuite, fans paroître avoir aucune gêne dans la langue, ce qui nous fait juger que cet organe eft dépendant de celui de la voix. L'on peut chanter fans aucun mouvement de la langue, mais celle-ci ne peut faire fes fonctions en parlant haut fans la voix.

A l'imitation de Démofthene, ceux qui ont quelque difformité dans le parler, ou des difficultés à prononcer certains mots, pourront faire ufage comme lui de cailloux dans la bouche, ou bien dans la jeuneffe, on fera cultiver fon oreille ainfi qu'il eft dit ci-après, & l'ayant été, par le moyen du chant avec la parole, on pourra s'af furer des fituations qui favorifent la langue , afin qu'elle les prenne en parlant.

J'ai donné tous mes foins pour m'inftruire fur ces objets , & à la campagne , à une vingtaine de lieues de Paris , j'ai vu un exemple frappant comme il eft plus naturel de chanter que de parler.

Une payfanne avoit un enfant , âgé de feize mois , vif & fort ; il chantoit une efpece d'air en difant *an, an, an*, la bouche toujours ouverte ; les fons étoient diftincts & proportionnés. Je fus étonné quand elle me dit qu'il ne pouvoit encore prononcer ni *papa* ni *ma man* ; je voulus en favoir davantage ; elle me conta qu'ayant perdu fon pere & fa mere fort jeune , un de fes oncles la prit chez lui , lui faifoit aller garder aux champs fes beftiaux ; un berger du voifinage avec lequel elle fe rencontroit prefque tous les jours , jouoit fur fon chalumeau ou flûte , l'air que j'entendois à fon petit , à qui elle ne ceffoit de le chanter , l'enfant l'avoit retenu comme elle l'avoit retenu du berger. Ce qui nous fait voir la puiffance de l'oreille , qui ayant retenu fes fons , entraîne & contraint la voix qui les rend.

ARTICLE VIII.

Article VIII.

L'oreille des animaux est frappée par les sons de la Musique, non à tous, comme simple bruit. On peut juger des effets des sensations que la mélodie, l'harmonie, la cadance fait sur eux par leurs actions. J'ai vu, & plusieurs personnes, un chien loup, qui distinguoit lorsque l'on jouoit ou chantoit faux, ou seul ou en plusieurs parties. On reprenoit la justesse, tout-à-coup il cessoit, & signaloit sa joie par ses caresses pour écouter. Ce fait me parut singulier, quoique j'eusse remarqué que les animaux de cette espece, pour l'ordinaire, aboient, se sauvent, ainsi que les chats au son fort, aigre, dur & déchirant l'oreille, & ne bougent point au son doux & mélodieux ; de même que les loups & autres bêtes féroces, qui fuyent toujours aux sons si désagréables & si faux des flûtes, chalumeaux, trompes, cornemuses, &c. dont se servent les bergers, sur-tout pour préserver leur troupeaux des loups ; c'est pourquoi dans les montagnes & les forêts ou ces animaux sont communs, l'on met des

grelots, des clochettes les plus difcor-
dantes en fons, au cou des beftiaux,
& aux chevaux & mulets, qui parcourent
ces endroits, c'eft delà que vient l'ufage
d'arnacher les mulets avec tant d'étalage
bruyant.

L'effet que produit la Mufique fur un
animal des plus féroces que l'on nomme
hyenne, mérite bien ici d'avoir place;
ceci eft rapporté dans le Dictionnaire de
phyfique, du pere Paulian, qui en a tiré
l'extrait d'une favante differtation qui a
été lue à l'Académie Royale de Lyon,
en l'année 1755.

Lhyenne, animal quadrupede approchant de la groffeur du loup, établit ordi-
nairement fa demeure dans des cavernes,
au bord des rivieres, des fleuves, pour
être à porté de fondre fur les voyageurs
qui prennent terre en des rivages déferts,
& fur des bêtes fauves qui viennent boire
ou fe baigner, elle fe nourrit de toute
fortes de chairs; mais elle eft extrême-
ment avide de la chair humaine, & les
morts enfévelis, depuis plufieurs jours,
flattent encore fa gloutonnerie, auffi
affure-t-on qu'elle eft d'une merveilleufe
fagacité à découvrir les tombeaux & d'une
activité déméfurée à y fouiller.

Après la chair humaine, l'hyenne paroît
des plus friandes de celle des chiens ; &
pour les prendre elle ruse avec eux. Elle
imite les soupirs & les cris d'un homme
qui rend par le vomissement une médecine. A ses cris, à ses soupirs le chien approche, & aussi-tôt l'hyenne en fait sa
proie. On veut encore que l'homme soit la
victime de cet animal ; il se glisse dit-on
près d'un hameau, il prête l'oreille, si les
paysans s'entr'appellent par leur nom,
l'hyenne en retient un qu'elle est bien
attentive à ne pas oublier ; sur le tard, la
voilà en embuscade, & comme elle imite
la voix humaine, on ne peut mieux, elle
implore à grands cris le malheureux dont
elle sait le nom ; celui-ci se croit appelé,
il accourt à la voix, & l'hyenne l'assaille &
le dévore.

Les hommes, à leur tour, usent d'artifice
pour la prendre ; rien n'est plus singulier
que la chasse à l'hyenne, dit Habraham
Échelensis ; il n'y faut d'autres armes que
des instrumens de Musique, ni d'autres
chasseurs que des musiciens, un air, une
chanson vulgaire calment la férocité de cet
animal, au premier son qu'il entend
retentir au fond de sa taniere, il vient se
présenter à l'ouverture, aussi-tôt les ins-

trumens s'uniffent aux voix , l'hyenne fenfible à cette mélodie, s'approche des chaffeurs , les flattent, fe laiffe careffer ,
cependant on lui jette un licol & une mu-
feliere, & la Mufique ne fert plus qu'à
célébrer fa captivité & le triomphe des
chaffeurs.

L'on ne peut ignorer que la Mufique
ne faffe fenfation fur les oifeaux , ou que l'on
joue des inftrumens , ou que l'on chante , le
roffignol , la fauvette , le chardonneret, &
tous ceux qui ramagent , écoutent pour
redoubler leur chants & font des efforts
pour furpaffer en force ce qu'ils entendent.
Ceux que l'on éleve , avant que leur ramage foit formé , comme les ferins , les
linots , les merles , les pies , les geais ; fi
l'on veut les alouettes , les grives , les
bouvreuils & autres , retiennent un air
qu'on leur a joué pendant une fuite de
temps avec le flageolet , ou en fifflant ,
ou avec la férinette , & leur gofier en rend
exactement tous les tons fuivant leurs intervales , dans toute proportion de leur
plus ou moins de durée ; les tremblemens
& autres agrémens , obfervent la mefure ,
font les filences ; enfin tout ce qui compofe ces airs. J'ai vu des ferins qui chantoient un air fort long , à plufieurs re-

prifes , & n'en confondoient aucune ;
d'autres , chantoient chacun deux à trois
airs différens. L'on m'a affuré avoir vu un
ferin qui chantoit jufqu'à fix airs fans y
rien manquer. A l'occafion d'un geai , mon
étonnement a été fort grand , en ce qu'il
imitoit tous les miolemens d'une chatte ,
fans omettre aucune articulation , & ren-
doit ce langage dans toutes fes parties ,
avec tant de précifion & de perfection ,
que tous ceux qui l'entendoient fans le
voir , ne pouvoient croire que ce ne fût
une chatte , joint à ce qu'il chantoit un air
& parloit. Tout ceci ne peut fe faire fans
une forte impreffion reçue dans l'oreille ,
& comme l'on voit leur gofier en cela ne
peut rien fans le fecours de ce premier
organe , qui à mefure qu'il eft cultivé ,
leur mémoire fe développe , ce que l'on
voit encore par les effais qu'ils font , de
ce qu'ils ont entendu après un certain
temps d'inftruction.

Il eft inutile de dire que l'on ne peut
faire chanter ces oifeaux pour leur apprendre , & ils chantent en tout point
felon que l'on a inftruit leur oreille ; la
perception de la notre & la formation
des fons de notre voix font femblables ;
ainfi l'on peut croire actuellement que

pour parvenir à avoir la voix juste , il ne faut pas chanter , & que comme eux l'on peut chanter sans avoir chanté ; en voici un exemple récent arrivé dans une grande ville de France.

Une jeune fille , élevée chez des parens fort retirés , encore à peine en état d'être mariée ; un maître de violon l'épousa , & essaya , à plusieurs reprises , s'il découvriroit en elle quelque disposition pour le chant & la Musique , n'en ayant trouvé que d'ingrates , il en resta là ; mais au bout d'une année ; il fut très-surpris , lorsqu'un jour sa jeune épouse lui chanta une leçon de violon , qu'il avoit fait jouer tous les jours à quelques-uns de ses éleves; il lui trouva une fort jolie voix qui s'étoit décidée , & une oreille disposée à recevoir l'impression de tous les tons , il lui apprit la Musique , & elle se distingue à présent dans cet état.

La cause que les perroquets & la plus part des oiseaux parlent , quoique l'on prétende que ce ne soit que du gosier , n'est pas moins la même que celle qui nous fait parler ; mais il faut les instruire avant que leur ramage soit formé. Les perroquets chantent & parlent en même temps, les geais, les merles , les pies , les san-

fonnets en peuvent faire autant, les réflexions font réfervées pour le lecteur.

Article VIII.

Le nombre des différens fons qui fe
peuvent fentir étant des plus confidérables,
c'eft par la maniere de les ranger, de les
varier relativement aux affections de l'ame
commune à tous les hommes que peut-
être la Mufique propre à les émouvoir ;
fi quelques perfonnes ne font fenfibles ou
affectées d'aucune Mufique, qu'ils ne l'entendent que comme bruit, c'eft que l'on
ne leur fait point entendre celle de la nature, que leurs fenfations ne peuvent pas
plus abandonner que le ramage des
oifeaux abandonne ceux à qui l'on apprendroit des airs. Si cette Mufique de la
nature a été mife en principes ; & ces
principes pratiqués, l'on s'en eft bien
écarté fuivant toute apparence. Voici à
cette occafion quelques remarques du
célebre Jean-Jacques Rouffeau.

Tous les grands effets de la Mufique
ont ceffé ; elle a perdu fon énergie & fa
force depuis l'invention du contre-point ;
les véritables beautés de la Mufique, étant

dans la nature, font & doivent être fenfibles à tous les hommes, & aux ignorants
comme aux favants. Il dit encore à l'é-
gard de notre harmonie & de notre Mufique. Quand on fonge que, de tous les
peuples de la terre qui tous ont une Mufique & un chant, les Européens font les
feuls qui ont des accords, une harmonie,
& qui trouvent ce mêlange agréable ;
quand on fonge que le monde a duré tant
de fiecles, fans que, de toutes les nations
qui ont cultivé les beaux arts, aucun n'ait
connu cette harmonie, qu'aucun animal,
qu'aucun oifeau, qu'aucun être dans la
nature ne produit d'autres accords que l'u-
niffon, n'y d'autre Mufique que la mélodie, que les langues Orientales, fi fonores,
fi muficales ; que les oreilles Grecques, fi
délicates, fi fenfibles, exercées avec tant
d'art, n'ont jamais guidé ces peuples
voluptueux & paffionnés vers notre harmonie, que fans elle leur Mufique avoit
des effets fi prodigieux, qu'avec elle la
nôtre en a de fi foibles ; qu'enfin il étoit
réfervé à des peuples du nord, dont les
organes durs & groffiers, font plus touchés
de l'éclat & du bruit des voix, que la douceur des accents & de la mélodie des inflexions, de faire cette grande découverte,

& de la donner pour principe à toutes les regles de l'art ; quand, dis-je, je fais attention à tout cela ; il est bien difficile de ne pas soupçonner que toute notre harmonie n'est qu'une invention barbare dont nous ne nous fussions jamais avisés, si nous eussions été plus sensibles aux véritables beautés de l'art & à la Musique vraiment naturelle. Notre Musique telle qu'elle est, ne fait pas moins des anthousiastes, qui, à la vérité, sont transportés de beautés savantes ; ce qui prouve encore plus, que notre organe de l'ouie est susceptible de toute impression, & qu'en la cultivant elle acquiert les qualités nécessaires pour jouir de semblables avantages.

ARTICLE X.

L'OUIE dans l'enfance est des plus sensibles, & il est l'organe qui le plutôt fait ses fonctions ; il est bien plus nécessaire à l'homme qu'aux animaux ; ce sens, dit le savant Buffon, n'est dans ceux-ci qu'une propriété passive, capable seulement de leur transmettre les impressions étrangeres ; dans l'homme, c'est non-seulement une propriété passive, mais une faculté qui

devient active par l'organe de la parole ;
c'eſt en effet , par ce ſens que nous vivons
en ſociété , que nous recevons la penſée
des autres , & que nous pouvons leur communiquer la nôtre ; les organes de la voix
ſeroient des inſtruments inutiles , s'ils n'é-
toient mis en mouvement par ce ſens ; un
ſourd de naiſſance eſt néceſſairement muet,
il ne doit avoir aucune connoiſſance des
choſes abſtraites & générales. A l'égard
des ſourds l'on pourroit eſſayer par les
ſons de la trompette de frapper leurs
oreilles , cela a réuſſi dans l'enfance.

ARTICLE XI.

IL y a des femmes qui ont de groſſes
voix comme de baſſes-tailles ; il y a lieu
de croire qu'elle ſe ſont en partie formées
dans la croiſſance , & même depuis la plus
grande enfance , rien n'eſt ſi déſagréable
à de jeunes filles à qui cela peut ſe rectifier. L'empleur du larynx , organe de la
voix , pourroit en être le principe ; du
moins il eſt tel dans les hommes à groſſes
voix. L'on n'ignore pas qu'il y a des baſſes-
tailles , qui naturellement chantent en
fauſſet & juſte , & il n'y en a pas qui ne

puisse le faire avec quelque précaution,
& un peu d'exercice dans la jeunesse,
sitôt que l'on apperçoit cette imperfection
dans les filles ; c'est d'éviter de leur laisser
entendre, le moins qu'il se pourra, de grosses
voix, & de gros sons d'instrumens ; mais
extrêmement souvent des voix claires,
hautes, & des sons aigus d'instrumens,
& observeront de ne chanter que très-
haut ; on verra la maniere sûre de corriger ce défaut ci-après.

Le défaut de conformation est certainement l'obstacle qui s'oppose à ce que l'organe de la voix ne fasse ses fonctions justes
dans le chant ; mais combien lui en donne-
t-on, lui en attribue-t-on d'autres que l'on
met à pareil degré, qui ne le font nullement, & de même à l'oreille. Au rapport
de M. de Buffon, en voici un à ce dernier
organe, & qui ne me paroît pas hors
d'espérance d'en tirer avantage.

J'ai remarqué, dit-il, sur plusieurs personnes qui avoient l'oreille & la voix fausse,
qu'elles entendoient mieux d'une oreille
que d'une autre ; elles reçoivent donc à la
fois par les deux oreilles, deux sensations
inégales. Ce qui doit produire une discor-
dance dans le résultat total de la sensation ;
& c'est par cette raison, qu'entendant

toujours faux ; ils chantent faux néceſſairement , ſans pouvoir même s'en appercevoir. Ces perſonnes , dont les oreilles
ſont inégalement ſenſibles , ſe trompent
ſouvent ſur le côté d'où vient le ſon ; ſi
leur bonne oreille eſt à droite , le ſon leur
paroîtra venir beaucoup plus ſouvent du
côté droit que du côté gauche ; au reſte ,
je ne parle ici que des perſonnes nées avec
ce défaut , ce n'eſt que dans ce cas que
l'inégalité de ſenſibilité des deux oreilles ,
leur rend l'oreille & la voix fauſſe ; parce
que cette différence peut arriver par accident , & s'ils viennent avec l'âge à avoir
une oreille plus dure que l'autre , ils n'auront pas pour cela l'oreille & la voix fauſſe;
parce qu'ils avoient auparavant les oreilles
également ſenſibles , qu'ils ont commencé par entendre & chanter juſte , &
que ſi dans la ſuite leurs oreilles deviennent inégalement ſenſibles , & produiſent
une ſenſation de faux , ils la rectifient ſur
le chant par l'habitude où ils ont toujours
été d'entendre juſte & de juger en conſéquence.

Chaque perſonne d'un âge fait , née
avec le défaut d'entendre mieux d'une
oreille que de l'autre , peut juger de ſa
bonne & de ſa mauvaiſe oreille , en écou-

tant les inſtrumens , puiſque le ſon paroît venir plus ſouvent du côté de la bonne , que de la mauvaiſe ; ainſi , on n'aura qu'à boucher la mauvaiſe le mieux qu'il ſera poſſible , pour qu'il n'y entre point d'air , afin qu'elle ne puiſſe entendre le ſon , toutes les fois que l'on jouera d'un inſtrument proche de la bonne , & pendant une ſuite de temps , ſi l'habitude de cette derniere à n'avoir rien diſtinguée de juſte & de faux , n'eſt pas trop formée , l'autre foible & bouchée n'empêchera pas que la bonne ne devienne ſenſible , & ſuſceptible d'acquérir la juſteſſe en la cultivant.

Pour les enfans , nés avec le même défaut , ils n'entendront en leur jouant des inſtrumens qu'un bruit qui ne leur inſpirera rien, dès lors qu'ils ne paroîtront point ſenſibles à différens ſons , qu'ils ne feront appercevoir aucune joie , aucune envie de ſauter, danſer, d'écouter, qu'ils n'annonceront par aucun ſigne qu'ils entendent quelque choſe qui excite en eux un ſentiment , un deſir , une volonté; alors par le moyen d'un violon que l'on jouera en premier , proche d'eux , enſuite proche de chacune de leur oreille , & à pluſieurs repriſes pendant le temps néceſſaire , juſqu'à

ce que l'on apperçoive celle des deux
oreilles la plus affectée par les fons ; l'enfant, n'ayant que fix ans, avouera que le
bruit eft plus fort, & vient plus vîte d'un
côté que de l'autre.

Connoiffant la bonne oreille, on bou-
chera la mauvaife comme on vient de voir,
& l'on cultivera l'autre fuivant la maniere
indiquée ci-après ; mais l'on jouera toujours proche d'elle ; l'on fera peu d'ufage
de cette épreuve, attendu que le défaut
de nature de cet organe & de celle de la
voix font très-rares, puifqu'en Allemagne,
en Italie, c'eft comme un phénomene ;
s'il fe rencontre quelqu'un qui ne chante
pas jufte ; nous ne pouvons pas être moins
favorifés à cet égard, il ne peut nous
manquer qu'une culture femblable à celle
de nos voifins, qui entendent dès l'inftant
de leur naiffance toujours des inftrumens,
des chants, & de la Mufique. Quoique
des fecours pareils ne foient point en
notre puiffance, il n'eft pas moins poffible
que dès la plus grande jeuneffe, nos
organes ne peuvent être frappés par des
voies auffi fures quoique différentes, &
dans un ordre d'où il réfulte d'autres avantages plus effentiels, ce qui doit déja affoiblir l'opinion commune, que le défaut de

justesse dans les voix est de la voix même, que l'on a point d'oreille, qu'on la fausse ; mais la physique nous fait voir clairement que l'on a ni l'oreille ni la voix fausse, & de plus, l'expérience le confirmera à ceux qui le voudront comme à moi, qui en suis convaincu depuis bien long-temps. Il est bon d'avoir en premier l'idée comment se forment les sons de la voix , & ci-après , l'on connoîtra lorsqu'il y aura le défaut de conformation dans ce dernier organe.

<hr>

Article XII.

L'air inspiré se jette dans les poumons; l'air expiré ou en revenant , heurte les bords de la glotte, s'y brise en faisant plusieurs vibrations qui forment le son, qui se modifie en passant par la glotte que l'on peut comparer à l'anche d'un hautbois ; que l'on se fâche, que l'on tousse, que l'on pleure, que l'on rie, que l'on chante, que l'on éternue, que l'on crie, que l'on parle haut ; enfin quelle espece de son que ce puisse être, il n'a pas d'autres sources , & ne peut être produit que par le vent qui passe dans la glotte ; elle s'élargit proportionément au son bas, & se rétrecit au son haut ; pour le chant on la suppose s'élargir à-peu-près jusqu'à une ligne pour les basses, & à une demi-ligne pour les dessus ; les divisions que souffrent un si petit espace en formant toute la différence des sons, sont très-considérables, on en a fait le calcul pour la glotte des dessus d'une demi-ligne, & peut-être n'ayant que le quart ; il se forme plus de 9632 subdivisions, & la glotte, selon l'ordre de la volonté, va choisir exactemnt, laquelle on veut de ses subdivisions. Pour voir un exemple de la promptitude & de l'exactitude de la glotte ; on n'a qu'à mettre deux cordes à l'unisson parfait, si l'on racourcit l'une de ces deux cordes d'une 2000e· partie; celle-ci, entendue seule, l'oreille s'apperçoit tout de suite de la dissonnance, & la voix qui étoit à l'unisson des deux cordes, entonnera d'abord le son de celle qui est racourci ; or cette différence se réduit à $1\frac{1}{69}$e. de ton. Quoique la glotte soit plus large pour les voix basses, c'est le même nombre de subdivision ; il résulte de ceci, que toute voix est construite pour toutes ces divisions, & qu'il n'y a point de voix qui ne puisse rendre sans gêne tous les sons que comprend la Musique, dans l'étendue

tendue counue pour le chant , & en toute maniere appréciable à l'oreille dont elle est servile en tout point dans cette fonction , ainsi il est constamment impossible qu'aucune voix puisse être fausse , si l'on a employé les vrais moyens pour cultiver l'oreille dans le temps convenable.

La facilité qu'a la glotte à se dilater & à se réserver tour à tour avec une grande promptitude , est la cause de l'étendue de la voix. Le célebre Boerhaave dit avoir vu un homme qui avoit 56 tons fort distincts dans la voix , tant dans le bas que dans le haut ; pour les mécroyants nous les réduirons à moitié. La perfection du chant dépend principalement de l'extrême vitesse avec laquelle les muscles ouvrent & referment la glotte ; c'est par cette seule action méchanique que le rossignol est si supérieur.

L'empleur du larynx constitue la voix grave , & dans l'homme il a le triple en largeur à-peu-près de celui de la femme , quand toutes choses sont égales d'ailleurs.

On a vu des gens qui avec leur voix grave faisoient trembler des pilliers d'église.

Accidentellement les libres vibrations & ondulations de l'air dans lequel git toute la méchanique du son , peuvent être interpofées par extinction de voix , rhumes , enrouemens & autres accidens; dans ce temps , l'on ne peut chanter & rendre les fons que dicte la volonté.

Article XIII.

Nombre de perfonnes des plus éclairées ont fenti & avoué que le vrai chemin d'enfeigner les premiers élémens du chant & de la Mufique , n'étoit pas encore trouvé. Un philofophe moderne dit qu'il y a bien des découvertes à faire fur la maniere la plus facile , la plus courte & la plus fure pour acquérir l'art de chanter. Il y a plufieurs années que ces idées dont j'étois remplis, me conduifirent à quelques obfervations , & me firent appercevoir que pour tirer avantage de pareilles re- marques , il y auroit bien des difficultés à furmonter ; la quantité d'expériences , d'épreuves , de recherches dont on ne pouvoit voir les effets qu'après un temps confidérable , mettoit une grande tiédeur dans mon efpérance ; cependant après quelques découvertes, j'en fis part à quel- ques amis , & ils m'engagerent fortement à persister dans ce travail, en m'assurant qu'il ne pouvoit tendre qu'à un bien réel ; avec leur aide, ma persévérance ne chancela plus, & jusqu'à ce moment, je n'ai rien négligé pour m'éclaircir sur-tout ce que j'ai cru nécessaire, pour établir un ouvrage utile aux jeunes personnes.

J'ai donc commencé en premier lieu, par chercher à démêler le fort & le foible des principes établis. J'ai vu qu'il étoit indispensable d'en creuser davantage les fondemens, pour pouvoir trouver une route aux jeunes éleves qui fût plus simple & plus facile que les ordinaires, en en diminuant les ennuis, & leur éviter d'être exposés aux fatigues de poitrine en ne chantant point. Pour rendre ce plan solide, je ne pouvois même ignorer les moindres particularités ; il m'étoit conséquemment important de savoir en tout point comment l'on enseignoit le chant, la Musique. Aussi en différens temps, je ne perdis point de vue un très-grand nombre d'éleves depuis qu'on les commençoit, & mon attention ne laissoit rien échapper sur les instructions qu'on leur donnoit, & des progrès qu'on leur faisoit faire. Connoissant les notes à-peu-près, on les faisoit chanter, & j'entendois continuellement dire que

pour former l'oreille & apprendre la Mufique, il falloit beaucoup chanter les notes,
& que ce n'étoit qu'à force de les chanter
que l'on pouvoit réuffir. Pour acquérir
plus de voix & la former, on faifoit chanter à toute force, ou pour mieux dire,
on faifoit crier, c'étoit encore le temps où
l'on ne commençoit guere à cultiver cet
art qu'à l'âge de quinze à feize ans, &
il n'y avoit que ceux qui avoient de la
voix. Les fatigues de poitrines étoient
fréquentes ; ceux que l'on deftinoit pour
faire leur état du chant, on les faifoit
époumoner jufqu'au crachement de fang,
après une, deux, trois années, plufieurs
perdoient leur voix, d'autres leur voix ne
pouvoit fe décider à la jufteffe, & d'autres
ayant chanté jufte toute efpece d'airs vulgaires, même des morceaux d'opéra qu'ils
avoient retenus, & qui après avoir appris
n'eurent plus de voix, ou ne chantoient
rien qu'il n'y eût du faux. La mode étoit
de faire chanter avec un claveffin, &
toujours à tue tête, les prétendues mer-
veilles de cet inftrument dans cette partie,
y font auffi ridicules que déplacées, par la
féchereffe de fes fons trop peu foutenus,
& par fon défaut de jufteffe des tons, &
ainfi de tous inftrumens à touches. Enfin,

dans l'espace de sept, huit à neuf ans
d'apprentissage à chaque éleve, sur plus
d'une centaine, six réussirent à-peu-près
à chanter, & deux réussirent bien. Je
cherchai dans ma tête, je me creusai le
cerveau tant & plus, pour trouver ce qui
pouvoit s'opposer à la réussite, & à la
promptitude des progrès ; lorsqu'une circonstance se présenta à mon aide. Un jour
chez un de mes amis, une Dame avoit
une très-belle montre, & chacun faisoit
dépense d'esprit pour la louer, étant entre
les mains d'une Demoiselle des plus aima-
bles, par plaisanterie, elle la prit par le
bouton de la boëte entre ses dents, & se
boucha les oreilles pour juger le mouvement, tout le monde en fit autant avec
la sienne, ce qui donna lieu à des propos
de plus en plus agréables, & ce qui me
rappela qu'un corps sonore de cette espece,
se faisoit pour ainsi dire moins entendre
proche de l'oreille, que dans la bouche, les
oreilles bien bouchées ; & ce parce que
l'air est porté de la bouche dans la caisse
du timpan, pour lors je n'ignorai plus la
cause pourquoi l'on chantoit faux, & la
difficulté qu'il se trouvoit à chanter juste,
c'est qu'en chantant très-fort, les sons de
la voix qui communiquent directement.

depuis la luette par un canal à l'entende‑
ment, lequel perd néceffairement fon état
de difcernement par la trop grande force
de la voix, & en outre eft le trop d'effort
& trop grand poids des parties vocales.

Rentré chez moi, ce fut l'objet de mes
réflexions, qui ne fervirent qu'à me con‑
firmer davantage dans cette vérité, en ce
que, j'avois entendu par‑tout, & j'en‑
tendois que les plus belles & fortes voix,
même jufques dans nos Académies de
Mufique ; des femmes qui en faifoient le
plus belle ornement, chantoient faux affez
fréquemment ; ce qui arrivoit fur‑tout
lorfqu'elles vouloient donner, ou don‑
noient, ou immédiatement après avoir
donné, les plus forts éclats de voix, que
l'on applaudiffoit à tout rompre. Ceux à
qui cette imperfection quelquefois étoit
trop fenfible, prétendoient que cela pro‑
venoit de ce qu'elles n'étoient pas mufi‑
ciennes, raifon qui ne peut être valable,
quoi qu'effectivement, il y en avoit qui
l'étoient peu, & même qui ne l'étoient
point ; la Mufique écrite eft faite pour
les yeux, & pour avoir l'oreille mufi‑
cienne, il lui faut une culture propre &
particuliere. Encore une raifon qui s'op‑
pofoit à la jufteffe, la voix fe déclarant

ou se faisant connoître dans un âge déja avancé, l'on se déterminoit à cultiver le chant méthodiquement, les parties qui doivent coopérer à former les impressions de l'oreille, ne sussent que par le non usage d'action, ont perdu de leur activité, & le moyen ordinaire de faire chanter, est plus désavantageux que favorable pour former l'oreille, & il faut plusieurs années pour savoir chanter; la constitution une fois formée, la perception de l'oreille est devenue lente & la devient, les fibres qui ont rapport au ton qui les frappe sont dans le cas de cette diminution de sensibilité d'élasticité, rien ne s'oppose à l'accroissement, & il y a des fibres sur lesquelles cette diminution s'est plus faite ou se fait plus, il y a des fibres en rapports dans ce même cas, & envers de telles fibres les tons qui doivent se rencontrer que l'on ne peut rendre, ou que de temps à autre comme par hasard, ou en adoucissant la voix considérablement dans le total, sont celles que l'on juge être les plus foibles sensations que l'oreille reçoit, c'est pourquoi, des tons, des modulations, des notes *diezes*, *bémols*, &c. envers de tels rapports qui étant trop foibles, ou ne se sentant pas, les impres-

fions ne peuvent s'en faire n'y s'en former, & l'on feroit exercer la voix, &
on l'exerceroit nombre d'années fur ces
chofes, qu'elle n'avanceroit à rien du
tout. Quoique la voix fe déclare tard,
elle n'a pas pour cela d'imperfection en-
trant en fa conftitution, de force, & ne
fauffe que par ces moyens de l'oreille,
qui la font agir.

Les voix d'hommes étoient pareille-
ment dans le même cas que celles des
femmes ; cependant dans nos Académies
on les entendoit communément chanter
jufte, & fi par hafard ils y manquoient en
quelques chofes, il y en avoit peu qui ne
fe remiffent tout defuite, ce qui n'eft point
étonnant, ne provenant cependant pas
effentiellement de ce qu'ils favoient bien
la Mufique ; mais de ce que leur oreille
étoit devenue excellente muficienne, par
l'habitude qu'elle avoit contractée dès
leur grande jeuneffe, ayant été élevés
prefque tous dans des églifes où il y a
Mufique journellement.

Mademoifelle Fel a été une des premieres qui nous ait fait connoître & qui
nous a convaincu par fa voix, que fon fexe
pouvoit réunir & rendre toutes les intonnations les plus difficiles ; les légéretés,

les agrémens ; la délicateſſe avec toute l'é-
tendue , en un mot toutes les perfections
du chant dans la plus grande juſteſſe , ce
qui diminua beaucoup le mérite de ces
voix étourdiſſantes ennemies des oreilles
délicates.

Nous dirons en paſſant , que le canal
par où ſe communiquent des ſons de la
voix dans la caiſſe du tympan eſt appelé
la trompe d'Heuſtache , il eſt le moyen
dit-on par où les ſourds entendent.

On leur apprend à parler , & peuvent
auſſi apprendre à chanter , en voici un
exemple.

En Savoye, un enfant, fille d'un Seígneur,
fut porté à un bal où il étoit, il le prit ,
& avec ſes mains l'élevoit en l'air en
meſure en danſant ; le malheur voulut que
la tête de ſon enfant touchât la groſſe
boule de chriſtal d'en bas d'un luſtre , &
de la forte compreſſion il en eſt réſulté
toute la ſurdité poſſible. On a appris à
cette Demoiſelle à chanter ; elle chante
on ne peut mieux & des plus juſtes.

L'on peut trouver ici des ſons rangés
quoique pour la culture de l'oreille, qui
joués par le violon proche de la bouche ,
peuvent aider très-favorablement dans la
pénible carriere de faire chanter des ſourds.

Ces lumieres me conduifirent à vouloir faire des effais, des épreuves de l'ouie & de la voix depuis l'enfance jufqu'à un âge avancé ; deux raifons m'y déterminerent, je penfai en premier lieu, que la force des raifonnemens, les conféquences les plus probables pouvoient être démenties par la pluralité des faits de cette nature. En fecond lieu, que pour établir une nouvelle culture & l'ordre dans fa conduite, ce ne pouvoit être en partie, que dans les expériences en toute maniere fur un grand nombre de perfonnes, où je pourrois trouver & faire choix de quantité de chofes néceffaires pour remplir mon objet, à cet effet j'entrepris tout ce qui me parût le plus convenable & l'on en va voir quelques échantillons.

SECTION TROISIEME.

ARTICLE XIV.

JE me propofai de cultiver l'oreille à de très-jeunes perfonnes, à cette occafion je m'annoncai dans plufieurs maifons, en difant que pour bien lire la Mufique, apprendre à chanter, & pour chanter jufte, le véritable moyen étoit de commencer à cinq à six ans; l'on rejetoit fort loin mes raisons, on me trouvoit des plus singuliers, & l'on disoit que c'étoit une extravagance de penser ainsi; parce que la foiblesse du tempérament ne pouvoit permettre une entreprise aussi pénible & aussi difficile pour les personnes formées même avec des dispositions, & que c'étoit vouloir tuer les enfans. J'opposois les enfans de chœur, on me répondoit que l'indigence, le défaut de ressource les faisoit sacrifier; alors, j'entrepris d'étaler tous les avantages qui résultéroient en cultivant seulement l'oreille des enfans, qui après, ne chanteroient que ce qu'ils auroient retenu à leur volonté, & que je ne les ferois point du tout chanter; quelques meres de famille se laisserent persuader par mes propos, & enfin me confierent leurs enfans.

Je commencai par examiner les actions, les jeux, les propos de cette jeunesse d'à peu-près six ans, je fis choix des airs propres à leur caractere, sans faire nulle attention à la voix ou non; je jouai sur le violon à chacun l'air que je crus convenir, tous les jours pendant une demi-heure, point de bruit de leur part étoit ce que j'exigois , pouvant au reſte s'amuſer comme ils voudroient. Après un mois, un d'entr'eux ſembloit répéter ſon air , je fus curieux de lui faire dire par la ſyllabe, *la, la, la,* chaque ſon ſoutenu du violon, & il le dit fort bien , après cet eſſai , je continuai de cultiver ſon oreille de ce même air encore trois ſemaines , & le chanta ſeul des plus juſtes , de la même maniere je lui en appris un ſecond; pour les autres ne furent pas ſi actifs , il fallût trois mois , quatre , cinq, juſqu'à ſix pour chanter chacun leur air juſte , ſans y rien manquer d'ailleurs ; ils avoient de la voix & tous les enfans en ont ; mais celle de leur âge ; pendant ce temps , les parens demandoient des avis , conſultoient des gens jaloux de leur routine, dont les émiſ-ſaires tournoient cette innovation en mau-vaiſe plaiſanterie , & s'époumonnoient pour aſſurer qu'il ne pouvoit y avoir d'autre moyen pour apprendre à chanter, que de chanter beaucoup , & ajoutoient-ils, c'eſt du dernier ridicule d'être enſeigné ainſi , ce qui ne ſert à rien étant ſi jeune ; ce qui empêcha que l'on ne fît grande attention aux ſoins que je m'étois donnés , & ce qui ne m'empêchât pas d'être très-ſatisfait.

Je me retournai vers des perſonnes des

deux sexes de quatorze ou quinze ans, je
cultivai aussi leur oreille avec le violon ;
aux unes, je leur jouois la gamme en
montant & en descendant, à d'autres
l'accord parfait, les tons l'un après l'autre
en différents tons ; ces dernieres chanterent
plutôt & juste ces tons de divers accords
parfaits, que les premieres ne chanterent
la gamme avec justesse. Je pris le parti
de cultiver ces premieres par les accords
parfaits, & je mis les autres à la gamme ;
au bout de six mois, il y en eût qui chantoient le tout juste par fois, d'autres rendoient la gamme à-peu-près, & d'autres
des tons sans suite qui étoient décidés ; je
cultivai de nouveau l'oreille des ces dernieres pendant l'espace de temps que je
crus qu'elles pouvoient rendre l'un &
l'autre ; je les faisois chanter en les aidant
un peu avec le violon dans les endroits
les moins assurés ; parvenus à dire seul le
tout avec justesse, je leur jouois ainsi
qu'aux premieres, un espece d'air où il y
avoit des tons un peu difficiles, pour voir
le temps que leur oreille ou leur mémoire
resteroit à les retenir. Alors je jugeois à
leurs voix, lorsque d'elles - même elles
le rendoient ou en rendoient quelque chose ;
il y en eut qui au bout de deux mois le

chanterent à peu-près & enfuite bien , en prononçant tous les fons *la*, *la*, *la*, &c. D'autres au bout de quatre mois ne pouvoient rendre plufieurs tons difficiles , & d'autres au bout de fix mois ne pouvoient rendre que quelque partie de cet air , j'effayai de foutenir la voix de ces dernieres avec le violon dans ce qu'elles ne pouvoient rendre , je le jouois avec force proche de leur oreille , après une fuite de temps , elles parvinrent à tout rendre ; mais les endroits qui leur avoient été pénibles , elles ne les rendoient que par hafard médiocrement , & les manquoient le plus fouvent , ce qui me fit conjecturer que leur oreille étoit déja trop vieille ; elles apprenoient la Mufique quoique fans la chanter , cela leur fit prendre patience.

Je pris une autre route avec des perfonnes de dix-neuf à vingt ans , une fois connoiffant les notes , je jouois du violon les faifant chanter en même temps, pour voir à quoi cela aboutiroit, je fuivis à-peu-près la pratique ordinaire , en évitant de les faire chanter fort, puifque j'en connoiffois les fàcheux inconvéniens. Au bout d'une année de culture en cette maniere , excepté une , toutes ne pouvoient encore faire la gamme jufte , ayant cependant

chanté beaucoup d'autres chofes, je propofai à quelqu'une de leur apprendre à
jouer du violon, étant l'inftrument le plus
propre pour cette partie, & aux Demoi-
felles à s'en fervir fur les genoux, car autrement, il leur eft des plus incommodes &
leur endommage la gorge ; d'ailleurs, on
peut en jouer auffi fupérieurement de cette
maniere comme l'on joue du violoncel.
Ces perfonnes céderent à ce que je defi-
rois ; pour lors je ne négligai rien pour
les faire toucher jufte ; dans une année,
elles furent ce qu'il falloit pour jouer &
chanter en même temps la même chofe ;
mais à la fuite du temps, je vis par les
variétés de faux qui fe trouvoient dans
l'exécution, que leur oreille perdoit
promptement ce qu'elle venoit d'entendre,
efpérant qu'elle s'affureroit, je les continuai pendant quatre années, au bout de
ce temps, dans ce qu'elles jouoient &
chantoient, il n'y avoit rien de décidé, &
les mêmes chofes étoient rendues, tantôt
juftes, ou imparfaitement ou fauffes ; enfin
elles augmenterent le grand nombre &
furent fort bien la Mufique.

Il me vint en différents temps, des
Démoifelles de dix-fept à dix-huit ans,
qui chantoient tous les airs vulgaires, &

autres aſſez difficiles, fort juſte, après la
connoiſſance des notes, je me ſervois du
violon pour leur faire chanter la gamme
ſur le ton ordinaire, les notes dans l'octave d'*ut*, à *ut*, en montant alloient tout
de ſuite ; il n'en étoit pas de même depuis
ce ſecond *ut*, juſqu'au *la*, au-deſſus, &
ſur-tout les trois derniers tons ne pouvoient ſe rendre qu'avec peine. j'ai eſſayé
de frapper particuliérement leur oreille
tous les jours pendant ſix mois des ces
tons, ſur ſix, deux réuſſirent, encore y
avoit-il des inſtans où elles n'étoient pas
ſûres. Ce que j'attribuai aux impreſſions
de l'oreille trop formée, eſt qu'elle ne peut
plus céder avec aiſance & contracter la
nouvelle habitude que l'on exige d'elle ; je
cherchai quelques autres éleves ſemblables,
& je commencois par leur apprendre à
jouer du violon juſqu'au temps qu'elles
puiſſent exécuter des petits airs, & la
game à-peu-près juſte ; & puis je les
faiſois jouer & chanter en même temps la
même choſe, & c'étoit pour ſavoir ſi par
leur exercice ſouvent réiteré, ces tons
hauts leur deviendroient familiers : je les
enſeignai toutes un couple d'années : mais
elle ne réuſſirent guere plus les unes que
les autres : heureuſement dans ce qu'elles

avoient

avoient chanté , & ce qui n'étoit pas plus étendu que leur voix ordinaire , la juſteſſe ne ſe trouva altérée en rien. Pour tout avantage , elles ſurent paſſablement la Muſique , & quelques - unes eurent la voix un peu plus élevée , ce qui pro-venoit de ce qu'elles avoient beaucoup chanté tous les jours depuis pluſieurs années , qu'elles n'auroient pu réſiſter à chanter haut , & les parties vocales avoient une telle habitude qu'elles ne pouvoient ſe rectifier.

Comme j'avois entendu & que j'enten-dois quelques femmes & filles qui en par-lant avoient de groſſes voix , baſſes, enrouées , cela me fit chercher dans les enfans de leur ſexe , ſi j'en trouverois de ces qualités ; effectivement, j'en rencon-trai de l'âge de ſept à huit ans. J'eus aſſez de peines à perſuader aux parents que ces voix deviendroient au moins paſſables s'ils m'en confioient le ſoin ; ils craignoient que je ne fatigaſſe trop leurs enfans en les faiſant chanter ; je leur fis voir toutes les précautions que je prendrois , & leur eſprit ſe tranquilliſa. Il y avoit de ces voix qui paroiſſoient parcourir un ton, un ton & demi ; deux tons, deux tons & demi , ſuivant les propos de ſes enfans ; car je ne

pouvois juger que par là , & paroiſſoient
avoir l'oreille auſſi dure qu'une enclume ;
entr'autre, une jeune Demoiſelle de huit
ans , avoit la voix groſſe , roque, des plus
déſagréables , qui ne reſſembloit point à
une voix , & monotone au point que je
ne pus y appercevoir l'étendue d'un demi-
ton. Ces obſtacles ne me rebutèrent point,
ma reſſource de cultiver l'oreille ſeulement,
fut employée envers ces jeunes perſonnes
tous les jours , juſqu'à ce que d'elles-
mêmes elles fiſſent quelque ſon. A une ,
ſon oreille fût cultivée par la gamme en
montant & deſcendant ; une autre par les
tons ſéparés , d'accords parfaits en différens tons majeurs ; un autre par des ſons
de tierce en tierce , de ſixte en ſixte ; &
encore une autre par des tons d'accords ,
parfaits majeurs & mineurs. Au bout de
ſix à ſept mois ; j'entendis qu'elles
eſſayoient quelques ſons avec leur voix ;
ce qui me donna une aſſez bonne idée , je
les cultivai toutes par la gamme , en montant & deſcendant , quatre autres mois ;
après quoi je la leur faiſois chanter en détail , en leur faiſant nommer toutes les
notes par *la*, *la*, *la*, &c. je leur faiſois
entendre les deux premiers ſons avec le
violon quelques inſtants , ſans qu'ils les

chantaffent. Pour ne pas les fatiguer, ni les
gêner , je ne leur faifois dire qu'un fon
nouveau , avec fon précédent , tous les
deux ou trois jours , en mettant les repos
néceffaires d'ailleurs , jufqu'à l'octave de la
premiere note en montant , cela n'étoit
pas long-temps à fe décider ; mais les tons
au-deffus fe trouvoient difficiles de plus en
plus , fi un ne fe faifoit pas dans huit jours ,
on le répétoit jufqu'à ce qu'il fe fît , & de
même des autres. C'eft ici où l'empleur
du larynx préjudicie. Une fois parvenu à
rendre tous les tons de la gamme , je leur
faifois chanter les tons d'en haut fans répétition des autres pendant le temps fuffifant
pour qu'ils leur devinffent familiers ; au
bout de quinze à feize mois ; elles fe trou-
verent toutes à avoir de fort jolies voix ,
& celle qui l'avoit eue la plus monotone , la
plus défagréable , fe trouva décidée inter-
reffante par la qualité du fon ; mais fa refpiration paroiffoit tant foit peu gênée feulement en chantant. Parvenues à chanter
jufte la gamme , & les tons en accords parfaits , mineurs , majeurs différens , je leur
faifois chanter à chacune deux petits airs
avec les paroles ; ce qui conduifoit à une
couple d'années de culture fans interruption ; elles lifoient fort bien les notes , &

connoissoient les élémens de Musique.
Elles ont toujours conservé leur voix
très-claires avec les précautions de ne
parler que comme parlent les Démoiselles,
d'éviter de chanter bas jusqu'à une
douzaine d'ans ; je ne doutai plus combien
étoit nécessaire la culture particuliere de
l'oreille puisque sans ce secours il seroit
impossible de tirer aucun parti de pareilles voix.

ARTICLE XV.

IL me revint dans la pensée de faire une
attention plus particuliere aux voix des
enfans d'un an , dix-huit mois , j'en vis
plusieurs , & leurs pleurs , leurs cris , leurs
ris , les sons qui caractérisent leur joie;
leur éternument me firent voir que la voix
étoit de même à tous aux deux sexes ,
qu'elle avoit les qualités semblables , que
l'on pouvoit à peine distinguer le plus ou
le moins de force ; alors je fus assuré ,
que presque tous les défauts de la voix ,
prenoient leur source dans le temps où
l'on commence à les faire parler ; les embarras de la langue y contribuent en
grande partie , ainsi que nous l'avons déja

vu ; car excepté les mots *papa*, *maman* ; tous les autres leur font difficiles à prononcer, & il en coute à grand nombre des peines inouies ; les efforts qu'ils font pour les articuler, contraignent les parties vocales, les mufcles ; la continuité de ces chofes, fouvent les mauvais fons & prononciations défagréables des gens qui en ont foin, par amufement, par plaifanterie ; on leur fait imiter le langage & le fon de voix ridicule de certaines gens. Pour leur infpirer de la crainte, on leur parle avec une dure & groffe voix. L'impreffion de ces chofes & d'autre de ce genre, fe forme aifément en eux, l'oreille s'accoutume à ces difformités. Parvenus à l'âge de recevoir les premiers élémens d'éducation ; les maîtres ou maîtreffes, fouvent par complaifance pour les parens, regardent la plus grande partie de ces chofes comme des gentilleffes ; on met ces jeunes gens dans des couvens, des penfions, des colleges ; en penfions dans des villages, les voilà fevrés du monde ; ils n'entendent rien ou trop peu qui puiffe être favorable à leurs oreilles, ce qu'ils entendent fouvent & toujours, ce font les faux fons des cloches, & chanter faux ; les offices de l'églife, excepté celles où il y a Mufique habituellement. Pour celles où il n'y en a pas, en commençant à chanter ; on prend fur un ton & l'on finit fur un autre, l'on entonne très-haut pour finir très-bas, & dans ce qui contient une fuite un peu longue ; le ton fe change faux prefqu'à tous les endroits de repos, ou à chaque ftrophe. Dans les églifes où il y a l'inftrument appelé ferpent, pour foutenir le chœur, le ton principal y eft foutenu ; mais le refte n'en eft pas plus jufte , & à l'âge de quatorze a quinze ans, l'oreille eft tellement accoutumée aux mauvais fons, qu'elle peut à peine céder aux proportions des tons muficaux , où il y en a dont l'impreffion lui en eft devenue impoffible ; ce que l'expérience ne nous fait que trop connoître , & nous prouve combien la voix fe trouve dérangée dans fon économie ; on donne des maîtres qui prennent beaucoup de peines , qui n'ont point d'idées de ces caufes & d'autres de cette nature, ainfi que les parens ; l'on apprend plufieurs années, & l'on s'en prend au défaut de difpofition , à l'ingratitude de la nature, que l'on n'a point d'oreille , que l'on a la voix fauffe , pendant qu'il n'étoit rien de tout cela dans le principe , & nous voyons, & nous entendons prefque tous les jeunes gens des deux sexes dans le peuple des villes, des campagnes, chanter juste leur chanson. Dans les villes il y en a qui en chantent de très-difficiles, ils ont tous la mesure la plus exacte dans leurs danses, ce qui ne peut provenir que de ce que leur oreille reçoit moins de mauvaises impressions que de bonnes, en ce que dès leur enfance, ils voient beaucoup de monde, ils entendent fréquemment des instrumens vulgaires, chanter ; les filles en faisant leurs ouvrages chantent pour ainsi dire sans cesse, les ouvriers de même ; c'est la même chose tous les jours en campagne pendant l'hiver, dans les veillées : ainsi les dimanches & fêtes étant assemblées, dans les festins, les chansons pour tous ces gens font les principales causes de leurs plaisirs, & la ressource pour la plupart qui leur fait oublier quelques instants leurs peines, leurs fatigues, & leurs miseres. Il ne reste point de vices dans l'oreille ni dans la voix, occasionnés par les embarras de la langue dans ceux qui s'élevent ainsi, & il est fort rare d'en voir qui aient de la peine à parler, & qui bégayent, ce qui n'empêche point de chanter. Il résulte donc, que l'organe de l'ouie a été bien plus frappé de choses avantageuses que de désavantageuses, &

a été suffisamment frappé pour s'y être formées les bonnes impressions, à la vérité convenables à ce monde : ainsi l'oreille se trouve cultivée à la longue par les moyens tout ordinaires & naturels.

Il y a des pays ou l'esprit chansonnier est des plus en vogue, tel que dans la Guienne, dans le Languedoc & les contrées voisines : les chansons y font des plus jolies, & l'on y chante à ravir. L'organe de l'ouie mieux frappé par les chants continuels dans l'enfance que dans d'autres endroits, en fait la seule différence, & toutes ces choses nous font assez connoître que pour réussir avec certitude dans le chant méthodique ; la Musique, ce ne peut être que dans la grande jeunesse qu'il faut cultiver essentiellement l'oreille.

Il y a des personnes d'un âge fait, qui ont des voix comme fausses, parce qu'elles ne font point flexibles, & ne peuvent se plier au ton de la Musique vocale, ayant l'oreille des plus justes, étant même grands musiciens ; ce défaut dans la voix provient, de ce que les muscles ne font pas leurs fonctions, en tout ou en partie, avec facilité ; par la raison, que n'ayant pas chanté depuis la jeunesse ou jamais, & depuis là, mue pour les hommes ; certains embarras se sont formés dans les muscles, & ne se sont formés que parce qu'ils ont été trop long-temps, ou toujours dans l'inaction, & ce qui occasionne à ces voix, cette roideur qui les empêche de se prêter à ce qui n'est même qu'ordinaire pour la justesse ou dans certains endroits.

Les voix enfantines égales & semblables dans les deux sexes, comme il vient d'être dit, se renforcent jusqu'à huit à neuf ans ; elles se maintiennent quelque temps & se renforcent petit à petit jusqu'à douze ans, à quatorze, quinze ans, à-peu-près ; celle des garçons essuie en général une espece de maladie appelée mue qui dure six mois, un an, quelquefois plus ; les voix de filles n'y sont point sujettes ; mais ce n'est pas moins dans ce temps ou un peu plus tard que leur voix prend sa qualité, & se dé-cide pour toujours ce qu'elle doit être. Aux garçons après la mue, il leur reste la voix d'homme, qui a besoin d'exercice à quelques-uns, quoi qu'ayant été cultivée auparavant. Il y en a qui ont chanté des plus juste avant cette maladie de la voix, qui pendant le temps de sa durée, ne peu-vent point chanter ni entonner que très-faux, malgré toute la justesse de leur oreille ; ce défaut n'existe que pendant ce temps critique , & la voix nouvelle étant décidée , retrouve la justesse , & d'autant plus aisément que l'oreille qui est formée , ne peut que l'empêcher de s'égarer.

ARTICLE XVI.

Ayant examiné & refléchi sur les manieres ordinaires d'enseigner le chant , il n'est presque pas croyable , que les hommes après la mue , & les femmes après la voix formée y puissent réussir ; si auparavant l'oreille n'a pas entendu chanter , ou des instrumens suffisamment pour être formée à un certain degré de justesse ; aussi je me déterminai à n'enseigner que de jeunes personnes depuis six ans , jusqu'à dix ou onze ; de plus , il me restoit à savoir comment iroient les progrès de la culture de l'oreille , dans celles qui n'avoient point de défaut dans la voix , dans les deux sexes. Je m'y pris de la maniere que l'on a vu à l'égard des enfans , aux unes , l'oreille fut plus long-temps à se développer qu'aux autres , & cette lenteur se trouva sur les plus âgées, ce que je jugeois par les sons que je leur entendois essayer , & ou je les excitois quand d'elles-mêmes

elles ne le faifoient pas. Je leur apprenois
les notes de Mufique fans leur faire chanter, les fachant, je leur jouois fur le violon
le ton de chacune; & après chaque fon
qu'elles avoient entendu, je leur faifois
voir & nommer la note qui y convenoit;
parvenues au point de pouvoir chanter
tous les tons qui avoient été l'objet de la
culture de leur oreille, j'en réuniffois par
huit les notes, & je leur jouois plufieurs
fois la petite leçons de ces huit notes
avant de la leur faire chanter, ayant foin
de les laiffer fe repofer à chaque fois qu'elles
l'avoient dite, en prenant les autres précautions d'ailleurs, pour leur éviter toute
fatigue & peine; enfeignées journellement, les moins actives pour chanter jufte
& feules la gamme en montant & defcendant, & des accords parfaits majeurs &
mineurs en différens tons n'excéderent pas
une année. Une partie de ces éleves fut con-
tinuée la feconde année & je laiffai à leur
difcrétion de chanter ce qu'ils favoient &
ce qu'ils voudroient.

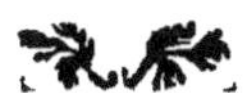

ARTICLE XVII.

AUPARAVANT de commencer mes jeunes éleves, j'allois les voir plusieurs fois, pour les connoître, démêler leurs inclinations, leurs caracteres, & comment je m'yprendrois pour leur rendre agréable ce que je voulois leur faire faire, & leur persuader le plaisir qu'ils auroient un jour à bien chanter, à jouer des instrumens ; je partageois leurs idées, je les flattois sur leur goût, je cédois à leurs amusemens ; enfin je les amenois au point de leur faire désirer d'apprendre ; en les enseignant, j'employois les moyens que je croyois convenables afin que leur bonne volonté ne s'affoiblît. Ces précautions ne contribuent pas peu à en tirer meilleur partie, & il est toujours à propos sitôt que les enfans parlent, de leur inspirer, en les amusant, les idées des premieres choses qu'ils doivent apprendre & savoir ; leur curiosité est un moyen pour faire naître, exciter & maintenir en eux l'envie pour ce qu'on leur fera pratiquer, leur présenter les objets de la maniere qui puisse les flatter, les interresser davantage : à leur portée, leur foiblesse veut qu'ils ne voient & n'entendent, tout que comme de petites choses; car une mouche, un papillon les fait rire, de même quelqu'un qui se casse le cou, qui se laisse tomber, ou le récit de ces choses; telles sont les proportions de leurs sensations qui se développent avec l'âge; à quinze ou seize ans les affections ne sont plus les mêmes, on sent & l'on voit bien différemment, à peine se resouvient-t-on de ses premiers plaisirs, de ce qui faisoit rire, de ce qui faisoit de la peine, excepté les châtimens. L'esprit orné, la mémoire meublée, le tempérament parvenu à sa formation, les sensations, les affections sont ce qu'elles doivent être, & dans toute leur valeur relative aux objets qui frappent les sens. L'on ne rit que des choses vraiment risibles, & l'on ressent les peines dans toute leur étendue; les sensations & les affections que l'on croit être au nombre des plus fortes, sont celles occasionnées par le danger inattendu d'une mort inévitable dans l'instant à soi-même, ou à quelqu'un qui intéresse le plus fortement, ou quel qu'attentat subit à l'honneur, & dans certaine personne; la violence de semblables affections, produit subitement une révolution des plus fâcheuses, & dans d'autres des plus favorables, puifque l'on a vu de paralytiques perclus de tous leurs membres depuis plufieurs années, le feu étant dans la maifon où ils étoient, recouvrer dans l'inftant la plus parfaite fanté, fortir de leur lit, & fe fauver avec autant de force que de courage. Hérodote, hiftorien Grec & autres auteurs rapportent, que dans la prife de la ville de Sardes, par Cirus, Créfus, roi de l'Ydie, étant fur le point d'être tué d'un coup de hâche, par un foldat, fon fils, muet de naiffance, fut tellement frappé qu'il fit un effort fi grand & fubit, qu'il lui donna la parole, & s'écria tout-à-coup, foldat, ne tue point Créfus.

Sous le regne de Rafchid, prince Arabe, une jeune Dame de fa cour avoit perdu le mouvement d'une de fes mains, en l'élevant en l'air ; tous les linéamens, onguents avoient été employés envain ; elle étoit regardée comme inguériffable, le médecin Gabriël, inftruit de cet accident, & introduit chez le calife, promit cependant de la guérir, à condition que le commendeur des Croyans, feroit venir la jeune Dame en préfence de toute la cour, & qu'il ne s'emporteroit point s'il voyoit faire quelque chofe qui lui déplût. Rafchid

y confentit ; la Dame vint , & le médecin
accourant à elle, lui prit le bas de fa robe,
comme s'il avoit voulu la lever , & l'expofer toute nue. A l'inftant la malade fut tel—
lement frappée & effrayée de l'intention
qu'elle lui fuppofoit , qu'elle fe baiffa précipitamment pour l'empêcher de l'exécuter ; & fa main qu'elle avoit tournée en
haut , perdit fa roideur , & reprit fa fitua-
tion naturelle qu'elle conferva depuis. Le
prince fit donner cinq cent milles drachmes
au médecin , qui lui rendit raifon des caufes
du mal de cette princeffe.

SECTION QUATRIEME.

ARTICLE XVIII.

LES remarqués que j'ai faites jufqu'ici
me mettent dans la néceffité d'en faire fur
ce qui regarde la premiere éducation ,
voici comment s'exprime un favant &
célebre magiftrat , dont la gloire & la
mémoire feront toujours cheres à la
nation.

Les fciences , dit-il , font néceffaires,
l'ignorence nuit à tout, le cœur & l'efprit

ne peuvent refter vides , & pour jouir du fruit des talens , ce n'eft que dans la jeuneffe que l'on peut les cultiver, plus éclairé que jamais ; il eft plus aifé de quitter fes préjugés d'antiquité , & de détruire les mauvaifes routines que l'on a fuivi pour enfeigner les différentes parties de l'éducation , & fur-tout dans l'enfance ; le ménagement qu'exige la délicateffe du tempérament ; la néceffité d'être cultivé font deux chofes que doivent avoir toujours en vue ceux qui font chargés des premiers foins de l'éducation , ce qui a fait dire à un homme de beaucoup d'efprit , que le plus grand fervice que l'on pouvoit rendre aux fciences , aux lettres , aux arts , étoit de faire des méthodes & de tracer des routes qui épargnaffent du travail & des erreurs , & qui conduififfent à la vérité par les voix les plus courtes , les plus fimples & les plus fûres.

L'expérience apprend affez qu'en naiffant , on n'apporte qu'une capacité vide qui fe remplit fucceffivement; l'on commence à avoir des connoiffances , lorfque l'on commence à faire ufage de fes fens ; donc que toute bonne méthode doit commencer , par ce qu'il y a de plus fimple pour parvenir par degré à ce qui eft compofé.

L'on

L'on ne retient bien que ce qui a été souvent répété, & il n'y a que la répétition des mêmes idées, qui puisse former des traces assez fortes pour les conserver; aussi n'oublie-t-on jamais ce qui est gravé pendant l'enfance dans les fibres délicates du cerveau. Ce qui est le plus difficile dans toute l'éducation des enfans, c'est de leur apprendre à lire, cette remarque est celle des plus grands hommes qui ont traité de l'éducation, & l'on voit cependant, qu'aux environs de quatre ans, ils ont déja retenu quantité de choses, acquis des connoissances, disent d'eux-mêmes différentes raisons, font des questions, apprennent & retiennent des jeux qui exigent une combinaison, & le tout sans de grands efforts. Cette facilité ne peut donc venir que des idées particulieres des choses qui leur ont fait plaisir, & qu'ils font avec plaisir. Mais dès que l'art survient, la difficulté de retenir les lettres de l'alphabet, est une grande peine ; après, viennent les différentes combinaisons ; la multiplicité des opérations, les sons inutiles ou impropres qu'on leur fait articuler pour pouvoir lire, dégoûtent & rebutent si fortement la plus part, qu'il faut un temps immense pour que tout cela puisse s'inculquer dans leur esprit. Il en eſt qui ſont des cinq, ſix années pour raſſembler ſeulement les lettres, ou quel-ques mots avec beaucoup de peine, & qui en toutes autres choſes, font voir de l'eſprit & de l'intelligence au deſſus de leur âge, ce qui doit nous faire penſer qu'il doit y avoir une autre pratique plus naturelle que toutes celles qui ſont uſitées.

L'on regarde la Muſique comme un agrément de la belle éducation; elle eſt le délaſſement le plus à la mode; elle égaie l'eſprit de ceux qui l'exécutent; elle eſt pour eux l'amuſement le plus agréable; & c'eſt du bon ton de croire la ſavoir; mais l'on n'a pas encore enviſagé ſon utilité pour la premiere éducation; que l'on refléchiſſe un peu, l'on ne pourra manquer de ſentir que la combinaiſon, la proportion, & l'ordre aſſigné aux ſons qui la compoſe, & les fibres du cerveau dans ſes rapports, ſont les effets qui ne peuvent tendre qu'à développer, préparer, & diſpoſer les voies propres à recevoir les élémens d'inſ-tructions, & conſéquemment elle eſt la ſource & l'origine des ſciences en nous. Dès que les enfans commencent à parler, tout objet leur donne des idées, les excite à être curieux; ils cherchent à tout enten-dre, tout voir, tout ſavoir; c'eſt auſſi le

temps où les fons de la Mufique produi-
ront le meilleur effet dans le cerveau , en
ce que par leurs actions , ils mettent en
action les parties de l'entendement , de la
fenfibilité , & en frappant l'oreille de fes
fons pendant le temps fuffifant pour être
une fois imprimé dans ce lieu de réferve ,
y voilà l'idée d'ordre , de combinaifon , de
proportion bien établi ; & par les rapports , la mémoire , la conception étant
en jeu , en exercice ; ces deux parties qui
étoient ingrates dans certains enfans ;
alors elles le feront bien moins , parce que
tout objet en frappant le cerveau , il s'y
trouve les rapports , les rapports de ces
rapports & fucceffivement jufqu'à l'infini
de rapport en rapport , & ainfi dans notre
tête ; il fe développe une quantité fi pro-
digieufe de parties , qu'elles font innom-
b rables.

Dans la force de l'âge , c'eft le temps où
les rapports peuvent paroître fi éloignés
dans certain cas , qu'on a peine à croire
à leur effet ; par exemple , un homme
qui n'a été élevé qu'à faire des fabots de-
viendra poëte , cela eft certainement bien
oppofé , & cela ne s'opere cependant que
par les rapports. C'eft pourquoi les connoiffances phyfiques de ce qui nous fait

mouvoir ; comment nous avons des senfa-
tions, nous entendons, nous avons des
idées, nous refléchiffons, font des plus
effentielles à acquérir, & doivent faire
partie de l'éducation, raifon qui ne nous a
point laiffé négliger dans cet ouvrage ce
qui eft approchant néceffaire pour ces
objets. Par ces fecours, combien de fauffes
opinions peuvent fe perdre ? combien de
gens ignorants peuvent l'être beaucoup
moins ! Le nombre des favants fur ces matieres eft fi peu confidérable en comparaifon de ceux qui n'en ont aucun foupçon,
dont l'efprit ne peut appercevoir dans un
âge fait, nombre de vérités, & les rejettent
comme des fables que l'on raconte ou qui
fe laiffent écrire ; ces perfonnes croient
tout favoir, parce qu'elles ignorent les
caufes de puiffances qui font en elles, &
ne fentent point jufqu'où pourroient s'é-
tendre leurs lumieres & leur capacité.

On juge fur quelqu'apparence de difpofitions extérieures dans la jeuneffe pour
s'adonner à tel ou tel talent, à telle fcience,
à tel art, & nous voyons qu'elles font fi peu
fures, qu'après bien des peines & beaucoup
de temps que l'on y a employé, fouvent
il n'en refte que très-peu de fruit, & d'autre ne paroiffent avoir aucune difpofition

& réuffiffent parfaitement. De telles variétés feroient bien moins fréquentes ; fi l'on favoit ce qui coopére à mettre en action l'efprit, l'on fentiroit avec plus de juftelle ce qui le feroit mieux valoir ; c'eft de l'ignorance à cet égard, que vient la fource du dégoût pour ce qui eft raifon, fciences ; dégoût, dont fouffrent ceux qui les exercent, & que l'on confidéroit fi peu autrefois dans des fociétés & affemblés, que fi quelqu'un s'avifoit de parler de quelque chofe où il parût de la fcience & du bon fens, il paffoit pour ridicule, on y faifoit peu d'attention ; les uns tournoient la tête, d'autres s'éloignoient & lévoient les épaules, ce quelqu'un déhors, dans fon apologie, il étoit un reveur, un pédant, un philofophe ennuyeux à faire périr. Si deux ou trois hommes à l'écart parloient fciences, une femme élégante, ou un petit maître tout-à-coup fe récrioit ; Meffieurs, vous oubliez qu'il y a des femmes ; quelle barbarie ! quelle différence aujourd'hui ; outre tous les talens agréables, elles cultivent les fciences, s'y diftinguent ; elles en ont le goût, c'eft auffi ce qui anime le courage de ceux qui y travaillent, & le but de l'auteur fera rempli dans cet ouvrage, fi indépendamment de fes utilités

pour leurs enfans , il peut en même-
temps contribuer en quelque chofe à leurs
amufemens.

Revenons aux fons de la Mufique qui
développent par leurs actions les difpofitions ingrates pour les fciences & les arts,
& ce qui le juftifie encore , ce font les
peuples bercés & élevés dans la Mufique,
qui ont toutes facilités dans leur jeuneffe
pour la culture de tous les talens, des arts,
des différentes langues , dont ont voit les
effets quand ils font en âge; & dans tout
ce qu'ils font, ce qu'ils difent , dans leur
action , il y regne un efprit d'ordre
de jufteffe qui ne peut s'attribuer qu'à
l'influence des fons muficaux , au lieu que
dans les endroits où l'on n'eft point élevé
dans cet art, à peine connoît – on la fuper-
ficie des talens, des fciences , des arts; on
en regrette les principes , & il n'y regne
que l'efprit de frivolité.

La fupériorité de cette inftruction fe
manifefte , en ce qu'elle empêche que les
objets d'oppofitions ci–devant cités & autres , ne puiffent prévaloir , puifque les
enfans réuffiffent ; & fi cette premiere
éducation que l'on va tracer n'eft pas
adoptée par certains partifans des ufages
ordinaires , elle n'eft pas moins fondée en

principes ; & ceux qui feront jaloux d'éviter aux enfans des peines , des réprimandes, des punitions qui ne peuvent qu'endommager leur fanté , la préféreront.

ARTICLE XIX.

Premiere culture pour les enfans.

POUR cultiver l'oreille des enfans qui commencent à parler , on fent qu'il eft indifpenfable de fe fervir d'un inftrument dont toutes perfonnes indiftinctement mal-à-droites comme d'autres puiffent faire ufage.

'Defcription de l'inftrument que nous appellerons aurillette , propre à cultiver l'oreille des enfans.

Cet inftrument fera conftruit en ferinette , c'eft-à-dire, il y aura dans une caiffe , un cilindre , un foufflet , treize tuyaux bouchés au bout d'en haut ; la matiere des tuyaux s'appelle étoffe , qui veut dire mêlange de plomb & d'étin. Le premier tuyau fait le ton le plus bas qui eft *ut ;* fa circonférence eft de vingt-quatre lignes à-peu-près , fa hauteur

7 pouces & demi, ou une ligne ou deux de plus pied de roi, & 6 pouces moins une ligne à-peu-près jufqu'à l'ouverture en travers étant bifeau, avec une petite oreille de chaque côté en même matiere, & les autres tuyaux feront en proportion bien juftes dans leur diminution de hauteur & de largeur.

Les treize tuyaux feront les notes ou tons que voici ; le premier ton comme on vient de voir eft *ut*, enfuite, *re*, *mi*, *fa*, *fol*, *la*, *fi*, *ut*, *re*, *mi*, *fa fol*, *la*, étendue ordinaire des voix féminines, & le ton où la note *la* au deffus marquée de ce chevron ʌ fera à l'uniffon de celui du diapafon qui fert de regle pour le ton dans les académies de Mufique de chant.

Le cilindre fera garni pour fept parties différentes comme qui diroit fept airs. On pratiquera la même chofe pour jouer & changer chaque partie de même qu'on change d'airs avec la ferinette, chaque cran au fer rond qui fe tire à l'extérieur de la caiffe, & fe pouffe, eft autant de parties différentes.

La manivelle fe met à une vice à l'extérieur de la caiffe, & s'ôte quand on ne veut plus jouer ; elle fe tient dans la main droite, & fe tourne en déhors.

Chacune des parties, excepté la septieme contiendra 30 notes qui feront le
tour entier du cilindre, sans qu'il reste de
vide, & chacune des six premieres parties
sera composée d'un différent accord parfait, n'excedant pas une octave, les tons
s'entendront l'un après l'autre en montant comme en descendant, & l'on va
voir de quoi il est question.

La premiere partie indiquée par le
premier cran, avant de tirer le fer rond,
contiendra les notes l'une après l'autre de
l'accord parfait, en montant *ut*, *mi*, *sol*, *ut*,
ensuite en rétrogradant ou descendant *sol*,
mi, *ut*, & en montant, *mi*, *sol*, *ut*, en descendant, *sol*, *mi*, pour recommencer par la premiere note *ut*, en continuant ainsi alternativement jusqu'au nombre des trente notes,
pour en faire le tour entier du cilindre, afin
que, dans l'exécution tant longue qu'on
voudroit la faire durer, fusse pendant une
demi-journée sans cesser de tourner la
manivelle, il ne se trouve, & que l'on
n'entende aucun vide nulle part. Il est indif-
férent en commençant à jouer de cet
instrument laquelle de ces notes ou ton il
se présente, & n'importe celle pour finir;
cette regle s'observera dans les cinq parties suivantes.

La deuxieme partie en tirant le fer au deuxieme cran , contiendra les notes de l'accord parfait , en montant *fa, la, ut, fa*, en defcendant *ut, la*, en recommençant par la premiere note , & continuant alternativement jufqu'à 30 de ces notes.

La troifieme partie en tirant le fer au troifieme cran les notes de l'accord parfait , tierce mineur *re, fa, la, re*, en defcendant *la, fa*, recommençant à la premiere note & continuant jufqu'à 30.

La quatrieme partie en tirant le fer au quatrieme cran les notes de l'accord parfait *fol, fi, re, fol*, en defcendant *re, fi*, en recommençant & continuant ainfi jufqu'au nombre dit.

La cinquieme partie en tirant le fer au cinquieme cran , les notes de l'accord-parfait , tierce mineur , *mi, fol, fi, mi*, en defcendant *fi, fol*, en recommençant , & continuant ainfi jufqu'au même nombre.

La fixieme partie en tirant le fer au fixieme cran , les notes de l'accord-parfait , tierce-mineur *la, ut, mi, la*, en defcendant , *mi, ut*, en recommençant , & continuant ainfi jufqu'au nombre cité.

Pour la feptieme partie , en tirant le fer au feptieme cran , contiendra la gamme en montant & defcendant de cette maniere, *ut*, *re*, *mi*, *fa*, *fol*, *la*, *fi*, *ut*, *re*, *mi*, *fa*, *fol*, *la*, deux filences ou foupirs de la valeur de deux de ces notes, en rétrogradant, en commençant par note *la*, *fol*, *fa*, *mi*, *re*, *ut*, *fi*, *la*, *fol*, *fa*, *mi*, *re*, *ut*, & deux filences de la valeur de deux de ces notes, ce qui fait le tour entier du cilindre. Car ces 26 notes & les quatre filences ou foupirs rangés dans cet ordre font auffi 30, enforte que dans cette feptieme partie ; il ne doit y avoir de filence que ceux dits, & au refte il fe trouve la même regle alternative que ci-deffus tout le temps de la leçon, en ne difcontinuant point de tourner la manivelle.

Toutes les notes dans ces fept parties, feront de la même valeur d'une blanche, mefure à deux temps gais, & toutes dans l'égalité la plus parfaite, & tous les tons dans la plus grande juftelle ; on obfervera que le foufflet ne fe faffe point entendre. Par cet arrangement, chaque partie fait le tour du cilindre exactement, puifque c'eft le même nombre de note pour chacune, & les notes ayant toute la même valeur. Pour tourner la manivelle on fe conformera au mouvement de la mefure à deux temps gais.

Cette égalité de valeur dans les fons,

qu'entendront les enfans, de cet inſtrument de leur oreille pendant le temps ſuf-
fiſant, eſt ce qui développe & établit dans
leur cerveau l'idée d'ordre, ces ſons rangés
par différens accords-parfaits, y établiſſent
l'idée de combinaiſon, & la gradation de
ſons qui compoſe la gamme, y étabit l'i-
dée de proportion. Plus de tons que ceci
n'en contient, & ſi les valeurs étoient
variées ſeroient nuiſibles à ces objets, on
doit aſſez en ſentir les raiſons, ce qui me
diſpenſe de m'étendre plus avant, & en
outre, l'oreille frappée par ces tons ſimples
eſt tout ce qui lui faut pour ce temps.

*Pour cultiver l'oreille des enfans, ſi l'on veut dès
l'âge de deux ou trois ans avec l'aurillette.*

L'on cultivera l'organe de l'ouie des
enfans avec l'aurillette pluſieurs fois par
jour, ou au moins deux, & à chaque
fois pendant un bon quart-d'heure
par la même partie, comme qui diroit le
même air. L'on commencera par la premiere partie pour ſervir deux jours de ſuite,
& ſemblablement de l'un à l'autre juſqu'à
la ſixieme compriſe, & l'on reviendra de
même ſur ces pas de l'une à l'autre, &

chacune servira aussi deux jours, ainsi l'on continuera alternativement en cette maniere pendant six mois tous les jours. Pendant trois mois consécutivement l'on jouera la septieme partie. On retournera à la premiere pour jouer les six parties dans le même ordre ci-dessus dit, seulement une chaque jour, & pendant quatre mois, & puis la septieme partie pendant deux mois de suite ; on rejouera chacune des six parties alternativement, une pour employer le temps de la leçon pendant deux mois ; la septieme pendant un mois, & pour compléter les deux années, on rejouera alternativement chacune de ces sept parties, une pour le temps de chaque leçon. Aux enfans qui paroîtroient encore bouchés, trop peu intelligents pour leur âge, ce que l'on juge aisément, parce qu'ils font ce qu'ils disent, on continueroit encore ce même exercice proportionnement à ce qui vient d'être dit pendant une autre année. D'ailleurs, cela ne doit point empêcher de les conduire comme on a coutume de le faire.

Cette culture est aussi bonne par le secours du violon. Mais il faut avoir un diapason pour l'accorder & le maintenir toujours fur un même ton , toucher des plus juftes & les fons parfaitement égaux , ou autrement il n'en réfultera qu'un mauvais fruit. (*)

(*) En attendant que cet inftrument de premiere culture des enfans appelé l'aurillette , fe faffe en différens endroits par ceux qui fabriquent les ferinettes , on fe le procurera aifément dans cette ville , où il y a des correfpondans de par-tout. Cet inftrument eft d'autant plus commode , qu'il n'eft fujet par lui-même à aucun dérangement , en quelque lieu qu'on le tranfporte , que les accidens qui ne feront pas trop confidérables n'y feront pas grand tort ; en ce qu'il eft bien moins compliqué & plus folide que les ferinettes ; tous ceux qui les raccommodent le retabliront aifément , & même toute perfonne un peu adroite. L'objet d'utilité de cet inftrument fe remplit en tout point en tournant également une manivelle , & toute perfonne indiftinctement eft propre à cet ufage.

A Lyon , on pourra s'adreffer à l'Auteur de cet Ouvrage , qui donnera les indices pour avoir l'aurillette , ou il la remettra.

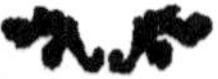

Article XX.

Pour apprendre à compter aux enfans.

On ne peut se dispenser d'apprendre à compter aux enfans, c'est la premiere instruction & la plus naturelle à leur donner, en ce que les nombres sont relatifs à cette culture de l'oreille ; ils effectuent l'idée aux choses pour en distinguer le plus ou le moins de quantité, & il suffit qu'ils sachent compter jusqu'à trente. Nous observerons que de compter est dans la nature, & que les nombres aident considérablement la mémoire, & ne s'en effacent gueres, puisque l'on a vu des gens qui avoient perdu l'esprit, la tête, ne pouvoir distinguer, & ne reconnoître aucun objet que par les nombres ; entr'autres, il y a quelques années, un savant, dans la province d'Alsasse, étant tombé en démence sans être bien âgé, ne connoissoit plus les objets, les personnes, leurs noms, & tout ce qu'il voyoit même le plus fréquemment, jusqu'au meuble de sa chambre, que par le nombre qu'il leur avoit assigné, ou qui lui étoit venu dans la pensée de leur donner,

& à la vue de ces objets, de ces perſonnes, chaque nombre revenoit à ſa mémoire, nouveaux objets, nouvelles perſonnes, nouveaux nombres, & tous objets, excepté ceux parfaitement ſemblables, avoient un nombre différent, & il ne ſe trompoit point. Venons aux moyens qui paroiſſent propres à faire réuſſir les enfans dans les nombres.

Quoi qu'en cultivant encore leur oreille, on leur donnera dans ce que l'on appelle leur badinage des jetons en carton, de temps à autre on les changera en autre couleur comme on le croira convenable. En les amuſant, on les comptera juſqu'à cinq pluſieurs fois, & on les leur fera compter, une fois ſus ; on leur comptera depuis ſix juſqu'à dix, & on les leur fera compter ; ici l'on changera de couleur ſi l'on veut, on ſuivra cette même pratique de onze juſqu'à quinze, & de cinq en cinq juſqu'à trente. On recommencera cette même opération avec de ſemblables je‑tons en autre couleur, après on comptera, & on les fera compter par dix, de 1 juſqu'à 10; de 11, juſqu'à 20 ; & de 21, juſqu'à 30 ; & pour aſſembler ce tout, on leur fera compter en leur poſant 30 cartes courbés ſur une table, appelés capucins de carte,

&

& en touchant la premiere elles se couche-
ront toutes, cela les amusera de les voir
tomber ensemble; on leur procurera ce
plaisir toutes les fois qu'ils compteront bien.
Au reste, on leur fera compter toutes
choses comptables.

On leur apprendra à faire l'application
de chaque nombre à chaque chose comme
ceci; on leur comptera six cartes par
1re. 2e. 3e. 4e. 5e. 6e. & on leur fera compter de même; instruits de cela, on ira
de 7e. jusqu'à 12e. & continuant de six en
six jusqu'à 30e. on aura six petites oranges
ou petites boules, on en aura trois, &
l'enfant trois, on les fera rouler sur une
table à rebord en comptant, & les faisant
compter par 1re. 2e. 3e. 4e. 5e. 6e. on les
relevera pour recommencer s'il est néces-
saire faute de savoir, & l'on continuera
par 7e. 8e. 9e. 10e. 11e. 12e. & ainsi jusqu'à 30e. On se servira si l'on veut de
petits palais en comptant de même. Au
reste, on imaginera des petits jeux qui
tendent à même fin; il ne faut que les plus
petites choses pour intéresser les enfans,
& ce n'est qu'en leur en multipliant les
variétés que l'on en tire parti, & que leur
goût s'accroît à ce qu'on leur apprend,

G

ſavoir choiſir les momens pour les y intéreſſer, ne point les contraindre, ce qui
les amuſe bien dans un temps leur devient
ennuyeux dans un autre; & une fois parvenus à ce point, il eſt bien difficile de les
faire réuſſir, parce que leur dégoût s'augmente de plus en plus. Ce tout s'étant imprimé dans leur tête, ils ſont dans le cas
de ne plus s'amuſer & ſans s'en appercevoir qu'utilement, dans ce qu'ils font, ils
ont un but, l'ordre eſt dans leur eſprit;
s'ils ont pluſieurs choſes de même eſpece,
ils les raſſemblent, les comptent; ſi on
leur conſerve pluſieurs choſes, en leur rendant, leur premier ſoin eſt de compter
pour voir ſi la quantité qui eſt dans leur
idée s'y trouve; ſi on leur promet quel
qu'amuſement, quelque plaiſir, quelque
récompenſe dans huit ou quinze jours &
plus, cette attente leur fait compter chaque
jour. Leur mémoire eſt active; ils combinent, ils mettent des proportions. Les
objets qui les intéreſſent les frappent d'une
maniere déja juſte, & tout cela peut-être
acquit au plus tard à l'âge de quatre à cinq
ans, ſans qu'ils n'aient eſſuyé n'y peines
n'y fatigues. Enſuite on leur apprendra les
lettres.

Pour apprendre les lettres de l'Alphabet.

L'on ne doit point être étonné si les enfans ont tant de peines & de difficultés pour apprendre à connoître & à lire les lettres , puisque l'on voit quantité de gens d'un certain âge , intelligents , d'esprit , adroits ; & il y en a même qui font commerce étendu qui n'ont jamais pu l'apprendre , & à bien connoître toutes les lettres , & qui se font donnés beaucoup de soins ; l'on doit donc assez sentir les peines que doivent avoir des enfans , & l'on ne doit rien négliger pour les leur diminuer le plus qu'il se pourra.

Tout le commencement de la lecture ne présente absolument aucune idée , la mémoire n'ayant aucun guide , point de ressource , ses fonctions ne peuvent se faire. Effectivement , quelle idée y a-t-il dans toutes les lettres de l'alphabet ! quelle sensation peut faire un son à-peu-près de même répété vingt-six fois ; la figure des lettres est-elle assez attrayante pour fraper fortement ; non , de foibles cerveaux ne peuvent être que rebutés , & essuyer beaucoup de dégoût pour démêler toutes

ces lettres, & les retenir, au lieu qu'après
l'organe de l'ouie cultivée avec l'aurillette
qui a disposé la mémoire, encore exercée
par les nombres qui lui servent de guides,
étant attachés chacun à chaque lettre, cet
apprentissage se réduit à un amusement
comme on va voir.

Les enfans sachant compter ainsi qu'il
a été dit, on augmentera leur badinage
de deux cartes; en haut d'une, sera la lettre
a, & en haut de l'autre la lettre *b*, on leur
en fera remarquer la différente forme en
leur en disant le nom, & on leur ajoutera
que *a* est la premiere, & *b* la seconde, c'est
l'idée qui favorisera leur mémoire, de
temps à autre; on leur demandera quelle
est la premiere lettre, on leur fera nommer, quelle est la seconde, de même, &
on leur fera montrer ou apporter. Sachant
ces deux lettres comme il est dit, on les
leur ôtera pour leur donner les deux ensuite *c* & *d* chacune en haut d'une carte,
en leur faisant remarquer leur différente
forme, on leur dira que *c* est la troisieme,
d la quatrieme, & l'on suivra ainsi les
nombres jusqu'à la fin de l'alphabet, de
même que de leur demander à montrer ou
à apporter par le nombre chaque lettre,

& l'on fuivra cet ordre de deux en deux jufqu'à la derniere. A mefure qu'on changera ces deux lettres, celles qu'ils ne verront plus pourront bien s'oublier ; mais on recommencera de nouveau avec la différence que les lettres ou les cartes feront en autre couleur pour réveiller leur attention; enfuite, changeant encore de couleur, on leur donnera les lettres par quatre en fuivant le même ordre. Après, fur chaque carte qu'on leur donnera, l'alphabet fera en entier, & les cartes ou les lettres en autre couleur, & on leur fera dire les lettres jufqu'à ce qu'ils les retiennent, pour ne plus les oublier, il y en a quelques-unes, que quelques enfans ont de la peine à ne pas confondre, qui font *f*, *ſ*, *b*, *d*, *p*, *q*, le nombre les fecourra en leur faifaut bien remarquer que *f*, a une petite marque dans le milieu ; que *ſ* n'en a point, que *b*, a fon bras gauche en haut & *d* le bras droit. Et on leur en faira faire le figne, *p* la jambe à gauche, & *q* la jambe à droite. Pour commencer à fixer leur attention, on leur donnera fur chaque carte l'alphabet entier, hors de fa fuite ordinaire, rangé en différente maniere. L'on fuivra la même pratique que l'on vient

de voir pour leur apprendre les lettres ma-
juſcules ; après quoi , on leur fera repaſſer
le premier alphabet , & ſans omettre le
changement de couleur , ainſi qu'on le
croira néceſſaire ; tout ceci ſu , ils auront
de la facilité pour ce qui ſuit. On leur fera
dire comme il eſt d'uſage , les lettres aſſem-
blées de deux en deux , & toujours ſur des
cartes , étant ſues ce ſera les lettres aſſem—
blées de trois en trois , &c. Au reſte , on
établira l'ordre que l'on croira le meilleur,
& l'on pratiquera tout ce qui paroîtra le
plus avantageux , en cherchant à leur
rendre les moins déſagreables , qu'il ſera
poſſible les inſtants de lecture.

Après l'oreille cultivée & les nombres
ſus , & après cette exercice des lettres ,
ce ne ſera que le temps & l'âge où les enfans deſtinés pour l'école iront , & y pro-
fiteront avec avantage ; on peut cependant
enſeigner les lettres en cette maniere dans
les écoles ; & dans l'étranger , ce ſera les
lettres & l'alphabet en langue du pays ſi
c'eſt l'uſage. Dans chaque ville l'on fera
des cartes ainſi que l'on vient de voir pour
vendre , & le bon marché fera le grand
débit ; ſi les lettres ſont en couleur , les
couleurs ſeront très-foncées ; ſi toutes les

lettres font noires, les couleurs des cartes
feront claires comme le citron, le gris, le
jaune, le verd-clair, le rofe, le rouge.
C'eft ce dernier moyen que j'ai préféré.

Voici ce qui a donné lieu à cette nouvelle

pratique.

Il prit fantaifie à des perfonnes aimant
la Mufique, de faire apprendre les notes
dans l'étendue de la voix & fans chanter,
à des enfans de cinq ans & demi à-peu-
près, doués de tout les avantages pour
leur âge, & ayant de la mémoire; il y
avoit deux ans & plus que l'on avoit commencé à leur apprendre les lettres, leur
ayant fait dire deux fois par jour, ils n'en
connoiffoient encore que quelqu s-unes,&
plu ;on les chagrinoit, moins ils avançoient;
il n'en fut pas de même de la Mufique;
quatre mois ne s'écoulerent pas à une leçon
par jour, qu'ils connoiffoient & trouvoient
toutes les notes de quelque maniere qu'elles
foient pofées; je penfai pourquoi ils avoient
refté fi peu de temps à retenir les notes,
en comparaifon de celui qu'ils avoient été,
& qu'ils furent encore pour favoir les

G 4

lettres. Ces notes se ressemblent toutes, rondes, blanches, noires font peu de différence ; à une octave se trouve la répétition du nom des notes, les lettres font de toutes différentes formes, & leur mémoire ne peut les retenir que difficilement. Après avoir réfléchi, je ne crois pas me tromper en disant qu'il ne peut y avoir que les lignes de la Musique qui aient été leur guide, & conséquemment, les objets d'idées qui secourrent la mémoire pour faire distinguer & retenir ces notes posées sur les lignes & entre les lignes ; au lieu que les lettres ne se trouvent liées à aucune chose où il y ait de l'idée ; leur figure isolée ne pouvant fixer l'attention, on ne peut les retenir, ou ce n'est qu'avec beaucoup de peine. Une petite de six ans & demi, récitoit des fables par cœur, disoit les plus jolies raisons, apprenoit à lire depuis l'âge de trois ans & demi, par le bureau typographique ; objet qui frappoit si peu son idée tous les jours deux fois, qu'elle n'étoit pas encore sure pour assembler les lettres de deux en deux ; elle ne fût pas trois mois pour connoître & savoir toutes les notes posées en toute maniere que ce puisse être, ce qui me persuada fer-

mement que la mémoire fera toujours in-
grate aux enfans pour les chofes où il n'y
a point d'idées, & pour celles où les idées
font au-deffus de leur portée; mais, que
leur mémoire entre en fonction, & la fait,
par le fecours des idées conformes à leur
foibleffe, & à mefure que leurs forces
s'augmentent, ces idées doivent abfolument fe rencontrer en proportion fuivie.
Jufqu'à préfent, ceux qui ne réuffiffent
point, ou tard, ou avec grande peine
dans les premieres inftructions en ce genre,
c'eft faute de guide. Si le phyfique des enfans étoit plus connu, l'on ne verroit pas
à beaucoup près tant d'ignorans; attendu
qu'il n'y a prefque point d'enfans qui n'ait
les difpofitions, à la vérité, un peu plus
ou moins actives, & c'eft pour ces dernieres que l'on devroit effentiellement
travailler.

Nous dirons qu'un des plus grands peuples de notre continent, qui peut-être a
la meilleure éducation que l'on connoiffe,
commence par faire écrire leurs enfans à
l'âge de cinq ans; pourquoi ne ferions-
nous pas de même aux nôtres.

Dès qu'ils fauroient comme on à vu les
lettres de l'alphabet, & qu'ils en feroient

à les affembler par deux & par trois, ce qu'ils n'interromproient point ; on leur apprendroit à écrire , objet pour eux d'un très-grand amufement. Après leur avoir fait tenir la plume à-peu-près , & fait faire quelques traits, les lettres crayonnées fur le papier ou par un tranfparant deffous , ils les écriront ainfi qu'ils les verront , dès lorfqu'ils les formeront paffablement , on leur fera faire des mots en les leur faifant lire après , diftinguer les fyllabes , &c. &c. ce fera l'écriture ordinaire , & on leur fera toujours lire fur l'imprimé ce qu'ils auront écrit.

Par cette maniere , il ne peut réfulter que de très-grands avantages , les yeux , la mémoire ne peuvent prefque faillir ; parce que chaque mot qu'ils écrivent eft l'objet qui en empêche, qui fixe leur attention fans s'en appercevoir ; leur réflexion eft en fonction fans gêne parce qu'ils operent, & leur efprit n'eft point dans cette tention pénible , caufe de tant d'ennuis, de dégoût, de mauvaife humeur que l'on voit fi bien lorfqu'on veut les faire lire. Ce que je dis eft juftifié par l'expérience que j'en ai faite.

DE LA PROSODIE.

Une circonstance peu ordinaire est la cause que j'ai faite quelques observations sur la Prosodie, & qui sont une suite nécessaire à ce qui vient d'être traité, puisque pour bien parler & lire, il faut pratiquer ce que l'on appelle accent, aspiration, & quantité ; quelqu'un qui avoit une voix monotone en parlant, voulut que je lui montrasse à chanter. Je parvins à lui faire faire l'étendue d'une octave, & deux tons en sus ; sachant passablement la Musique, il ne me laissa pas en repos que je ne lui en note des sons convenables à quelques syllabes, quelques mots, quelques périodes, pour les lui faire dire, cela me parut aussi extravagant qu'impossible à exécuter, néanmoins après un peu de réflexion sur cette idée, je me rappelai que le savant abbé d'Olivet dit, qu'à proprement parler, la Musique n'est qu'une extension de la Prosodie ; il me vint encore dans la pensée, ce que Plutarque nous apprend au sujet d'un Tribun du peuple, appelé Tiberius-Graccus qui , pendant qu'il haranguoit le peuple, avoit toujours auprès de lui un maître de Musique , qui lui redonnoit le ton qu'il perdoit avec la voix , à force de se laisser emporter par le feu de son éloquence ; je pensai donc à chercher par quel moyen je pourrois satisfaire mon ami ; je commencai par faire une attention plus particuliere en société aux conversations , à l'analogie des sons, aux sons rélatifs aux idées, aux sens des phrases, des parties de phrases , des mots , aux différens sons des syllabes, à leur plus ou moins de briéveté prise à part , à ce coup qui les articule , &c. J'examinai notre Musique de plus près, je vis effectivement que dans les modulations , les transitions , & l'arrangement de tous les sons dans l'étendue de la voix , se trouvoient tous les sons du langage , & qu'en élaguant de notre Musique , ce qui ne peut convenir au parler , l'on en feroit une nouvelle ; représentant aux yeux les idées qui augmenteroient les forces & l'assurance de l'esprit , qui a tant de peine à s'assujettir aux regles encore peu déterminées pour le débit du langage. Il est vrai qu'il n'y auroit que les personnes musiciennes qui jouïroient de cette connoiffance ; mais il y a lieu de croire qu'avant qu'il foit peu, la Mufique fera généralement cultivée.

La Profodie peut fe noter, & compofer une feconde Mufique qui étant rédigée par des gens éclairés, la réduiroient à des regles plus certaines que celles qui font en ufage, fur-tout pour les enfans.

Les Grecs ont trouvé dans leur Mufique la perfection du difcours ; nous n'avons befoin dans la nôtre que d'y chercher un guide, qui abrege cette longue étude qu'il faut faire dans un âge raifonnable pour bien parler ; les fons de la voix parlante font à-peu-près à une quarte ou une quinte au-deffous des fons aigus du chant ; l'on ne mettra ou l'on ne fuppofera, foit en commençant, ou dans toute cette Mufique, que la feule clef de *fol*, fur la feconde ligne, & le ton principal fera toujours fenfé le ton d'*ut* naturel, quelque note que ce puiffe être, même *dieze* ou *bémol*, fe trouvant premiere en commençant en finiffant, & dans toutes circonftances. On fait l'ufage du *dieze* & du *bémol*, on ne le pratiquera qu'accidentellement placé à gauche d'une feule note, excepté que plusieurs sur le même degré doivent conserver le même son.

Les notes seront faites en losange, elles représenteront & distingueront les valeurs des syllabes. Les noires avec une petite queue seront les breves, les noires sans queue les moins breves. Les blanches avec une petite queue seront les longues. Les blanches sans queue un peu plus longues, & il y en a de longues dont le son doit être traîné, la note sera quarée blanche.

Les petites notes appelées port de voix, coulées, seront toujours jointes à chaque note suivante, le coup de la syllabe se fera sur la petite note pour en être le résultat, ce qu'il conviendra sur la note suivante. Chaque syllabe ou mot sensé tel, exigeant un son qui parcourt une certaine étendue, où la voix coule, comme en jouant du violon, un doigt qui coule vîte sur une des cordes d'une note à sa tierce, ou quarte, ou quinte, ou sixte. Les deux extrémités de ce son prosodique, seront marqués par deux notes avec leur attribut de valeur, ou bien l'une ou l'autre petite, suivant l'exigence du cas, & une ligne triangulaire tenante de l'une à l'autre traverfera l'interval , pour le coup de la fyllabe fe fera fur la premiere note , & le fon le fuivra en coulant vîte jufqu'à l'autre note.

Les mots & fyllabes qui finiffent par *e* muet femblable à jaloufie , envie , en *es*, foibleffes, au pluriel ; troifieme perfonne du pluriel dans les verbes en *ent* , femblables à, ils viennent, ils alloient ; ces dernieres fyllabes ne fe faifant point fentir puifque *e* eft muet, la note ou un figne qui la repréfente pour chaque de ces fyllabes , fera liée par une couronne avec fa précédente note, pour marquer que cet *e* , ou *es* , ou *ent* ne s'articulent point ; & que la note ou figne au-deffus de ces dernieres fyllabes ne s'articulera pas plus. Ou fi l'on veut , l'on mettra une feule note pour chacune de ces dernieres fyllabes avec leur précédente ; mais la note fur ces deux fyllabes fera toujours longue , & un peu traînée comme l'exige la prononciation, qui ne veut qu'une fyllabe de ces deux en cette maniere , *jaloufie , envie , foibleffe , vienn nt , alloit ,* pour alloient , *préfératt , forgerr ,* pour préférates , *forgerent ,* &c. &c. Les fyllabes étant égales , les notes feront de même valeur ; ou les

notes de même valeur, les syllabes feront
égales.

Dans quantité d'endroits, on ne donne
qu'un coup pour deux syllabes apparentes,
& qui n'en font qu'une, comme *oui*, *bien*,
fille, *belle*, il n'y aura qu'une note, ou si
le son doit parcourir une certaine étendue,
quoi qu'ayant deux notes avec une ligne
triangulaire de l'une à l'autre, il n'y aura
que le coup sur la premiere. Suivant certaines circonstances où les mêmes syllabes
ou mots, se trouvent plus ou moins breves,
plus ou moins longues; on mettra au-dessus
les notes conformément à la valeur de ces
syllabes ou mots.

Les soupirs & demi-soupirs, auront lieu
pour les repos, c'est-à-dire, pour représenter le point, la virgule. Au reste, les
syllabes avec douceur, au-dessus des notes,
on peut mettreun *d* ; avec rudesse, un *r*.
L'orsque le caractere changera, on pourra
écrire suivant ce qu'il sera, avec action,
moins d'action, avec intérêt, vivacité, &c.
que l'on prenne en commençant le son de
voix, haut, bas, comme on voudra ; que
l'on débite plus ou moins vite, on suivra
en proportion. Le ton principal étant
par tout, & toujours *ut* naturel, est guide
de

de toutes notes naturelles également par
tout, toutes notes naturelles font guides
des unes des autres, & feront & ferviront
auffi de guides par tout pour aider à chercher, compter, trouver & prendre tous
les fons, les difficiles, les *dieȝes*, *bémols*, &c.

Cette Mufique en frappant les yeux,
l'idée n'ignore plus les inflexions de voix
haute, baffe, ou plus ou moins, relativement douce ou dure à l'élévation ou à
l'abaiffement, & limite le temps bref,
moyen, long de chaque fyllabe; telles
font enfin les trois facultés de la Profodie.

Pour mettre cette Mufique fur les paroles, il faut fe repréfenter le fens, les
penfées, les mots, pour trouver & fentir en foi-même, les fons hauts, bas,
plus ou moins, doux, rudes, longs,
brefs, convenables à chaque fyllabe; l'on
en nombrera les fons ou tons comme dans
la Mufique chantante; mais toujours en
parlant, vu que la penfée & l'oreille
fentiront & indiqueront les fons ou tons
pour les mettre en note. Il n'y a pas
deux voix; l'exercice de la voix chantante a quelque différence; mais les modulations dans la voix parlante, font ou
doivent être de même; il n'eft ici quef-

H

tion que de se renfermer dans ce qui convient à la voix de la parole.

L'on pourroit établir des méthodes pour les enfans qui s'éléveroient dans des principes surs, dont ils sentiroient les avantages toute leur vie. Voici à cet effet une esquisse de cette Prosodie notée ; quoi qu'elle soit courte, il y a ce qu'il faut , pour voir ce qu'il pourroit résulter de cette nouveauté.

Valeurs,

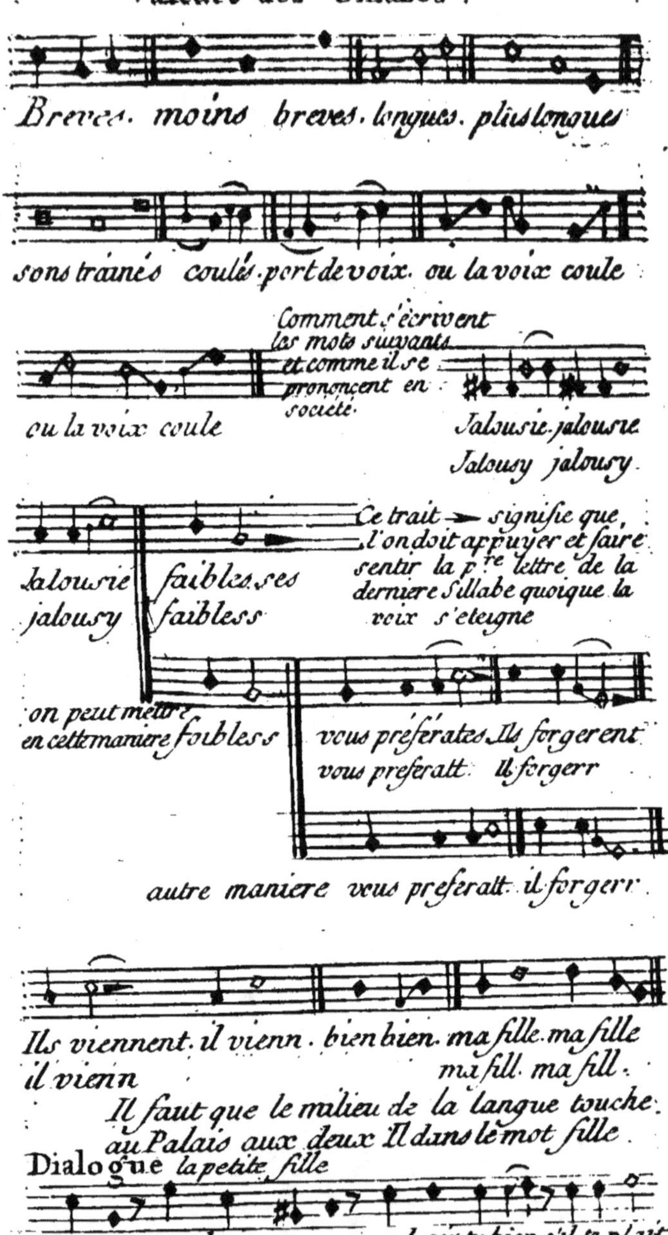

Breves. moins breves. longues. plus longues
sons trainés coulés. port de voix. ou la voix coule
Comment s'écrivent
les mots suivants
et comme ils se
prononcent en
societé.
ou la voix coule
Jalousie. jalousie
Jalousy jalousy.
Jalousie faibles ses
jalousy faibless
Ce trait → signifie que,
l'on doit appuyer et faire
sentir la pre lettre de la
derniere Sillabe quoique la
voix s'eteigne
on peut mettre
en cette maniere foibless
vous préférates Ils forgerent
vous preferatt il forgerr
autre maniere vous preferatt il forgerr
Ils viennent. il vienn. bien bien. ma fille. ma fille
il vienn
ma fill. ma fill.
Il faut que le milieu de la langue touche
au Palais aux deux ll dans le mot fille
Dialogue la petite fille
Maman, ma chere maman, voudrois tu bien s'il te plait
cherr
ta Mere
me donner ma poupée ou ma fille mais il faut

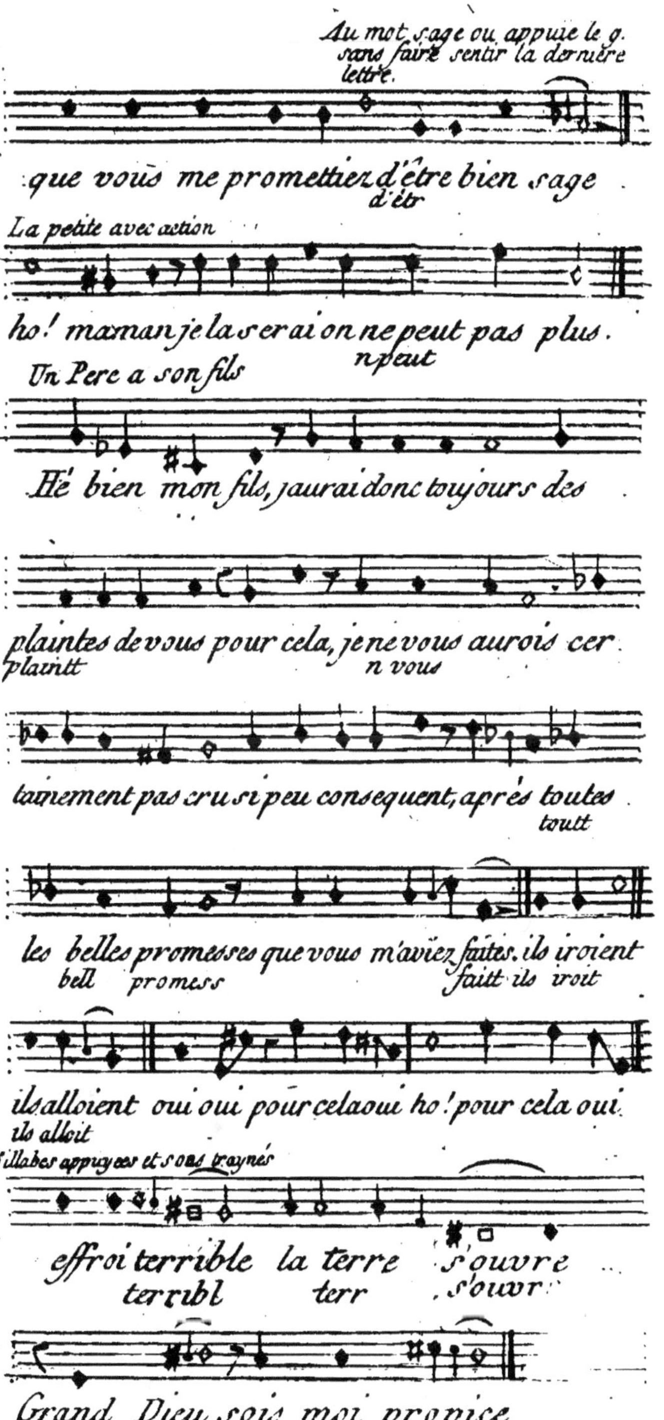

Au mot sage ou appuie le g.
sans faire sentir la derniere
lettre.
que vous me promettiez d'être bien sage
d'êtr
La petite avec action
ho! maman je la serai on ne peut pas plus.
n peut
Un Pere a son fils
Hé bien mon fils, j'aurai donc toujours des
plaintes de vous pour cela, je ne vous aurois cer
plaintt   n vous
tainement pas cru si peu consequent, aprés toutes
toutt
les belles promesses que vous m'aviez faites. ils iroient
bell   promess   faitt ils iroit
ils alloient oui oui pour cela oui ho! pour cela oui.
ils alloit
Sillabes appuyees et sons traynés
effroi terrible   la terre   s'ouvre
terribl   terr   s'ouvr
Grand Dieu sois moi propice
propiss

ARTICLE XXII.

QUELQUE peu de physique anatomique se trouvant néceſſaire à ce que je viens de traiter ; pour m'obliger , M. Jullien , docteur en médecine, a bien voulu remplir cette partie , & voici comment il s'explique.

AVANT PROPOS.

L'AUTEUR de cet ouvrage deſirant de ſatisfaire le public dans tous les points, a cru devoir joindre quelques notions aux principes & aux vérités qu'il a développés ; il m'a conſéquemment chargé de décrire l'organe de l'ouie , & celui de la voix & d'indiquer leur rapport avec le ſiege des fonctions intellectuelles. J'ai tâché de remplir ſon objet , & ai profité pour cela des travaux des auteurs célébres qui ont traité ces matieres , ſur-tout de l'illuſtre Baron de Haller. Il ma paru plus convenable de préſenter les tableaux des grands maîtres , que d'altérer les beautés de la nature par mon seul pinceau. Il y a cependant quelques petites idées & réflexions à moi. Je pouvois en agir ainsi dans une production de ce genre, qui avoit besoin de cette addition de connoissance pour être complétée.

Des cinq sens , & physique & anatomie de l'oreille.

Entouré d'une infinité d'êtres bienfaisans, nuisibles ou indifférents, exposés à l'action si variée de tous les élémens; en butte à une foule de dangers , accablé de besoins naturels ou factices, l'homme ne pouvoit être le souverain de la terre que par une organisation supérieure.

Le toucher différemment modifié établit chez nous , ainsi que chez les animaux , un commerce avec ce qui est hors de nous. Les nerfs font tout , & ils jouent un rôle plus ou moins grand selon la disposition des organes où ils se trouvent. Le département de l'œil est le plus étendu , puisque la toile qui forme le fond de son intérieur , & qui se nomme rétine , reçoit dans un de ses points l'image des objets les plus vastes & les plus éloignés. L'oreille vient après l'œil. L'odorat occupe le troisieme rang.

Le goût tient le quatrieme , & le tact
est le dernier. Son département n'est pas
bien considérable ; mais il est le plus sûr ;
aussi St. Thomas Didyme s'en rapportoit
plus au jugement du tact qu'à celui des
autres sens.

Quoi que l'homme ait en total des sens
plus parfaits que les animaux , il en est
cependant qui l'emportent sur lui à certains égards. L'aigle fixe le soleil , reconnoît sa proie à de très-grandes distances ;
le renard & autres ont une finesse d'odorat
étonnante. Le lapin & la bêlette ont de
grandes oreilles d'une extrême mobilité
qu'ils ont la faculté de mouvoir en plusieurs
sens , & sur-tout en devant , ce qui est une
sauve-garde pour leur timidité & leur
foiblesse. L'homme sauvage a aussi l'ouie
beaucoup plus fine que l'homme civilisé.
Son oreille extérieure est moins applatie ,
moins rapprochée des tempes ; parce
qu'elle n'est pas comprimée par toutes ces
folles inventions dont notre enfance est
victime.

Cela posé , comme notre objet présent
est de parler de l'ouie & de la voix , nous
ferons d'abord la description de l'organe
qui reçoit les sons ; nous parlerons ensuite
de ces derniers , afin de recevoir les sons

avec plus d'avantage & de sûreté, la nature à conftruir pour le fens de l'ouie un appareil extérieur qui eft formé de cartilages, & fe nomme l'oreille extérieure ; cette derniere préfente plufieurs contours élevés, & des enfoncemens deftinés à retenir les fons & à les réfléchir vers l'intérieur de l'oreille. Le centre de cet appareil fe nomme conque, & tient à un canal qui s'appelle conduit auditif, dont la conftruction eft en grande partie offeufe, & dont la direction eft variée ; l'épiderme fe continue dans ce conduit auditif de même que la peau qui devient mince peu-à-peu, & eft exactement étendue fur l'os; elle eft pour cette raifon très-fenfible aux démangeaifons & autres fenfations. Une partie auffi intéreffante méritoit l'attention du grand architecte, & il l'a conféquemment enduite d'une onctuofité qui la défend contre les injures de l'air, & chaffe & arrête les infectes. Une petite forêt de poils qui s'y trouve eft deftinée aux mêmes ufages. Cette humeur onctueufe s'épaffit, devient âcre, & s'endurcit lorfqu'on néglige les foins de la propreté. J'ai vu quelques perfonnes qui pour avoir manqué trop long-temps de fe nétoyer ce conduit, font devenues fourdes. Pour les guérir, j'ai fait

d'abord pendant quelque-temps des injec-
tions d'eau favonneufe légerement tiede ,
enfuite j'ai introduit une fonde d'argent
fléxible garnie de crin fort à différentes
diftances pour ébranler ces concrétions.
Enfin , j'ai emporté ces incruftations pier-
reufes avec d'autres inftrumens convenables. Le fuccès a couronné mes foins &
rétabli chez ces perfonnes les fonctions
qu'elles avoient perdues. Au bout de ce
canal fe trouve la membrane du tympan
fituée obliquement , un peu concave du
côté du conduit auditif. La tenfion donne
plus d'intenfité au fon ; & fon relâchement
en diminue la force. Auffi lorfqu'on eft
diftrait , on perd facilement des fons légers
qu'une vive attention nous feroit faifir.
Un reffort quelconque ne peut être trop
forcé fans inconvénient ; il en eft de même
du tympan. Les fons trop forts dérangent
l'économie de l'oreille , & même produifent la furdité. C'eft pourquoi on voit
beaucoup de fourds parmi ceux qui entendent de trop près le bruit du canon. Elle
fe relâche cependant , & s'étend au moyen
de quelques refforts placés au-dedans de
la caiffe du tambour.

La caiffe du tambour eft une grotte
fituée derriere la membrane du tympan ,

sa forme est irréguliere ; elle renferme quatre petits os, dont la dénomination exprime la figure ; le premier se nomme ſe marteau ; il a une tête ronde , au cou un long manche qui deſcend le long de la membrane du tympan juſqu'à la partie moyenne. Il eſt mû par trois puiſſances ; cet os eſt articulé ou joint avec l'enclume qui eſt un petit os plus court & pluſépais.

Le marteau communique à l'enclume , les ébranlemens qu'il a reçus de la membrane du tympan ; l'enclume à ſon tour tranſmet ſes mouvemens à l'étrier qui eſt ainſi nommé , parce qu'il reſſemble aſſez bien à un étrier , il a deux branches un peu courbes ; ſa baſe eſt ovale & remplit exactement une ouverture appelée fenêtre ovale. Il eſt mû par une ſeule puiſſance ; le dernier oſſelet eſt nommé l'enticulaire , il eſt fort petit, & pluſieurs anatomiſtes ne le reconnoiſſent pas. De la cavité du tympan partent pluſieurs canaux ; en devant c'eſt la trompe qui eſt le plus conſidérable de tous, & formée de cartilages & de membranes , il ſe termine par une ouverture elliptique très - large derriere les narines , dans la cavité du goſier. L'air lorſque nous faiſons le mouvement d'aſpiration , entre par ce canal dans le tympan, s'y renouvelle, & la mucosité se répand autour des osselets pour les oindre.

Lorsque des sons violents poussent la membrane en dedans du tympan, il peut sortir une petite quautité d'air par la trompe. Cette membrane dirige aussi à l'organe de l'ouie les sons reçus par la bouche ; de là vient le bourdonnement lorsqu'on baille, c'est ce qui rend les sons moins distincts ; en effet, l'air poussé en plus grande abondance par la trompe dans le tympan, résiste aux ébranlemens de l'air extérieur.

La fenêtre ovale conduit dans le vestibule qui est une cavité ronde, tracée dans la portion dure du rocher & adjacente à la partie interne du tympan. On y trouve les cinq orifices des trois canaux demi-circulaires ; les canaux sont écailleux & distincts dans la premiere enfance ; mais après, ils sont seulement tracés dans la partie dure du rocher.

Le limaçon est placé dans la partie antérieure du rocher ; un de ses orifices baille dans le vestibule, & l'autre dans la fenêtre ronde, & situé au fond du tympan.

Le limaçon est fait d'un noyau osseux & conique, dont la pointe est inclinée en dedans ; il est divisé dans son milieu par un fillon & criblé à fa bafe & dans toute fa longueur d'une grande quantité de trous qui fe terminent par des tuyaux qu'on appelle échelons. Il y a dans le fœtus un canal diftinct & autour de ce noyau formé par la coquille même, & qui s'unit dans l'adulte avec l'os voifin ; il eft environné par deux tours & demi d'une fpirale qui eft en forme de cône, & fe porte des deux orifices dont nous venons de parler, vers la pointe du noyau. Ce canal a deux loges, & il eft divifé par une cloifon qu'on appelle lame fpirale.

Voilà toute la charpente offeufe de l'oreille, il y faut de la vie & du fentiment. Les vaiffeaux fanguins & les nerfs font deftinés à ces deux fins. Les premiers font fournis par des arteres & des veines des parties environnantes.

Les nerfs de l'oreille s'appellent nerfs auditifs, ils ont deux portions, une dure & une molle. C'eft la portion molle qui fournit au limaçon, aux canaux demi circulaires & au veftibule. La portion dure paroît n'entrer dans l'oreille qu'en paffant, & pour aller communiquer avec les nerfs du dehors qui font voifins.

Les ondes fonores de l'air tombent fur l'oreille qui les reçoit conformément aux

loix de la physique. Comme l'air est élaf-
tique, il reçoit les tremblemens fonores,
& les transmet ou feul ou le premier, s'il est
vrai que l'eau puisse transmettre ces secousses fans le fecours de l'air ; d'où il fuit
que la force des fons s'étend dans l'air com-
primé, & s'éteint dans le vide. L'air reçoit
les fecousses ou d'un corps mû contre lui,
ou d'un corps contre lequel il est poussé,
ou de deux corps qui fe choquent mutuellement. Toutes les parties, même les plus
petites du corps qui produit le fon, doivent
frémir & fe mettre en branle, cet ébranlement pousse l'onde la plus voisine de l'air.
La partie antérieure de l'air ainfi comprimée rebondit aussi-tôt qu'elle a vaincu
cette impulfion par fon élasticité, elle
pousse en arriere l'air vers le corps fonore
où l'air est alors plus lâche & plus raréfiée
& le comprime. Cette même onde comprime la portion antérieure voisine de l'air,
de même qu'elle avoit été comprimée par
le corps tremblant : cette portion rebondit
à fon tour, repousse en arriere l'air vers le
corps ébranlé & en devant excite ainfi une
nouvelle onde. Les ofcillations doivent fe
fuccéder affez promptement pour être
étendues, & ne doivent pas être moins
que de trente dans une feconde, plus elles

font fréquentes dans un temps donné, & plus on dit que chaque fon eft aigu; il nous affecte plus vivement, jufqu'à ce qu'enfin le fon plus aigu de ceux qui peuvent être entendus, foit produit par 720 ofcillations dans une feconde.

Les corps les plus durs, les plus fragiles & qui font frappés plus violemment, rendent en général des fons plus aigus, le contraire fait des fons graves; il n'y a pas de millieu entre les fons aigus & les graves, ou s'il y en a, il eft arbitraire. On dit que les cordes font à l'uniffon, lorfque dans un temps donné, elles produifent le même nombre d'ofcillations. Celle qui fait deux fois plus d'ofcillations qu'une autre dans un même temps, produit un fon qui differe d'une octave. On a donné d'autres noms aux différens rapports de ces fons.

Les cordes les plus courtes produifent les fons les plus aigus, & le contraire a lieu en raifon inverfe des longueurs. Celles qui font le plus tendues produifent auffi des fons plus aigus dans un rapport fous-double des tenfions ou des poids qui les tendent. On fait très-facilement ces expériences avec le mono-chorde, quelque puiffe être le fon ou aigu, grave, fort ou foible, il eft porté dans l'air avec une

vîteffe

vîteffe, tel qu'il parcourt dans une feconde d'une force conftante, & qui ne fe
relâche pas dans les plus grandes diftances,
1038 pieds de Paris. Le vent contraire eft
beaucoup plus lent que le fon, le retarde
un peu, & lui ôte prefque la douzieme
partie de fa vîteffe. La denfité & la féchereffe de l'air augmente les fons; le relâchement, & fon humidité les diminue; la
chaleur d'été augmente fa vîteffe. Le fon
parcourt dans la guinée 1098 pieds dans
une feconde.

Tous les fons rencontrent dans tous les
corps voifins dans l'eau même, & dans le
mercure des particules qu'elles mettent
en branle avec elles; non feulement celles
qui font à l'uniffon avec elles, & réfléchif-
fent plus clairement les fons, mais encore
toutes les autres font auffi ébranlées dans
différens rapports. Tous les fons que nous
entendons font donc ou compofés du fon
primitif, produit par le corps ébranlé, &
des fons fécondaires, produit par des corps
environnans, mis en branle par les fe-
couffes élaftiques du fon primitif. La force
du fon augmente, fi les feconds fons fuccédent avec tant de célérité aux premiers
que l'oreille ne puiffe les diftinguer, l'écho
eft produit lorfque les fons fe fuccédent fi

lentement que l'oreille peut les féparer ;
il faut pour cela qu'il s'en forme prefque
fix dans une tierce , ou qu'il y ait entre le
corps fonore & l'oreille une diftance de
110 pieds.

Les angles de réflexion du fon fur les
corps durs font égaux aux angles d'inci-
dence; le même fon , pouffé dans l'air libre
s'affoiblit , parce qu'il s'étend dans une
fphere très-vafte. Il conferve fa force fi on
le pouffe dans un cylindre , & fi on le
réunit dans le foyer d'une ellipfe ou d'une
parabole, il acquérera de la force , comme
on l'obferve dans les portes-voix qui ont
tant valu entre les mains d'un favant adroit
des derniers fiecles.

De là il eft aifé de voir combien le
créateur a manifefté fa puiffance & fon
attention dans la ftructure de l'oreille , &
dans les loix qu'il a impofées au fon par la
marche de ce dernier ; il eft aifé de fe raf-
furer fur le tonnerre ,lorqu'il fe paffe une
feconde entre l'éclair & le bruit du tonnerre , c'eft une preuve que l'explofion
s'eft faite à 1000 pieds de diftance , &
ainfi de fuite dans les mêmes proportions.
Ce calcul eft évident en ce que le bruit
d'un canon, placé à 24000 pieds de diftance,
ne fe fait entendre qu'au bout de 24 fecondes

après la vue du feu , conféquemment s'il s'écoule dix fecondes entre l'éclair & le bruit du tonnerre , le fiege du tonnerre eft éloigné de 10000 pieds.

On peut encore , lorfqu'on a pas de montres à feconde , calculer là-peu-près de cette marche en fe touchant le pouls. Je dis là-peu-près , parce qu'il y a une différence dans les diftances des pulfations chez les différentes perfonnes , & fes diftances font proportionnées à l'âge , au fexe , au tempérament , & à la difpofition actuelle du corps.

Le nerf qui fe rend dans le veftibule & dans les canaux demi-circulaires eft frappé par les ébranlemens de l'air extérieur qui s'étendent jufqu'à l'étrier , & touchent par la fenêtre ovale la pulpe du nerf qui y eft mû. Il fe fépare fans doute de cette pulpe des rameaux qui paffent par les petits trous du noyau, & fe diftribuent au périofte du limaçon , & à la partie membraneufe de la lame fpirale. Le limaçon paroît deftiné à être l'organe immédiat de l'ouie. Cependant les poiffons qui en font privés ne laiffent pas d'entendre très-bien le moindre bruit , quoiqu'on ait voulu leur refufer la jouiffance de cette fonction. Cette obfervation ne détruit cependant pas les droits du limaçon à cet égard , & je suis très-porté à croire, avec un grand nombre d'auteurs, que la lame spirale remplie de nerfs est ébranlée par l'oscillation de la membrane interne du tympan qui agite l'air de cette cavité ; de sorte qu'il ébranle la membrane de la fenêtre ronde , & celle-ci l'air du limaçon. La lame spirale est triangulaire , elle a un angle aigu à son sommet, & on peut imaginer dans cette lame un nombre infini de cordes de plus en plus courtes qui s'accordent , & sont dans une telle harmonie avec les différens sons. Celles de la base du limaçon tremblent avec les sons graves, & les plus courtes situées à la pointe, sont agitées par les sons aigus. Les secousses élastiques de l'air , arrivent aux nerfs auditifs par l'oreille extérieure , par le conduit auditif, par la membrane du tympan , & se communiquent par les os contigus plus exactement dans le vestibule , plus confusément au moyen de l'air du tympan dans la fenêtre ronde , dans le limaçon on ne fait rien de plus ; mais il est constaté que le tremblement sonore & élastique, se transmet au cerveau par la trompe, & par tous les os du crâne.

La distinction des sons dépend sans

doute de la vîteſſe de l'ébranlement du nerf acouſtique, ſuivant qu'ils ſe ſuccédent plus ou moins promptement dans un petit eſpace de temps. Il n'eſt pas néceſſaire que l'ame puiſſe les nombrer, il ſuffit qu'il s'excite dans la penſée des changemens conformes à ces ébranlemens.

ARTICLE XXIII.

De la Voix.

LE larynx, ſitué au haut du cou, dont la partie qui eſt en devant, ſe nomme vulgairement la pomme d'Adam, eſt le principal organe de la voix. L'air en eſt la matiere, les poulmons ſervent de ſoufflets; la trachée artere ſert de porte vent, l'effort des parois de la poitrine eſt le poids qui charge le ſoufflet de l'orgue. Les organes de la voix peuvent donc être regardés comme des inſtrumens à cordes & à vents.

La prodigieuſe quantité de tons & d'accords qui font l'objet principal de la Muſique, la délicateſſe, la juſteſſe, & la promptitude des mouvemens qui la produiſent, ſont admirables. Tout dépend d'un alongement , & d'un raccourciffement dont les différences font renfermées dans les bornes de deux ou trois lignes.

Un mathématicien célebre, divife l'octave en 301 parties , qu'une voix fans défaut , conduite par une oreille fine , peut aifément entonner. Il n'y a rien que de très-ordinaire à une voix qui va à trois octaves , en comptant les tons forcés au-deffous de la voix pleine , & au-deffus du fauffet ; ce font donc 903 parties de tons marquées dans un fi petit efpace par des divifions , & fubdivifions qui leur font propres. Si l'imagination les confond, la nature les diftingue , & elle choifit le point néceffaire pour chaque parcelle de ton , avec une jufteffe qu'il eft difficile de concevoir.

Il eft aifé de voir que les inftrumens à vent les plus propres à l'harmonie , ne fauroient être comparés à la voix. Cette derniere l'emporte en perfection fur les flûtes , les jeux à bifeaux de l'orgue , & les cors-de-chaffe , & M. Ferrein , de l'Académie des Sciences, dit que les inftrumens à vent font oppofés & nuifibles à l'organe de la voix , & l'expérience journaliere le confirme.

Pour que la voix fe forme , il faut que l'air foit pouffé avec force dans la glotte, & par la glotte qui fe rétrecit pour lors ; l'air fe brife fur les ligamens de cette même glotte, ébranle le larynx qui réagit fur l'air, & augmente fon action.

C'eft la quantité d'air pouffé par le poumon, qui détermine la mefure de la voix, & elle eft proportionnée à la capacité & à l'élafticité du poumon, de la trachée artere & du larynx. La glotte fe rétrecit dans le ton aigu, & fe dilate dans le ton grave. La raifon en eft qu'il s'excite plufieurs tremblemens dans le premier cas, & moins dans le dernier. Le larynx s'éleve avec d'autant plus d'effort que la voix eft plus aigue. La tête même eft alors portée en arriere, pour laiffer mouvoir tous les refforts avec plus d'aifance & de force. Pour l'octave le larynx fe hauffe d'un demi-pouce. Les oifeaux qui chantent, ont la glotte étroite & très-élaftique : cette derniere eft au contraire large dans les animaux qui n'ont qu'une voix enrouée. Elle eft encore plus large dans ceux qui mugiffent, & dans ceux qui font muets. Le fifflement prouve ces affertions, en ce que le fon aigu dépend évidemment du retréciffement des joues

& des levres. Les inſtrumens de Muſique ne forment auſſi des ſons plus ou moins aigus qu'en raiſon du diametre de l'ouverture, par laquelle l'air ſort & de la célérité de celui qu'on y pouſſe. Telles ſont les cauſes qui produiſent la différence des voix dans les deux ſexes. Les femmes ayant des organes plus mobiles, plus fins & moins amples, doivent avoir la voix plus aigue, le contraire eſt chez l'homme, & la voix la plus grave ſe termine par un ſouffle muet. La voix modulée par les différens paſſages du ton grave à l'aigu forme le chant qui eſt produit par les tremblemens du larynx, & par ſa ſuſpenſion entre des forces contraires, c'eſt ce qui diſtingue la parole du chant. Il eſt conſéquemment plus pénible de chanter que de parler par rapport à l'action vive & continuelle, des puiſſances qui meuvent le larynx, & le mettent en équilibre. C'eſt pourquoi ceux qui chantent immodérément, s'épuiſent la poitrine. Les efforts de tous les muſcles néceſſaires, pour mettre en jeu tout l'appareil de la voix produiſent des frottemens pernicieux, & emportent la liqueur qui enduit ces parties.

C'eſt autrement dans la parole. Les

tons aigus & graves, ont peu de différence. La parole harmonieuse a diverses variétés dans les tons, & elles dépendent de l'action des organes de la bouche qui est moins laborieuse que l'action du chant.

La parole consiste dans la prononciation, des lettres différentes suivant les nations. Le plus grand nombre des lettres est cependant le même par toute la terre. On appelle voyelles les lettres qui se forment par la voix uniquement exprimée par la bouche, sans donner de coups de langue contre aucune partie. Les consonnes se forment par quelques coups de langue contre certaines parties de la bouche, des levres, ou des deux.

Il est un peu difficile d'assigner la cause de la diversité des tons. Dépend-t-elle de la longueur des ligamens de la glotte, & des vibrations plus ou moins fréquentes de ces mêmes ligamens? Je ne le décidérai pas. Les oiseaux ont une glotte osseuse & cartilagineuse, qui, par cela même, n'est pas capable d'extension, & cependant ils sont les musiciens des airs. Les pourquois & les comments paroissent inaccessibles dans la nature à tout homme qui pense, & qui voit en grand.

ARTICLE XXIV.

De l'Ame.

Il faut enfin que je parle de cette ame dont on a déja tant parlé & déparlé. Comme elle n'eſt pas ſoumiſe à la puiſſance des meilleurs téleſcopes, ni des plus parfaits microſcopes; on a eu beau jeu de s'entretenir ſur ſon compte. Les auteurs ſacrés l'on peinte avec ſageſſe, les profanes n'ont pas fait de même; il eſt auſſi des gens, à dangereux paradoxes, qui ſe ſont aviſés de l'exiler de notre pauvre corps, qui ne peut cependant s'en paſſer. On l'a placée en diverſes loges dans le cerveau. Enſuite on l'a expulſée, certains ont avancé qu'elle n'avoit point d'habitation particuliere, & qu'elle étoit répandue dans toute la machine. Tous ces grands procès ont été ſuſcités par le goût audatieux qu'ont les hommes pour les hypothèſes. Je crois d'abord, à titre de bon chrétien, & enſuite à titre d'être penſant qu'elle exiſte. Comment exiſte-t-elle? C'eſt ce qui eſt difficile de bien définir; j'aime à penſer

que l'ame appartenante aux différens in-
dividus de l'espece, est une petite parcelle
de la grande ame qui meut l'univers.

Il paroît qu'il est des êtres bien avides
qui ont fortement empiété sur le patri-
moine des autres. Je ne suis pas en cela
de l'avis du célebre Helvétius qui a bien
voulu complimenter le genre humain,
en disant que les mortels avoient tous
une même dose d'intelligence, à part
certains hommes entiérement disgraciés
de la nature. La culture fait beaucoup,
mais elle ne fait pas tout. Je pense qu'il
en est de la mesure des forces de l'esprit
comme de la mesure des forces du corps;
on auroit beau exercer un grand nombre
d'êtres même bien organisés, on les for-
tifieroit à la vérité; mais ils ne parvien-
droient jamais au degré de force de nos
petits Hercules.

Il me paroît régner une étonnante
gradation dans l'esprit humain. Qu'il se
trouve d'échelons à descendre depuis les
phénomenes de génie qui illustrent la
terre, jusqu'aux hommes médiocres, &
depuis ces derniers jusqu'aux hommes
stupides ! On peut s'élever à un certain
point par les secours de l'art; mais il

est un terme prescrit par la nature, auquel il faut s'arrêter de toute nécessité.

Malgré la diversité des opinions sur le siege de l'ame, il est à présumer qu'elle réside dans le cerveau plus particuliérement, & que son trône est dans la jonction du cerveau & du cervelet. L'expérience est en faveur de ce sentiment, puisque les lésions de cet organe sont dangereuses à proportion qu'elles intéressent de plus près cette même jonction dont la blessure est toujours mortelle sur l'instant. C'est de cet endroit qu'elle donne ses ordres à toute la machine, & reçoit des avis de toutes les provinces, & de toutes les parties du petit monde, car c'est ainsi qu'on a nommé avec juste raison le corps humain. Le détail anatomique du cerveau regarde ceux qui professent l'art de guérir. La structure de cet organe est presqu'aussi merveilleuse que ses opérations; cependant ce dépôt des connoissances humaines, ce foyer où se rend un si grand nombre d'idées, ce juge admirable qui a connu les loix de la marche des astres, &c, &c. est sujet à mille dérangements qui tiennent souvent aux plus petites causes.

Les excès du travail de cabinet, les coups, les chûtes; toutes les commotions même les plus légeres, les ennuis, les paffions vives dérangent l'harmonie du cerveau. L'amour fur-tout trouble la raifon à bien des gens trop fenfibles.

C'eft l'élafticité fans doute, la fineffe des fibres nerveufes, la quantité, l'énergie & la mobilité des efprits qui circulent dans les canaux, ce font, dis-je, toutes ces qualités qui déterminent la mefure du génie ou de l'efprit. C'eft pourquoi l'œil qui tient de fi près au cerveau, & qui eft l'organe le plus abondant en nerfs, eft le miroir de l'ame. C'eft dans lui que fe peignent le mieux les fentimens & les idées. Les grands hommes ont en général les yeux beaux, pleins de feu, tandis que ces organes n'ont que peu ou point d'expreffion chez les hommes bornés & chez les ftupides.

Il eft des fievres dans lefquelles, dès leur commencement, le malade voit des arcs-en-ciel ou des fpectres rouges, ce qui eft un mauvais figne : cela dépend de la trop grande impétuofité du fang dans le cerveau. Auffi Pafcal après fes fortes méditations voyoit du coté gauche un précipice de feu dont il failoit le garan-

tir. On a vu des perſonnes qui s'imagi-
noient avoir un nez , des jambes de
verre , qui croyoient être engagées au
ſervice du Roi , & ſuivoient en conſéquence certains régimens.

Un gentilhomme , épris , dès ſa tendre
jeuneſſe , non-ſeulement de ſa naiſſance ,
mais encore de ſa fortune , n'oſoit mar-
cher , s'imaginant avoir des jambes de
verre. Par haſard il fut loger près les
halles à Paris , par galanteries ſurannées.
Un ſoir le gentilhomme généreux con-
duiſit à l'opéra le Baron de C***, &
y fit connoiſſance du Comte de B***,
ami du Marquis de N***, qui ſe reti-
rerent enſemble ; celui-ci leur fit part
de ſon imagination , & le Marquis de
N*** l'invita à ſouper chez lui , rue
St. Honorée , de même que ſes amis.
Ceux-ci firent part de l'idée du gentilhomme à tous les convives , qui , ſurpris
de pareille avanture , imaginerent de le
guérir d'une maladie auſſi ſinguliére. En
conſéquence le Baron de C***, l'invita
à dîner pour le lendemain dans ſon château , ſitué à Monrouge près Paris , &
pour ce , lui envoya ſa voiture près les
halles où il logeoit , Après avoir poſté
au milieu d'un bois quatre hommes avec

chacun deux pistolets, faisant mine de l'attaquer, s'approcherent de la voiture, le menacerent, lui présentant leurs pistolets. Le gentilhomme eut peur, en croyant que c'étoit des voleurs, saute par la portiere & retrouva ses jambes.

Une femme fût guérie de la même erreur par un coup de bâton que sa servante lui donna sur la cuisse.

Un jurisconsulte ne vouloit pas uriner de peur d'inonder la ville; on lui prétexta un grand incendie, & par humanité il voulu bien le faire, & reprit l'usage de cette fonction. Il est un nombre d'autres extravagances qu'on a levées par des secours ingénieux. Que de pareilles foiblesses sont faites pour diminuer l'amour-propre de l'homme!

Mais recherchons notre ame, elle est dans toutes les parties de la machine. Aucune d'elles ne pourroit s'en passer. Ainsi que le souverain d'un état anime tout ce même état, y regne par-tout d'une maniere invisible; mais a cependant un endroit particulier de sa résidence, une cour, un palais. De même l'ame à son palais dans la jonction du cerveau & du cervelet comme nous l'avons déja dit, les nerfs sont ses émissaires & ses agens, ils donnent la vie à tous les léviers charnus qu'on

nomme muſcles. Delà , il eſt aiſé de con-
clure que l'oreille étant exercée de bonne
heure , elle doit devenir plus muſicienne ,
que tous les reſſorts qui compoſent l'organe
de l'ouie , étant accoutumés à recevoir des
vibrations dans la tendreſſe de l'âge , ils
doivent acquérir plus de délicateſſe , plus
d'énergie & d'aptitude à l'impreſſion des
ſons , que l'ame devient un meilleur juge
en ce genre , & qu'elle eſt capable de
mouvoir plus ſagement avec plus de preſ-
teſſe & de préciſion les réſſorts deſtinés à
la voix. D'où il eſt évident qu'il eſt néceſſaire de ſe former l'oreille avant d'apprendre la Muſique vocale. L'expérience a
fourni un grand nombre d'exemple de cet
vérité , & le raiſonnement applaudit d'a-
vance aux ſuccès qu'elle aura.

Fin de la premiere Partie.

L'APOLLON MODERNE,

OU LE

DÉVELOPPEMENT INTELLECTUEL

PAR LES SONS

DE LA

MUSIQUE.

SECONDE PARTIE.

ARTICLE XXV.

Tous les arts ont deux parties, la théorie & la pratique. La théorie établit des principes, elle en tire des conséquences dont elle déduit des regles que la pratique met en ufage, & cette derniere eft fubor-donnée à la théorie ; elle en dépend comme les effets dépendent de leurs caufes,

K

& elle ne peut rien faire d'exact qui ne soit conforme aux regles de la théorie.

Les principes sont dans les sciences, ce qu'est le germe fécond dans la nature ; ils sont la semence de toutes les grandes découvertes, des grandes connoissances, &c. ce qui est pris dans un des mémoires de M. Barbier, de l'Académie de Lyon, & de celle des arcades de Rome, où il est dit dans un autre endroit. La plupart regardent la théorie comme une occupation vaine, qui n'a pour objet que des chimeres, dont les arts ne peuvent tirer avantage ; ces maximes s'établissent par des gens qui passent pour instruits & qui croient l'être, & sont répétées par une foule déchos qui les font valoir ; ce qui donne un si grand cours aux erreurs, au détriment de la vérité, & ce qui est la plus grande cause que certains arts, ou dégénerent ou restent au même point pendant un temps infini. C'est le malheur ordinaire de la province, où les premieres instructions, sont dans ce cas, de même que la Musique. A l'égard de cette derniere voici le propos d'un amateur.

La plupart des exécutans, disent que la théorie est inutile, & se flattent comme d'une grande gloire de n'en avoir point fait uſage , que leur habilité, leur talent n'eſt pas moins applaudit & goûté. Un philoſophe répond , s'ils ſe conduiſoient par ce qu'enſeigne la théorie, ils feroient beaucoup mieux, ils éviteroient bien des fautes , & ils s'épargneroient un grand ridicule ; il continue ainſi :

Les muſiciens profeſſeurs doivent avoir, en outre de la théorie, des connoiſſances de tout ce qui eſt ſcience & phyſique ; au contraire , le plus grand nombre évitent de s'éclairer , rejettent tout ce qui en traite , & regardent ceux qui établiſſent ou rectifient la théorie comme des revêurs , des radoteurs. Il n'eſt donc pas ſurprenant que la Muſique ſoit encore peu cultivée, en comparaiſon de ce qu'elle devroit l'être ; on voit à peine le chemin de la pratique , n'étant conduit qu'à taton , ou par haſard ; c'eſt ce qui en rend l'apprentiſſage ſi long & ſi pénible , qu'il dégoûte tellement la plus grande quantitée de perſonne qu'elles n'oſent expoſer leurs enfans à l'apprendre. Ce n'eſt que très-difficilement , & par le plus grand exercice que les muſiciens acquierent leur talent ; pourquoi chercheroient - ils à les rendre facile aux autres ? Les différens moyens qu'ils trouvent conftituent leur grande prévention, leur affurance, & accumule les peines de ceux qui deviennent leurs difciples. Ces praticiens fe difputent la préféance pour le mieux enfeigner, & ne ceffent de dire, pratiquez, pratiquez, la pratique fait tout, & prefque fans raifons fatisfaifante pour l'efprit ; un éleve doué des plus heureufes difpofitions réuffit dans nombre d'années & fans favoir comment. Mais chaque autre difciple après un temps confidérable, croyant être au dégré où il afpire, qui ne fait ni ne peut fe rendre raifon de ce qu'ils fait, s'il interrompt cet exercice, ou fi les circonftances l'y oblige ; il ne lui refte aucune reffource pour fe remettre, ce qui fait que tant de perfonnes ne peuvent plus faire ufage de la Mufique, & l'oublient après l'avoir apprife plufieurs années.

Il eft cependant certain, qu'il eft très-indifférent aux auditeurs fatisfaits, fi les exécutans font théoriciens ou non ; mais fi la théorie étoit nuifible à l'exécution, dans ce cas, il faudroit une autre claffe de muficiens, théoriciens pour enfeigner.

Il eft dit ailleurs, l'art de la Mufique, au lieu de fe perfectionner, perd de plus

en plus , & c'eſt par tant de gens
ſymphoniſtes en tous inſtrumens , & dans
le chant qui parviennent à rendre adroi-
tement quelques traits difficiles , à force
de les avoir répétés , ce qui fait preſque
tout leur mérite , ſur lequel s'établit leur
réputation , ils mépriſent même les autres
parties de l'art , ſe croient très-ſupérieurs
au petit nombre de perſonnes conſom-
mées dans tout ce qui eſt dans de la pratique
& dans la théorie , parce que peut-être
quelques-unes rendroient avec un peu
moins d'agilité les mêmes choſes, ou qu'il
ſeroit indigne d'elles de faire ces arlé-
quinades. Ces gens ſuperficiels , toujours
empreſſés de juger, jugent ſuivant leur
connoiſſance , c'eſt-à-dire, toujours mal ;
car dès qu'ils trouvent , ou qu'on leur
préſente une Muſique un peu différemment compliquée , ou dans un autre
genre que celle à laquelle ils ſont accoutumés ; ils ſont comme l'aveugle qui che-
mine ſeul ſans ſon bâton , ainſi l'on peut
dire qu'ils égalent , dans leur eſpece , ſes
faiſeurs de tours , de ſauts , d'équilibre
dans les rues , dont on s'amuſe , & ſans
qu'on puiſſe en tirer aucun fruit.

Dans un ouvrage comme celui-ci,
l'on ne peut pas plus ſe diſpenſer de

rapporter ce qui peut être nuifible à l'inftruction que l'on y établit , que ce qui
peut concourir à fon bien. Mais fans
regles , fans principes fuivis , & en proportion fuivant l'âge , on ne peut apprendre ni favoir aucune fcience comme
il faut , ou la culture d'une feule , par la
théorie développe les difpofitions pour
toutes autres , fans excepter la Mufique ;
quoique dans un âge avancé rien n'eft
fi ordinaire , que de ne pouvoir parvenir
à l'exécution ou imparfaitement ; parce
que ceci dépend entiérement de l'oreille ,
qui peut-être n'a pas reçu les fenfations
néceffaires , où elle ne fe trouve plus dans
l'état d'activité convenable , ce qui n'empêche cependant pas que fans aucune
connoiffance des parties pratiques de la
Mufique , l'on ne puiffe en être vivement
affecté , que l'on ne goûte un grand
plaifir à l'Opéra de Paris , à entendre
chanter le Gros , & autres belles voix , &
à entendre certaines ariettes des Opéra
Lyri-Comique , &c.

Il faut donc convenir que la préféance
eft due à la Mufique , puifque fans aucune reftriction , en cultivant & déve-
loppant l'oreille par fes fons , les difpo-

fitions fe développent pour toutes fciences, & tout ce qui en fait partie.

La Mufique, premiere culture de toutes, dans les enfans, les difpofitions plus ou moins apparentes, ou n'en paroiffant même point, ne font que peu de chofe, en ce que, les fibres de l'ouie, du cerveau plus ou moins de temps à fe dégager; la conception, l'entendement, la mémoire plus ou moins de temps à fe développer, font l'objet du plus au moins pour la culture, & les inftructions dans ce livre auront toujours leur effet de réuffite à tous, en mettant le temps néceffaire à chacun, même ce temps ne fera pas de beaucoup plus grand aux uns qu'aux autres.

Article XXVI.

L'on n'ignore pas que les enfans ne peuvent parler qu'après les impreffions faites dans leurs oreilles de ce qu'ils ont entendus; s'ils n'entendoient jamais parler, ils ne parleroient jamais, parce qu'aucun langage n'eft dicté par la nature. Si-tôt que l'on vient de naître, la voix fe fait entendre ; mais elle n'acquiert les propriétés pour rendre les fons de la parole & le chant, que par les impreffions reçues dans l'oreille ; voici un exemple affez convainquant de fa forte puiffance fur la voix. Schelhammer dit, avoir vu des enfans, qui féparés du commerce des hommes, & nourris par des ours, imitoient la voix de ces animaux, & cite un enfant de Tulpius, qui ayant eu pour nourriffe une brebis, bêloit comme elle ; ainfi, l'on ne peut chanter jufte fans l'avoir auparavant entendu, puifque l'oreille parce qu'elle n'a pas fenti, ne peut conduire la voix.

Chanter & apprendre la Mufique à la fois, c'eft trop pour des enfans. On ne peut donc fe difpenfer d'établir un ordre à part, pour la culture de l'oreille feule, & de même pour la Mufique que l'on apprendra à lire parfaitement, en obferver toutes les valeurs des notes fans les chanter, & tout ce qu'elle contient au refte.

Dans mes différentes expériences, j'ai puifés la méthode que l'on va voir ; elle n'a ceffé d'être fructueufe à tous les enfans que j'ai enfeignés.

Il n'y a que le violon qui puiffe êtro

propre pour cultiver l'oreille, en ce qu'on le rend le plus juste de tous les instrumens, on soutient ses sons, pour ainsi dire, à volonté, & leur vibration étant des plus convenables à émouvoir les fibres de l'oreille, du cerveau, à les déterminer également favorable aux parties vocales, & par l'art de conduire l'archet; il imite tous les instrumens, les degrés de forces, de foiblesses, les nuances de toutes especes, les belles voix, enfin pouvant faire sur le violon tout les tons, & tout ce que peuvent faire les voix les plus exercées, & les mieux cultivées, & lui seul peut en rendre toutes les expressions; la qualité de ces sons convient mieux aux sons de voix des enfans des deux sexes, puisqu'ils ont la même voix.

Il est indispensable que le violon soit toujours accordé au même point pour cultiver l'oreille, c'est pourquoi sa seconde corde à vuide étant le ton *la*, sera continuellement à l'unisson du ton *la*, du diapason de tout concert où l'on chante. L'on réunira si l'on veut nombre d'enfans de six à sept ans, il est seulement nécessaire qu'ils entendent distinctement les sons du violon, & on leur apprendra les élémens de la Musique étant par demande & par réponse.

Culture de l'Oreille.

Les leçons en Mufique pour cultiver
l'oreille, commencent ci-après page 38.
Pour les enfans dont l'oreille n'aura point
été cultivée, comme on l'a vue ci-devant
dans l'autre partie, page 92. L'on jouera
fur le violon à-peu-près le temps de
huit minutes, la premiere leçon ou petite
partie compofée des notes de l'accord-
parfait, *ut*, *mi*, *fol*, *ut*, en retrogradant, *fol*, *mi*, & l'on recommencera
par le premier *ut*, en continuant de même
fans ceffer pendant le temps dit ; le guidon
marqué fervira pour la note finale,
c'eft-à-dire, que l'on fera la note qu'il
repréfente la feule fois pour finir, & de
même les autres guidons à la fin de chaque
petite partie fuivante, féparée par deux
barres. On inftruira fur les élémens de
Mufique qui font ci-après pour recommencer la même culture de l'oreille pendant le même temps, & l'on redira la
même chofe pour la feconde leçon. Les
accords-parfaits enfuite fe joueront chacun
femblablement deux leçons. Exemple,
noté ci-après no. I, page 38, & l'on
s'inftruira toujours entre deux, ainfi qu'on

vient de voir fur les élémens de Mufique,
ce qui fera une variété qui ne fera point
inutile.

L'on recommencera à jouer le premier
accord-parfait en *ut*, le temps de quatre
minutes ; & le fecond en *fa*, auffi quatre
minutes, & pour la même leçon, l'on
rejouera femblablement ces deux accords-
parfaits : l'on fuivra de même de deux en
deux pour chaque leçon, & tous ce répéteront femblablement pendant 12 leçons.

De nouveau, on recommencera ces
accords-parfaits, chacun quatre minutes
dans la leçon, & on en fera encore pour
12 leçons.

Pendant 20 leçons, l'on rejouera encore,
& de fuite, tous ces accords-parfaits, &
du guidon final de de chacun, on en
fera la note finale comme on va voir :
*Ut, mi, fol, ut, fol, mi, ut. Fa, la, ut,
fa, ut, la, fa. Re, fa, la, re, la, fa,
re. Sol, fi, re, fol, re, fi, fol. Mi, fol,
fi*, &c. &c. en continuant jufqu'à la fin
pour recommencer, & ainfi alternativement deux fois huit minutes pour chaque
leçons.

N°. II, page 38, la gamme en montant & en defcendant fe jouera & fe
répétera en allant fans interruption de la

fin au commencement, la quantité de fois nécessaire pour remplir deux fois le temps de huit minutes, & pour 30 leçons. Pour les enfans qui auront été cultivés par l'aurillette, ou le violon précédemment à l'âge ici assigné ; cette nouvelle culture du violon par les accords-parfaits, & la gamme leur devient bien moins longue. Il suffira de leur rappeller en cette maniere.

On leur jouera chaque accord-parfait à-peu-près une minute, les six premiers pour moitié de la leçon ; l'instruction de Musique, & les six derniers pour l'autre moitié de la leçon, & pour 15 leçons.

On rejouera tous ces accords-parfaits de suite, sans interruption de l'un à l'autre, deux fois huit minutes pour chaque leçon, & pendant 15 leçons.

La gamme en montant & descendant deux fois huit minutes dans la leçon, & pour 15 leçons ; dans l'un & l'autre cas, on suivra & l'on pratiquera ce qui est dit ci-dessous.

Les petites parties de notes au nº. III, page 38, jusqu'à la page 41, se joueront chacune deux minutes, 4 pour moitié de leçon, & quatre suivantes pour l'autre moitié, & toutes feront pour 13 leçons, ou le guidon ne se fera que comme note finale. On rejouera la gamme n°. II, deux fois huit minutes dans la leçon , & l'on en fera deux , en continuant n°. III, les mêmes petites parties comme on les a dites , faisant semblablement pendant 13 leçons ; & de nouveau on recommencera de même deux fois toutes ces petites parties , qui feront encore pour 26 leçons.

N°. IV , page 41 , la gamme mineure en montant & descendant se jouera & se répétera la quantité de fois pour remplir deux fois le temps de huit minutes dans chaque leçon , & l'on en fera pour 30 leçons.

Chaque petites parties ensuite même page 41 , jusqu'à la page 43 , se joueront chacune deux minutes , 4 n'étant que moitié de leçon , & toute ces petites parties, 13 leçons, on rejouera la gamme mineure, n°. IV , deux fois huit minutes dans la leçon , & l'on en fera deux , pour redire les mêmes petites parties suivantes, comme on a dit pour 13 leçons , & de nouveau , on recommencera de même deux fois toutes ces petites parties pour 26 leçons.

N°. V , la gamme majeure deux fois

huit minutes pour une seule leçon , & chaque petite partie suivante se joueront pendant une minute chacune ; 14 de ces petites parties pour chaque leçons , ce qui fait en tout pour 6 leçons , & ce qui se répétera semblablement 4 autre fois , faisant pour 30 leçons , & avant ou après l'instruction de Musique.

Nº. VI , page 45 , la gamme mineure une leçon , & les petites parties suivantes , semblablement au nº. V ci-dessus , & faisant 30 leçons.

Nº. VII , page 47 , l'on jouera deux fois la premiere octave harmonique , ensuite l'octave chromatique se répétera suffisamment pour remplir le temps de deux fois 7 minutes , & dans le milieu l'instruction de Musique. La seconde octave harmonique & chromatique semblablement ; on retournera à la premiere, ensuite la seconde , & en cette maniere, alternative pour en faire 40 leçons.

L'on ira ou l'on retournera à la page 38, au nº. 1ʳ ; l'on jouera chaque accord-parfait douze fois , & tous feront une moitié de leçon , & l'on recommencera pour l'autre moitié , ce qui se fera encore une leçon.

L'on rejouera tous ces accords-parfaits de suite, & sans interruption même pour retourner de la fin au commencement, comme on a déja fait, deux fois 8 minutes chaque leçon, & l'on en fera deux leçons.

L'on retournera au n°. VIII, page 47, l'on jouera la gamme telle quelle est notée, autant de fois nécessaire pour remplir le temps de huit minutes, deux fois pour une leçon. L'accord-parfait ensuite deux fois huit minutes pour une leçon ; & l'on rejouera alternativement cette gamme, & cet accord-parfait deux fois 8 minutes pour la troisieme leçon ; & ce qui est ensuite mesure à 2 temps, se jouera deux fois huit minutes chaque leçon, & fera pour huit leçons. Cette suite est en *sol majeure* L'on jouera semblablement chaque suite après jusqu'à la sixieme portée, page 50, & l'on fera les croches inégales par-tout de deux en deux, la seconde tombant précipitamment sur sa suivante. Ceci est pour accoutumer l'oreille à l'inégalité des sons ou notes, aux différentes modulations, & à cet ordre ou suite de ton si nécessaire à bien entendre, & dont on se sert pour trouver les intonnations disjointes.

Dans tout ce que l'on voudra faire

entendre de Mufique pour la culture de l'oreille , auparavant on en jouera la gamme en montant & en defcendant , & l'accord-parfait du ton en une octave.

Au n°. IX , page 50 , eft l'indication de différens tons fur lefquels on jouera les cadences que l'on appelle pleines , étant deffous. L'on commencera par la premiere en *ut* & l'on fuivra. Lorfque l'on fera à la fin trofieme portée, page 51; on ira au renvoi pour retourner fur fes pas , dans la maniere des trois dernieres cadences fous lefquelles eft écrit en rétrogradant. Toutes ces cadences ou tremblemens fe joueront pour le temps de la leçon de 16 minutes , & ce répéteront pendant 20 leçons. On fera de même des autres cadences indiquées , qui font dans le ton principal , de *mi* , avec trois *bémols* ; *fi* , 2 *bémols* ; *re* , 2 *diezes* ; *la* , 3 *diezes*; *mi* , 4 *diezes* ; *la* , 4 *bémols* ; ces principaux tons font majeurs , & la premiere cadence dans chacun de ces tons , fera fur *ut* naturel ou *dieze* , ainfi marqué par un guidon ; & l'on continuera néanmoins chaque ton fuivant fon attribut , de *dieze* ou *bémol* , à la clef, & de chacun de ces tons avec leurs cadences convenables , on en fera dix leçons.

Après

Après tout ceci, l'on jouera ce que l'on croira meilleur pour améliorer l'oreille, qui, à bien dire, ne sera que défrichée, & parvenue aux dispositions qu'elle doit avoir.

ARTICLE XXVII.

Pour apprendre la Musique sans la chanter.

LE ménagement qu'exige la poitrine délicate des enfants, est une bonne raison pour qu'on ne leur fasse point chanter les notes des leçons de Musique ; ce qui n'empêchera pas qu'ils n'acquierent l'usage de bien lire les notes, & d'en observer les valeurs, de battre exactement toute mesure, d'observer les silences ; enfin tous les signes de la Musique, quoiqu'on leur laissera chanter les airs vulgaires, les chansons qu'ils entendront comme ils voudront, ce qui concourt à mettre la voix en fonction. La culture de l'oreille empêche de trouver à redire à ceci.

Chanter les notes jusqu'à ce qu'on les sachent bien, les exprimer comme il

L

convient , ne peut qu'endommager la voix , & la rendre pesante. Si l'on a bien chanté avant d'avoir chanté les notes , on chantera très – mal après les avoir chantées dix à douze mois : tout maître impartial conviendra de ce fait. Une autre raison ; c'est la nouvelle étude qu'il faut faire pour ce qui regarde les fonctions du gosier, lorsque l'on joint la parole avec le chant ; d'ailleurs , ce n'est pas savoir la Musique que de la chanter en nommant ces notes, ce sont, en premier, les yeux qui doivent les distinguer , & l'oreille les apprécier , pour que la voix les rendent. L'oreille n'ayant point été cultivée ; chanter , & apprendre à la fois la Musique sont deux choses très-difficiles ; & la cause principale vient , du défaut de culture de l'oreille , dont la fonction est interrompue en ce qu'elle ne peut entendre n'y juger nettement en chantant soi-même.

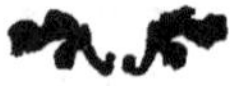

Maniere de lire la Musique sans la chanter.

On dira les notes par leur nom , & pour le son , comme les lettres de l'alphabet. L'on soutiendra le nom & le son conformement à chaque valeur de notes. Pour une note ronde , si c'est *ut* , on soutiendra & l'on traînera *u* le temps de sa valeur , & à sa fin , on articulera *t* , & l'on dira *u*.......*t*, de même *so*.......*l la*....... *re*....... & en proportion le nom & le son de toutes notes , suivant leur valeur. Cependant certaine note longue à soutenir , pourroit gêner la respiration on ne lui donnera pas toute sa valeur , & ce qu'il en restera se passera en silence. A chaque deux ou trois noires , on reprendra sa respiration , ce qui diminuera tant soit peu la tenue de la derniere de ces notes , c'est pour empêcher que la poitrine des enfans ne puisse être gênée.en continuant cette espece de lecture , ou de psalmodie le temps suffisant , on parviendra à bien lire & à savoir la Musique , en ce qu'on en pratiquera en même temps toutes les regles.

Après avoir appris les notes ci-après ,

page 2, 3 & 4, enfuite, on changera
à chaque leçon ou morceau de Mufique,
le fon du parler, ainfi qu'en les répétant ; par exemple, un morceau aura été
dit en entier, toutes les notes a-peu-
près fur un même ton, on le recommencera, ou l'on en dira un autre ; alors on
prendra un autre ton, ou plus haut ou
plus bas, comme l'on voudra, que l'on
maintiendra à-peu-près pendant tout le
morceau, & l'on fera fon poffible pour
ne pas reprendre le même fon deux fois,
dans aucun des morceaux, à dire & redire
dans tout ce livre, par ce moyen, il ne
peut fe contracter d'habitude nuifible,
puifque l'on parcourt toute efpece de fons,
& que la jufteffe des fons fe forme dans
l'oreille par fa culture particuliere.

Lorfqu'il fera queftion de chanter, on
ceffera de nommer les notes par leur nom,
pour les dire comme on verra ci-après ;
& l'oreille cultivée fera trouver les intonnations, les tons juftes, avec une très-
grande aifance, & fans s'être appefanti
la voix, n'y époumonné.

L'expérience a juftifié ces faits, & les
juftifiera malgré toutes les raifons que
l'on pourroit oppofer, en difant, ce
n'eft pas l'ufage de fuivre une pratique

semblable , si différente à celle que tout
les grands maîtres ont établie & que tout
le monde à adoptée , n'y ayant de
meilleurs moyens pour bien apprendre
la Musique que d'en chanter les notes ,
nous y consentons , ils sont des plus
respectables , de même que l'usage
actuel , on ne les respectera pas moins
comme Aristote & sa philosophie ; mais
ce ne sont point des titres que l'on ne
puisse attaquer , si les circonstances font
trouver une route plus certaine & plus
sure , ce seroit avoir des idées déplacées
que de ne pas la faire connoître , puisque
l'on veut jouir des talens de bonne
heure ; l'on ne peut donc rejeter le
tempérament qui peut y conduire en
assurance : ce n'est point ici le musicien qu'il faut consulter , ni sur ce que
renferme tout cet ouvrage ; mais , celui
qui a réfléchit sur l'art de la Musique ,
conformément au physique , & au moral
de l'homme.

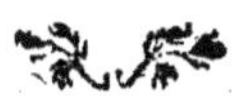

ARTICLE XXVIII.

Les élémens de Mufique à l'ufage des enfans, par demandes & par réponfes.

DEMANDE. Qu'est-ce que la Mufique?

RÉPONSE. C'eft la propriété des fons capables de produire ce que l'on appelle la mélodie, l'harmonie.

D. Qu'entend-t-on par la mélodie?

R. Des fons qui forment des chants entendus feuls.

D. Si plufieurs perfonnes chantent ou jouent fur des inftrumens la même chofe, comme la même chanfon, le même air, eft-ce de la mélodie?

R. Oui, tout ce qui frappe l'oreille d'un feul & même chant, eft appelé mélodie.

D. Qu'entend-t-on par l'harmonie?

R. La réunion de fons différens entendus enfemble.

D. Plufieurs perfonnes qui chantent ou

qui jouent en formant différens sons dans l'ordre établi , ce que l'on appelle en parties , & ces parties étant différentes , sont donc l'harmonie ?

R. Oui , tout ce qui frappe l'oreille de différens sons ensemble est harmonie.

D. Ces sons ont donc des distances de l'un à l'autre ?

R. Oui.

D. Mais comment appelle-t-on ces distances ?

R. On les appelle intervalles.

D. L'intervalle de chaque sons de l'un à l'autre est donc limité ?

R. Oui.

D. Et comment se désigne cette limite ?

R. Cette limite se désigne par tons & par demi-tons.

D. Comment s'appellent les figures qui représentent ces sons désignés par tons ?

R. On les appelle des notes.

D. Ces notes s'écrivent donc ?

R. Oui.

D. Ne font-ce pas les notes qui doivent encore repréfenter les différentes durées ou valeurs.

R. Affurément.

D. Comment connoît-on les différentes valeurs ?

R. On les connoît par la différence des notes.

D. Dites-nous cette différence des notes?

R. Ronde, blanche, noire, croche, double croche, triple croche, &c.

D. Quelle eft la note la plus longue dans la Mufique ?

R. C'eft la ronde.

D. Dites la valeur ou la durée des notes?

R. La ronde vaut & dure le temps de deux blanches ; deux blanches le temps de quatre noires ; quatre noires le temps de huit croches.

D. Que durent & valent huit croches ?

R. Huit croches valent le temps de feize

doubles croches ; & feize doubles croches, le temps de trente-deux triples croches.

D. Que dure & vaut la blanche ?

R. Elle vaut & dure 2 noires, 4 croches, 8 doubles croches, & 16 triples croches.

D. Que vaut & dure la noire ?

R. Elle vaut & dure 2 croches; 4 doubles croches, & 8 triples croches.

D. Que dure & vaut la croche ?

R. Elle vaut & dure 2 doubles croches, & 4 triples croches.

D. Que vaut & dure la double croche ?

R. Elle vaut & dure 2 triples croches.

L'on fera remarquer la différence de fes notes fur l'exemple premier ci-après page 1.

L'on a vu que le degré de vîteffe des notes s'augmentent de moitié à mefure qu'elles doublent ; ce qui refte à connoître fur ce fujet, fe verra dans la fuite.

D. La Mufique ne fe trouve-t-elle pas

reglée parce que l'on appelle la mesure ?

R. Certainement.

D. N'y a-t-il pas une Musique où la seule mesure à lieu.

R. Oui, les tambours, les tymbales, la bombarde, &c. en fourniffent une où il n'y a que la mesure qui ait lieu.

Ayant vu la plus grande partie des valeurs de notes que doivent repré-fenter celles des tons, nous allons voir à préfent par quel moyen les tons proprement dit, fe repréfen-tent par les notes.

Il faut cinq grandes lignes paralleles, que l'on appelle portées; on doit dif-tinguer chacune d'elles en premier pour la pofition des clefs, & en fecond pour celle des notes.

Le pre. ligne eft celle de deffous, en fuivant, eft la 2e. la 3e. la 4e. & la 5e. exemple, 2e. page 1.

D. Les notes ne fe pofent-elles que fur les lignes ?

R. Elles se posent aussi entre les lignes.

D. Ces cinq lignes n'étant pas suffisantes pour la position des notes que fait-on ?

R. On ajoute en dessous ou au-dessus des cinq grandes lignes de petites lignes.

D. Pourquoi ces petites lignes en dessous & au-dessus des cinq grandes lignes ?

R. Pour poser dessus & entr'elles les notes excédantes celles des cinq grandes lignes.

D. Il y a donc des clefs pour la Musique ?

R. Oui.

D. A quoi servent-elles ?

R. Elles servent à fixer la position des notes & le nom de chacune.

D. Combien y a-t-il de clef ?

R. Il y en a trois , mais il ne devroit y en avoir que deux , & deux seules positions.

D. D'où les clefs tirent-t-elles leur nom ?

R. De trois notes de la Musique.

D. Comment s'appellent ces trois clefs ?

R. L'une s'appelle la clef de *sol* , l'autre la clef d'*ut* , & l'autre la clef de *fa*.

D. Chacune de ces trois clefs se posent-
elles sur plusieurs de ces cinq grandes lignes ?

R Oui , & la note posée sur la ligne de
la clef en prend le nom, & sert de
guide pour le nom des autres notes.

D. Sur quelle ligne se pose la clef de
sol ?

R. La clef de *sol* se pose sur la premiere &
la seconde ligne.

D. Sur quelle ligne se pose la clef d'*ut* ?

R. La clef d'*ut* se pose sur la p^re. la 2e. la
3e. & la 4^e. ligne.

D. Sur quelle ligne se pose la clef de *fa* ?

R. La clef de *fa* se pose sur la 3e. & la
4e. ligne , exemple 3e. page 1.

D. Combien y a-t-il de notes dans la
Musique ?

R. Il y en a sept.

D. Dites-les de suite en montant ?

R. *Ut , re , mi , fal , sol , la , si* , & l'on
ajoute *ut* pour composer l'octave.

D. Qu'entend-t-on par octave ?

R. On entend qu'à la distance de huit

degrés, toutes notes portent le même nom , & qu'à cette répétition , le son eſt ou plus haut ou plus bas de huit degrés.

D. Qu'eſt-ce qu'un degré ?

R. Un degré eſt chaque note , & dans l'ordre que l'on vient de dire, les huit notes font les huit degrés.

En ſuivant cette même gradation d'une note à l'autre , ou d'un degré à l'autre en montant , l'intervalle d'*ut* à *re* eſt un ton , & de même de *re* à *mi*. Mais de *mi* à *fa*, l'intervalle n'eſt que d'un demi-ton ; de *fa* à *ſol*, l'intervalle eſt d'un ton , de même de *ſol* à *la* , ainſi que de *la* à *ſi* ; mais de *ſi* à *ut* , l'intervalle n'eſt que d'un demi-ton. En ſuivant & rétrogradant , d'*ut* à *ſi* eſt le demi-ton ; mais de *ſi* à *la* eſt un ton comme de *la* à *ſol*, & de *ſol* à *fa* ; de *fa* à *mi* eſt le demi-ton , mais de *mi* à *re* eſt un ton comme de *re* à *ut*. Il eſt écrit demi-ton au-deſſus des deux notes qui compo-

fent chacun deux, dans l'exemple 4e.
page 2.

Quoiqu'il paroiffe dans l'exemple
quatre demi-tons, néanmoins il n'y
en a que deux qui font en montant
de *mi* à *fa*, & de *fi* à *ut* ; ou en
defcendant de *ut* à *fi*, & de *fa* à
mi, ce qui eft la même chofe.

D. De combien de tons & de demi-tons
l'octave eft-elle compofée, foit en
montant ou en defcendant ?

R. L'octave eft compofée de cinq tons,
& de deux demi-tons.

D. Quels font les deux demi-tons ?

R. L'un de *mi* à *fa*, ou de *fa* à mi, &
l'autre de *fi* à *ut* ou d'*ut* à *fi*.

L'exemple des huit notes qui compofent l'octave, en montant & defcendant, repréfente une échelle & ainfi
une plus grande quantité de notes
qui fe fuivent immédiatement,
c'eft pourquoi l'on appelle femblable gradation de note, échelle
diatonique, & qui fe nomme la

gamme, & où l'on voit que les tons
doivent se hausser & se baisser par
degré suivi.

Il y a un petit signe que l'on appelle
guidon , qui se met à la place de quelque note , & que l'on emploie toujours au bout de chaque ligne ou
portée , pour indiquer la note que
l'on doit dire à la portée qui suit pour
donner le temps à la vue de s'y porter ,
page 2.

On sait qu'il n'y a que sept notes
dans la Musique ; mais l'on doit appercevoir que les excédantes au-dessus
ou en dessous en sont la repétition
pour le nom , & que chaque ton à
son degré d'élévation ou d'abaisse-
ment par octave de l'un à l'autre.

D. Dites les notes qui composent la gamme
dans l'étendue de la voix , en montant & en descendant ?

R. En montant elles sont , *ut* , *re* , *mi* , *fa*,
sol , *la* , *si* , *ut* , *re* , *mi* , *fa* , *sol* , *la* ,
si , & en descendant , *si* , *la* , *sol* , *fa* ,

mi , re , ut , fi , la , fol , fa , mi , re , ut.
Exemple 5ᵉ· page 2.

L'on remarquera comme font pofées les notes fur chaque ligne & entre les lignes. En deffous de la pʳᵉ· ligne eſt une autre petite ligne ajoutée fur laquelle fe fait *ut* , au-deffous de la pʳᵉ· ligne eſt *re* ; fur la pʳᵉ· ligne eſt *mi* , entre la pʳᵉ· & la 2ᵉ· ligne eſt *fa* , fur la 2ᵉ· ligne eſt *fol* , entre la 2ᵉ· & la 3ᵉ· ligne eſt *la* , &c. & ainſi en continuant juſqu'à la derniere de la gamme montante.

Dans la gamme defcendante au-deffus de la petite ligne ajoutée au-deffus des cinq lignes eſt *fi* ; fur cette petite ligne eſt *la* , au-deffus de la 5ᵉ· ligne eſt *fol* , fur la 5ᵉ· ligne eſt *fa* , entre la 5ᵉ· & la 4ᵉ· ligne eſt *mi* , fur la 4ᵉ· ligne eſt *re* , entre la 4ᵉ· & la 3ᵉ· ligne eſt *ut* , &c. & ainſi du refte juſqu'en bas.

Quand cela fera bien conçu en cette maniere , l'on ajoutera le nombre à

chaque

chaque note, & l'on dira, la premiere note est *ut*, la 2e. *re*, la 3e. *mi*, la 4e. *fa*, &c. jusqu'en haut de la gamme, & en rétrogradant la 14e. note est si, la 13e. *la*, la 12e. *sol*, la 11e. *fa*, &c. & ainsi jusqu'à la fin. Il y a un signe qui marque les demi-tons, & les notes par lesquelles ils sont formées sont particuliérement essentielles à retenir.

L'on aura encore grand soin d'observer dans cette gamme en montant & en descendant, comme chaque note sont à l'octave de l'une de l'autre, & ayant le même nom.

Il y a 22 petites parties de notes qui suivent; on les étudiera chacune jusqu'à ce qu'on les sachent bien, pour les dire de suite, en répétant jusqu'à ce que l'on y manque en rien. On étudiera ensuite les notes qui ne sont que sur les lignes, & après celles qui sont entre les lignes.

M

ARTICLE XXIX.

QUAND l'on saura parfaitement les notes des leçons suivantes, exemples 6e. page 3 & 4, l'on y remarquera exactement l'intervalle ou vide, plus ou moins grand d'une note à l'autre, celles qui manquent pour former la gradation suivie, soit en montant soit en descendant on les comptera, afin de pouvoir distinguer les tierces des quartes ; les quartes, des quintes ; les quintes, des sixtes ; les sixtes des septieme, &c. &c.

Les notes qui se suivent immédiatement de quelque maniere que ce soit, de l'une à l'autre, on les nombre par seconde, à mesure de l'augmentation d'éloignement par tierce, qui veut dire trois, quartes, quatre ;

quinte, cinq ; fixte, fix ; feptieme ,
fept ; octave, huit ; 9e. 10e. 11e.
12e. &c.

Ces chofes étant néceffaires à retenir, on demandera :

D. Comment nombre-t-on les notes de
l'une à l'autre , foit qu'elles fe fuivent
immédiatement , ou éloignées plus
ou moins ?

R. On nombre par feconde , tierce ,
quatre , quinte , fixte , feptieme ,
octave , 9e. 10e. 11e. 12e. &c.

L'on a marqué à chacune de ces
leçons, en montant ainfi qu'en defcendant, le nombre des intervalles
en chiffres, au-deffus des premieres
notes; & ce nombre, en chiffre, fert
pour les notes qui fuivent tant qu'il
n'y a point d'autre chiffre.

+ Il refte encore des valeurs de
notes à connoître, comme celles qui
ont un point à côté d'elle à droite,

& le point vaut la moitié de la note ; exemple 7ᵉ· page 4.

D. Un point après une ronde , que vaut-il ?

R. Un point après une ronde, vaut une blanche qui eſt ſa moitié.

Nous dirons qu'ayant ſoutenu la ronde pendant le temps de ſa valeur , ſans interruption , il faut encore lui ajouter le temps de la valeur du point qui repréſente une blanche , qui fait la moitié de la ronde. Indiſtinctement , le point après toutes notes qui le précedent , ſe ſoutient en proportion pour moitié , c'eſt-àdire , que ces notes ſont plus longues , & ſe ſoutiennent moitié plus que dans leur nature ſtricte.

D. Qu'eſt-ce que vaut un point après une blanche ?

R. Un point après une blanche vaut une noire.

D. Que vaut le point après une noire?

R. Le point après une noire, vaut une croche.

D. Que vaut le point après une croche?

R. Le point après une croche, vaut une double croche.

D. Que vaut le point après une double croche ?

R. Le point après une double croche, vaut une triple croche.

Il est nécessaire de comparer les variétés des valeurs des notes, les unes avec les autres, pour savoir de quelles valeurs doivent être remplies les mesures, & les temps de la mesure. Nous avons vus que la ronde vaut, & doit être soutenue le temps de 2 blanches, 4 noires, 8 croches, 16 doubles, & 32 triples croches. Mais 32 triples croches se font 32 fois plus vite que la ronde; 16 doubles croches, 16 fois ; 8

croches, 8 fois ; 4 noires, 4 fois ; & 2 blanches, 2 fois.

32 triples croches se font une fois plus vite que 16 doubles croches ; 16 doubles croches une fois plus que 8 croches, 8 croches une fois plus que 4 noires, 4 noires une fois plus que 2 blanches, & 2 blanches une ois plus qu'une ronde.

En ne prenant que les trois quarts de la ronde, la valeur c'est une blanche avec une noire, comme une blanche avec un point, ainsi que 3 noires, 6 croches, 12 doubles, & 24 triples.

La valeur de la moitié de la ronde est une blanche, 2 noires, 4 croches, 8 doubles, & 16 triples.

La valeur du quart de la ronde est une noire, 2 croches, 4 doubles, & 8 triples croches.

Une ronde pointée, vaut une ronde & une blanche, 3 blanches,

6 noires, 12 croches, 24 doubles, & 48 triples croches.

Une blanche pointée, vaut une blanche & une noire, 3 noires, 6 croches, 12 doubles, & 24 triples croches.

Une noire pointée vaut une noire & une croche, 3 croches, 6 doubles & 12 triples.

Une croche pointée vaut une croche & une double croche, 3 doubles croches & 6 triples.

Une double croche pointée, vaut une double croche, & une triple croche, & 3 triples croches.

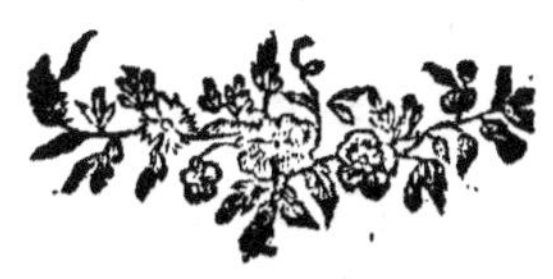

ARTICLE XXX.

IL y a encore des silences ou repos, qui évaluent toutes ces valeurs, & qui concourent par leur repré-sentation de notes à faire partie de la mesure, suivant les circonstances ; comme il y a aussi des mesures en-tieres qui se passent en silence, voyez-en les signes, exemple 8e. page ♣ 5.

Le bâton de 4 mesures, 2 mesures, une mesure s'emploie comme tel dans tout mouvement & toute Musique pour silence ou repos ; & ces bâtons sont multipliés suivant le nombre de mesures qu'il faut ; le silence de la demi-mesure est mar-qué à l'opposé de la mesure qui est de bas en haut à une des lignes.

La pause qui se marque comme

le figne d'une mefure à une des lignes de haut en bas , marque auffi le filence de la ronde , & la demi-paufe fe marque à l'oppofée , pour le filence de la blanche. Le foupir eft le filence de la noire , le demi-foupir eft celui de la croche , le quart de foupir eft celui de la double croche , & le demi-quart de foupir eft celui de la triple croche. Un point peut fe mettre après un foupir. Le filence de ce point eft une croche , & après le demi-foupir une double croche.

L'on devroit fuivre la réduction , établie par de célebres muficiens , des fignes en chiffres , qu'on place au commencement de chaque morceau de Mufique , pour en indiquer l'efpece de mefure qui en fait le caractere ; mais pour concevoir ce que c'eft que la mefure pratique dans la Mufique, Il faut démêler & con-noître parfaitement toutes les valeurs des notes & silences, que l'on vient de voir; afin que de quelque manicre que tout cela soit rangé, il se trouve la même quantité de parties égales que l'on appelle temps dans chaque mesure, suivant le signe indicatif.

Les signes qui indiquent la mesure ou le mouvement sont en chiffre, & se marquent au commencement de chaque piece de Musique.

D. Quels sont les trois principaux mouvemens ou mesures?

R. C'est la mesure à deux temps, à trois temps, & à quatre temps.

D. Comment se marque la mesure à 2 temps, à 3 temps & à 4 temps?

R. La mesure à deux temps se marque par un 2, celle à trois temps par un 3, & celle à quatre temps, qui devroit se marquer par un 4, se marque par un C. Voyez l'exemple 9ᵉ· page 5.

D. De quelle valeur est composée la mesure à 2 temps égaux?

R. La mesure à 2 temps égaux, est composée d'une ronde, 2 blanches, 4 noires, 8 croches inégales, & 16 doubles croches inégales.

Croches & doubles croches inégales signifient que deux de ces notes, comme de deux en deux tant qu'il s'en suivra, & qu'il s'en trouvera; la p^re. est un peu plus longue que la seconde, & cette seconde passe plus vîte que sa suivante croche, & de même dans les autres mouvemens où il sera question d'inégales.

Les barres perpendiculaires qui contiennent en travers les cinq lignes ou portées servent à borner à déterminer le commencement & la fin de chaque mesure.

D. De quelle valeur est composée la mesure à 3 temps égaux?

R. La mesure à 3 temps égaux est composée d'une blanche avec un point, d'une blanche & une noire, 3 noires,

6 croches inégales, & 12 doubles croches inégales.

D. De quelle valeur est composée la mesure à 4 temps égaux qui se marque par un C ?

R. La mesure à 4 temps égaux, est composée d'une ronde, 2 blanches, 4 noires, 8 croches égales, 16 doubles croches inégales, & 32 triples croches inégales.

Cette mesure à 4 temps, est le double de la mesure à 2 temps, c'est pourquoi les 8 croches s'y font également, & représentent chacune une noire, ce qui suppose huit noires de deux mesures à 2 temps.

Nous venons de voir dans la mesure à 2 temps, que chaque temps moitié de la mesure, est composé de la moitié de la ronde qui est une blanche, 2 noires, 4 croches inégales & 8 doubles croches inégales.

Dans la mesure à 3 temps , les 3 quarts de la ronde , chaque temps tiers de la mesure , est composé d'un tiers de la blanche pointée qui est une noire , 2 croches inégales , & 4 doubles croches inégales.

Dans la mesure à 4 temps , chaque temps quart de la ronde & de la mesure , est composé d'une noire , 2 croches égales , 4 doubles croches inégales , & 8 triples croches inégales.

L'on bat la mesure avec la main droite qui distingue les temps , le premier dans chaque mesure commence immédiatement après la barre qui borne chacune d'elle , & cela est nécessaire de la battre pour faire la remarque de chaque temps par les différentes valeurs qui peuvent les composer.

D. De quelle maniere se bat la mesure à 2 temps ?

R. Pour le p^r. temps , la main de haut en bas tombe , & pour le fecond elle fe releve , & ainfi alternativement.

D. Comment fe bat la mefure à 3 temps ?

R. Le premier la main en bas , le fecond la main fe porte à droite , & le 3e. la main en haut.

D. Comment fe bat la mefure à 4 temps.

R. Le premier la main en bas , le fecond la main fe porte à gauche , de là à droite pour le 3 temps , & en haut pour le 4e.

Quand on faura bien les notes dans les onze leçons fuivantes ; on pratiquera cette maniere de battre la mefure en ne nommant que les notes , c'eft-à-dire , que l'on ne fera que les parler , & l'on fera bien de changer le fon du parler à chaque fois que l'on recommencera chaque leçon ,

& que l'on en dira de nouvelles , en obfervant la valeur des notes , & foutenant celles qui doivent l'être, à moins que quelques-unes ne deviennent fatiguantes par leur longueur, & pour lors on paffera la fin en filence pour completer la valeur; exemple 10ᵉ. pages , 5 , 6 , 7 , 8 , 9 & 10.

Après la connoiffance des trois principales mefures , il eft indifpenfable de connoître celles qui en dérivent , & les compofées dont on fe fert à préfent.

De la mefure à 2 temps , il dérive le mouvement à 2 temps lent qui fe marque par un C barré , & quant au refte il eft femblable , exemple 11ᵉ. page 11 ; & le mouvement ou la mefure compofée à deux quatre, ou quatre huit , & la mefure compofée à fix huit.

Le figne de toute mefure compofé

fe marque avec deux chiffres l'un
fur l'autre ; la note ronde eft le tout
dont on prend des parties de valeurs,
& le chiffre de deffous eft le nombre
qui défigne la partie qu'il faut
prendre de la ronde comme la
2e. partie, la 4e. la 8e. &c. le chiffre
ou le nombre au-deffus défigne la
quantité de fes parties pour compofer la mefure, ce qui fait voir que
deux quatre, deux étant le nombre
de deffus, ou quatre huit, quatre
étant le nombre de deffus, deux
quatre dis-je font deux quatrieme de
ronde étant deux noires, quatre huit,
quatre huitieme de ronde, étant
quatre croches faifant la même
chofe, puifque deux noires valent
une blanche, quatre croches valent
deux noires, & c'eft ce qui conftitue
cette mefure ; l'on évaluera par proportion toutes les autres valeurs qui
la compofe, elle fe bat à 2 temps
égaux,

égaux; les 4 croches font égales, parce qu'elles repréfentent les 4 noires de la mefure à 2 temps, pour les doubles & triples croches font inégales femblablement aux croches & doubles croches de la mefure à 2 temps. Ce plan eft le même pour toutes les mefures compofées que l'on va voir.

La mefure compofée à fix huit, eft fix huitieme de ronde ou fix croches égales. Une blanche pointée, deux noires pointées; une noire une croche & une noire une croche, & les doubles croches inégales; elle fe bat à deux temps égaux. *Voyez* l'exemple page 11.

Il dérive de la mefure à 3 temps les mouvemens compofés de trois deux, trois quatre, & trois huit, & fe battent à trois temps égaux; le premier de ces mouvemens eft

N

très-lent, & en proportion les autres gai.

Trois deux, trois deuxieme de ronde ou trois blanches; une ronde avec une blanche ou avec un point, les six noires inégales, de même que les croches & doubles croches.

Trois quatre, trois quatrieme de ronde ou trois noires égales; une blanche & une noire ou une blanche pointée. Les croches & les doubles croches inégales.

Trois huit, trois huitieme de ronde ou trois croches égales; une noire & une croche ou une noire avec un point; inégales les doubles & triples croches. Exemple page 12e.

Il dérive de la mesure à 4 temps, celle à 4 temps légers & la mesure composée à douze huit.

Le mouvement à 4 temps légers

fe marque par un *C* barré, il eſt ſemblable en tout à la meſure à 4 temps, excepté qu'il eſt plus gai, & qu'il ſe bat à deux temps.

Cette meſure ſe traite de deux manieres, comme 2 temps lent, les ſimple croches s'y font inégales ainſi qu'on la vu, & égales ici en 4 temps légers.

La meſure compoſée à douze huit, eſt douze huitieme de ronde ou douze croches égales. Une ronde pointée, deux blanches avec chacune un point, 4 noires pointées, 4 noires après chacune une croche. Les doubles croches inégales, elle ſe bat à 4 temps égaux.

L'on remarquera, avec attention, tous ces mouvemens, & toutes les eſpeces de valeurs qui entrent dans la meſure pratique de chacun, & dans chaque temps ſur les exemples, page 11 & 12.

ARTICLE XXXI.

REVENONS aux cinq tons & les deux demi-tons que renferme l'octave ; comme toute octave , chacun de ces cinq tons se divisent en deux demi-tons , qui font dix demi-tons , avec les deux qui y font naturellement , font voir que l'octave est composée de douze demi-tons , (l'on distingue en particulier les tons & tous ces demi-tons en majeur , en mineur , cela est assez inutile présentement à notre objet & à savoir). Mais nous voyons encore que chaque note devroit représenter l'altération d'un demi-ton , & qu'il n'y a que huit notes pour ces douze demi-tons ; il faut donc des signes à chaque notes , qui indiquent ce transport de demi-ton ; puisque ces notes ne changent en rien par leur posi-

tion ni par leur nom. Effectivement,
il y a deux signes reconnus propre
à cet effet , qui se posent à côté
gauche de toute note ; l'un s'appelle
dieze & l'autre *bémol* , qui étant l'un
ou l'autre avant chaque note , elles
sont alors sensées transposées d'un
demi-ton , que l'on fait effectivement ; ainsi nous dirons , le *dieze*
fait hausser la note d'un demi-ton ,
& le *bémol* la fait baisser d'un demi-
ton. Il y a un troisieme signe qui ne
paroît point nécessaire , qui est encore en usage , & s'appelle *béquare* ;
il sert à remettre , dans le ton naturel, la note suivante sur le même
degré de celle qui a été altérée par
un *dieze* ou un *bémol* ; & ces deux
derniers signes réciproquement font
la même fonction , exemple 12e.
page 13.

Y ayant sept notes dans la Musique,
il y a aussi sept positions de *diezes*,

& fept de *bémols*, qui fe placent immédiatement après la clef dans un ordre dont on ne peut s'écarter; & toutes les notes qui font du même nom de leurs pofitions, font continuellement ou *diezes* ou *bémols*, pendant tout le courant dans chaque morceau de Mufique, ou jufqu'à un nouveau changement.

Voici l'ordre à observer pour la pofition des *diezes* ou *bémols*, placés immédiatement après la clef.

Lorfqu'il n'y a qu'un *dieze*, il fe pofe fur la place du *fa*, 2 *diezes* fur *fa* & *ut*, 3 fur *fa*, *ut*, *fol*; 4 fur *fa*, *ut*, *fol*, *re*; 5 fur *fa*, *ut*, *fol*, *ré*, *la*; 6 fur *fa*, *ut*, *fol*, *re*, *la*, *mi*; 7 fur *fa*, *ut*, *fol*, *re*, *la*, *mi*, *fi*.

Lorfqu'il n'y a qu'un *bémol*, il fe pofe fur la place du *fi*; 2 *bémols* fur *fi*, & *mi*; 3 fur *fi*, *mi*, *la*; 4 fur *fi*, *mi*, *la*, *re*; 5 fur *fi*, *mi*, *la*, *re*, *fol*;

6 sur *si*, *mi*, *la*, *re*, *sol*, *ut*;
& 7 sur *si*, *mi*, *la*, *re*, *sol*,
ut, *fa*; exemple 13e. page 13.

D. Sur quelles note se posent les *diezes*
à la clefs ?

R. Les *diezes* se posent à la clef sur
fa, *ut*, *sol*, *re*, *la*, *mi*, *si*.

D. Sur quelles notes se posent les *bémols*
à la clefs ?

R. Les *bémols* se posent à la clef sur
si, *mi*, *la*, *re*, *sol*, *ut*, *fa*.

D. Quelle est la fonction du *dieze*?

R. De faire hausser le son ou la note
d'un demi-tons.

D. Quelle est la fonction du *bémol*?

R. De faire baisser le son ou la note
d'un demi-ton.

D. Quelle est la fonction du *béquare*?

R. De remettre, dans le ton naturel,
chaque note suivante sur le même
degré de celle altérée ou par le
dieze ou par le *bémol*.

N 4

ARTICLE XXXII.

Du ton principal.

PREMIÉREMENT, on reconnoît dans toute pieces de Muſique un ton principal ; & toute piece de Muſique eſt établie ſur un ton nommé ainſi , étant une note ou le ſon qu'elle doit produire eſt tel , & toutes notes naturelles , *diezes , bémols* , conſtituent un ton principal , ainſi qu'on le verra.

L'on nomme cette note finale & tonique , comme toutes ſes octaves, parce que chaque morceau de Muſique , pour l'ordinaire , finit par ce ton ou cette note , ou par un autre ſon , ou ton ou note qui en eſt produite.

Secondement , le ton principal comprend des dépendances , par exemple , toutes les notes de la gamme suivant l'étendue de la voix , où ces notes différemment rangées feront autant de partie de ce ton ; & il y a des tons analogues dont chacun a de même ses parties dépendantes , néanmoins , l'on dit d'une piece de Musique , elle est en *fa* , en *la* , en *mi* , en *ut* , en *sol* , &c. note ou ton qui détermine :

Si une longue piece de Musique n'étoit que dans un ton , que l'on peut étendre beaucoup , elle ne feroit pas moins fort ennuyeuse.

Les tons analogues au ton principal , peuvent s'étendre autant que lui ; pour l'ordinaire , le ton principal est répété & ramené plusieurs fois dans une piece de Musique , ce qui contribue à enchaîner avec plns d'agrément les autres tons.

Le terme ton a différentes applications qu'il ne faut pas confondre ; par exemple , on dit d'un seul son, le ton est trop haut , trop bas ; si l'on accorde des instrumens , prendre le ton , donner le ton. Chaque note en particulier suivant son nom , s'appelle ton , & du ton principal du morceau de Musique ; il est dans le ton de *re* , de *la* , d'*ut* , de *mi* , &c. pour exprimer l'ntervalle d'une note à l'autre , d'un ton à l'autre , comme d'*ut* à *mi* , il y a deux tons ; de *fa* à *ut* , il y a trois tons & demi ; en descendant de *mi* à *si* , il y a deux tons & demi , &c.

Ce qui distingue encore la note ou ton principal , c'est sa *tierce* au-dessus ou 3e. note , y ayant deux tons d'intervalles à sa *tierce* au-dessus , on le traite de ton ou de mode majeur ; si de cette tierce à sa note intermédiaire ou au-dessous , il n'y a qu'un demi – ton , qui est toujours majeur , alors cette altération fait que l'on traite la note principale de ton ou de mode mineur, & il n'y a dans la Musique que ces deux modes.

D. Comment connoît-t-on le ton ou le mode majeur ?

R. On connoît le ton ou le mode majeur, lorsque de la note tonique à sa tierce au-dessus, il y a deux tons pleins.

D. Comment connoît-t-on le ton ou le mode mineur ?

R. On connoît le ton ou le mode mineur lorsque de la note tonique à sa tierce au-dessus, il n'y a qu'un ton & demi.

L'on fera cette remarque sur la note finale de chaque leçon notée dans ce livre, regardant auparavant s'il y a à la clef des *diezes*, des *bémols*, pour les faire dans leur lieu convenable, & l'on supposera la tierce au-dessus de chaque note finale , ce qui fera voir si le ton est majeur ou mineur.

L'on ne doit pas ignorer qu'il n'y ait une gamme mineure en montant & en descendant , & que l'octave ne soit aussi composée de cinq tons & de deux demi-tons ; elle differe de l'octave majeure en montant , en ce que le premier demi-ton , se trouve toujours de la seconde note à la troisieme , qui fait la tierce mineure de sa note principale ou tonique ; qui constitue , par conséquent , le mode mineur comme nous avons dit ci-dessus , & le second demi-ton y est placé comme dans l'octave majeure de la 7e. à la 8e. note aussi tonique. Dans cette octave mineur en descendant le premier demi-ton , est de la sixieme à la cinquieme note , & le second demi-ton de la troisieme à la seconde note. Voyez la gamme mineure qui a deux octaves de suite , à l'exemple 14.e page 13.

L'on observera encore dans l'octave mineur en montant , qu'il y
a toujours deux *diezes* accidentels,
un à côté gauche de la sixieme note,
& l'autre à la septieme ; on nomme
cette derniere la note sensible , n'y
ayant qu'un demi-ton majeur à l'octave , & ce n'est que dans l'octave
en descendant que les notes se font
conformément aux *diezes* , ou *bémols*
marqués à la clef , ou s'il n'y en a
point on n'en fait aucun. Dans l'octave majeure la 7.e note en montant à la note tonique , se nomme
de même la note sensible , l'explica-
tion en est ci-après.

Dans l'octave, en mode mineur ,
les cinq tons se divisent aussi en dix
demi-tons , & avec les deux qui y
sont naturellement font aussi douze
demi-tons.

A l'égard des nombres qui défignent les intervalles, plus ou moins grands d'une note à l'autre, que l'on a vu & pratiqué, noté à l'exemple 6, page 3 ; il n'étoit pas encore temps de prendre connoiffance que les fons qui forment chaque intervalle, font ou confonnans ou diffonans, c'eft-à-dire, agréables ou difcordans. En mineur les intervalles font de même, cependant les fons difcordans y font plus fréquens, par les *diezes* ou *bémols* ou *béquare*, & voici les termes caractériftiques qui diftinguent certains intervalles.

Seconde fuperflue, tierce majeure, tierce mineure, triton, fauffe-quinte, quinte fuperflue, petite fixte, grande fixte, fixte mineure, fixte fuperfluc, feptieme diminué, feptieme mineure, feptieme fuperflue, neuvieme mineure, &c. pour l'octave, elle ne varie jamais, & toute les notes excédantes l'octave font fenfées en faire partie ; l'intervalle de 10e· majeure eft regardée comme celui de tierce majeure, celui de 9e· comme celui dé feconde ; celui de 12e· fuperflue comme quinte fuperflue, &c. & ainfi des intervalles plus grands. Pour le préfent, il n'eft pas befoin d'en favoir davantage, attendu que l'on ne peut guere entrer dans un plus grand détail fans être plus muficien, ceci eft feulement afin que fes termes n'effarouche point fi on les entend dire.

L'on ignore pas qu'il y a 7 pofitions de *diezes*, & 7 de *bémols* qui fe marquent à la clef, & que ces fignes fe marquent auffi accidentellement, à côté de chaque note, par leur moyens, les 7 notes de la Mufique forment & repréfentent douze demi-tons, & fur chacune de ces notes ou demi-tons, il s'établit un mode ou un ton majeur, ou un mode ou un ton mineur, qui font 24 tons, qui peuvent être tour-à-tour principal, & ils fe trouvent fubordonnés dans leur ordre convenable, ainfi il y a 12 tons en mode majeur, & 12 en mode mineur, exemple 15$^{e.}$, page 14.

La diftance ou l'intervalle qui fe trouve entre chaque fon de l'un à l'autre, ou de chaque note de l'une à l'autre, comme dans l'étendue d'une octave diatonique, pofons en *ut*, ton majeur naturel, chaque intervalle de chaque fon ou de chaque note à l'autre, font femblables dans les onze autres tons majeurs dans leur octave diatonique.

Dans une octave diatonique mineur, l'un de ces deux demi-tons n'eft pas placés en defcendant comme en montant, & l'intervalle qui fe trouve de chaque fon ou de chaque

chaque note à l'autre, comme dans l'étendue d'une octave diatonique, en montant & defcendant en *ut* ton mineur; chaque intervalle de chaque fon, ou de chaque note à l'autre, eft femblable dans les onze autres tons mineurs, dans leur octave diatonique; ce qui fait dire qu'il n'y a que deux modes ou deux tons dans la Mufique, l'un majeur & l'autre mineur. Nous nous expliquerons cependant dans la fuite en diftinguant chaque mode, fuivant ce qu'il fera, & nous dirons: c'eft dans le ton ou mode de *fa* majeur, de *fi* mineur, de *re* majeur, d'*ut* mineur, &c.

On a vu que toute piece de Mufique, eft dans un ton ou mode principal qui a un mêlange d'autres modes qui lui font fubordonnés; c'eft pourquoi l'on dit : cette Mufique eft bien modulée, n'eft pas modulée;

O

& d'un seul de ces modes, cette modulation est trop longue, elle est trop courte. Chacun de ces modes a son nombre fixe de *dieʒes* ou de *bémols*, ou n'en a point ; y en ayant plus ou moins qu'au mode principal, il faut nécessairement que chacun de ces subordonnés soit caractérisés par les notes *dieʒes* ou *bémols* qui le composent. Ces *dieʒes* ou *bémols* sont accidentellement placés aux notes dans le cours de chaque morceau de Musique ; il peut cependant se rencontrer quelque *bémol*, *dieʒe*, *béquare* accidentels à côté des notes qui ne servent que pour l'agrément du chant ; quoi qu'il en soit, chacun de ces signes placés à gauche d'une note ne sert pour l'ordinaire que pour cette note, à moins qu'une autre note ou plusieurs sur le même degré, ne la suivent immédiate-

ment fans aucun figne d'interruption , & l'effet de ces fignes ne
rétrograde jamais.

Dans une mefure , s'il y a un de
ces fignes à côté d'une note, après
il n'y aura de femblables notes que
celles qui feront fur ce même degré ,
quoiqu'entremêlées d'autres notes
fur différens degrés, mais dans cette
même mefure feulement.

Article XXXIII.

De toute efpece de fons , il en
réfulte d'autres fons qui en naiffent
directement, qui font la tierce majeure ou mineure; pour cette derniere, elle eft moins directe , la
quinte & l'octave , & ainfi de tous
les tons , demi-tons , il en réfulte
la même chofe.

La note qui, en montant, précede

immédiatement toute note tonique, s'appelle fenfible. De cette note fenfible à la tonique, il n'y a jamais qu'un demi-ton majeur. Elle fait, par conféquent, défirer la note tonique. Ainfi dans l'ordre diatonique, *ut*, *re*, *mi*, *fa*, *fol*, *la*, *fi*, *ut*, la note tonique étant *ut*, la note fenfible fera *fi*; étant un autre tonique, par exemple, *re*, la fenfible fera *ut dieze*. Si c'eft un autre comme *fi bémol*, la note fenfible fera *la*. Cela a lieu à chaque note tonique, foit majeure foit mineure.

D. Quelle eft l'ufage & l'effet de la note fenfible?

R. C'eft de faire connoître & fentir fa note tonique au-deffus d'elle.

Il y a des fignes que l'on appelle reprife, renvoi, couronne ou liaifon, exemple 16, page 14.

D. Qu'eft-ce que l'on appelle reprife?

R. La reprife eft un figne qui indique qu'il faut dire ou répéter deux fois ce qui eft devant elle, & de même ce qui eft après elle.

D. Qu'eft-ce qu'un renvoi ?

R. Un renvoi eft un figne qui indique qu'il faut retourner ou aller à un endroit, où un femblable figne eft marqué.

D. Que fe trouve-t-il encore dans les morceaux de Mufique où ce figne de renvoi eft employé ?

R. Il s'y trouve communément écrit le mot fin, ou autre figne qui le fignifie.

D. Expliquez-vous plus clairement ?

R. C'eft-à-dire, qu'ayant retourné à ce figne de renvoi, l'on dit ou l'on exécute jufqu'où eft écrit le mot fin.

D. Qu'eft-ce que la couronne ou liaifon ?

R. La couronne eft un figne qui lie deux notes, comme nombre de notes enfemble.

O 3

D. Que veut dire deux ou plusieurs notes liées ?

R. C'est-à-dire, que s'il y a deux ou plusieurs notes liées par une couronne, de toutes les notes qu'embrasse la couronne, la langue n'en articule qu'une, en faisant les autres du gosier seul.

DES SYNCOPES.

LA syncope est une note pour l'ordinaire qui participe sur deux mesures, deux temps, deux parties de temps, & notes de moindre valeur. Etant souvent sous-divisée en deux notes, elle n'en doit cependant faire qu'une; c'est la couronne qui les lie, & qui indique qu'il faut ne prononcer qu'une seule note. Exemple 17e. page 14.

Pour se renfermer dans cette nouvelle méthode, on lira seulement dans l'article suivant l'obfervation fur les différentes positions de clefs, page 225, & l'on paffera les exemples notés, page 15, 16, 17, 18, 19 & 20, pour continuer ce qui fuit.

ARTICLE XXXIV.

Des pofitions des trois clefs de la Mufique.

LES perfonnes encore partifantes des huit pofitions de clefs, qui fe réduifent à fept, parce qu'il n'y a que fept notes dans la Mufique, pourront les voir ; on les rapporte toutes fur une portée avec le nombre de *diezes* ou *bémols* ou point, à la clef convenable pour caractérifer chaque ton, & & pour dire fur une feule gamme les notes de chaque gamme fur toutes ces pofitions.

A chaque pofition de clef, il y a deux notes audeffus de celles d'en bas qui font. auffi toniques, les trois faifant deux octaves, & à chaque pofition de clef, le nom des toniques eft écrit deffous, & fous chacune il y a le numéro qui renvoie à son semblable numéro, lequel se voit à côté du nom des notes sous la gamme notée, que l'on dira conformément à chaque position de clef, par le nom qu'indique le numéro; & sur chacune de ces positions de clefs, au nombre de sept, est un ton majeur qui est *la*, *fa*, *re*, *si*, *sol*, *mi*, *ut*, & la gamme entiere notée se dit sept fois différemment; il en est de même pour les sept positions de clefs avec les sept tons mineurs, *fa*, *re*, *si*, *sol*, *mi*, *ut*, *la*. Exemples 18e. & 19e. page 15 & 16.

Dans tous ces changemens, l'on remarquera bien les deux demi-tons marqués avec un signe à la gamme, & l'on fera la différence de l'une & de l'autre gamme majeure & mineure, ces choses étant des plus essentielles.

Ayant assez de connoissances des notes de la gamme sur chaque position de clef, l'on apprendra les notes qui suivent par les petites parties féparées par deux barres, & après, pour les affembler & les dire toutes de fuite, jufqu'à ce que l'on y manque en rien.

L'on apprendra les notes par inter-valle que l'on diftingue par feconde, 3ce. 4te. 5te. &c. elles font marquées de leur nombre qui fubfifte de l'un jufqu'à l'autre nombre. *Voyez* les exemples 20e. &c. pages 17 & 18.

Ces 7 pofitions de clefs font encore rapportées, afin que l'on voie les *diezes* & *bémols* qui n'ont pas été employés précédemment à la clef, & qui confti-tuent encore cinq tons ou modes majeurs & cinq mineurs, pour compléter les douze dans chaque efpece.

Pour les commençants qui préféreront cette ancienne pratique.

Ils s'inftruiront par ces élémens écrits & par les premieres leçons de Mufique ; ces élémens écrits commencent à l'article

XXVIII , page 166 , & continueront jufqu'à ce qu'il fe rencontre ce figne X page 179 , pour venir ici , & l'on ira aux exemples notés 18e. & 19e. page 15 & 16 pour apprendre parfaitement les gammes & les notes ; & l'on ne fera nulle attention aux *diezes* ou *bémols* , dont la connoiffance s'en fera ailleurs , & on apprendra de même les 29 petites parties fuivantes , ainfi que les notes par intervalle , ce qui conduit jufqu'en bas de la page 18.

On retournera ci-devant , page 179 , à ce femblable figne X pour continuer les élémens écrits jufqu'au dernier alinéa de la page 190 , & de cet alinéa on en paffera l'article , étant remplacé ici.

L'on ira aux exemples notés 1oe. page 5 , 6 , 7 , 8 , 9 & 10 , qui font des leçons de Mufique qu'on ne chantera point ; mais on parlera les notes , & l'on changera le fon ou le ton de parler à chaque leçon, comme à chaque fois que l'on répétera la même. On dira chacune de ces leçons, fur toutes les pofitions de clef, en obfervant exactement les valeurs des notes en battant la mefure. Ces leçons font fur la clef de *fol* à la feconde ligne, & l'on en dira la premiere telle qu'elle eft, après quoi l'on penfera qu'il n'y a plus de clef de *fol* fur la feconde ligne, pour la redire fur les fix autres pofitions de clef l'une après l'autre, & l'on pratiquera ainfi les autres leçons. L'on retournera aux élémens écrits, page 191 à l'endroit qui commence comme ceci : *Après la connoiffance des trois principales mefures, &c.* & l'on continuera jufqu'à l'article XXXIV, allant aux exemples notés pour les pratiquer, & l'on reviendra ici.

Si l'on veut chanter les notes, fuivant l'ufage ordinaire, après la connoiffance

des notes & affez d'habitude des intona-
tions fur les exemples notés , 18e· 19e·
& 20e· page 15 , 16 , 17 & 18 , au lieu
de ne pas chanter les leçons indiquées
comme ci-deffus , on les chantera , & l'on
fe conformera au refte dans tout ce qui
y eft dit ; mais chaque leçon fur ces fept
pofitions de clef fe chantera fur le même
ton , c'eft-à-dire , que le chant fera continuellement le même , quoique les notes
dans chaque leçon changent fept fois de
nom , comme de tranfpofition de clef.

Ayant connoiffance des *diezes* , *bémols* ,
& autres connoiffances d'ailleurs ; on
remarquera en premier lieu la note finale
de chaque leçon , telle qu'elle eft notée ,
pour s'affurer par fa tierce au-deffus ,
fi le ton eft majeur ou mineur , afin que
les fix autres tons à dire fur chaque leçon
foient conformes.

On viendra aux exemples notés 21 &
22e· page 19 & 20 , on ne chantera pas ,
ou l'on chantera ces deux leçons , allant

chacune de fuite, & fur les fept pofitions étant marquées au-deffus.

L'on continuera ces éléments écrits,
l'on paffera l'exemple noté 23e. & de
l'exemple 24e. on ne chantera pas, ou
l'on chantera toutes les leçons jufqu'à la
page 35, fur les fept pofitions de clefs,
en battant la mefure.

Dans le feul cas de chanter, l'on fera
marquer avec la plume dans chaque leçon
notée, où on le jugera néceffaire, une
petite croix figne d'un tremblement ou
cadence, fur telle ou telle note ; & une
petite note en port de voix ou coulée à
gauche de quelques notes ordinaires.

Avant que de dire ou chanter chaque
leçon, on jetera les yeux fur la note
finale ou tonique, pour y fuppofer la
tierce au-deffus qui détermine le mode
ou ton majeur ou mineur ; en premier,
l'on en copiera l'octave diatonique en
montant & en defcendant ; & à mefure
que l'on changera de tranfpofition ; aupa-

ravant l'on en copiera aussi l'octave diatonique , en montant & en descendant ; & dans chacune l'on y fera la marque des deux demi-tons avec le signe que l'on a employé à cet effet. Si la note tonique ou finale se trouvoit trop basse ou trop haute pour dire la gamme d'une octave dans quelques tons , ce seroit la note à l'octave au-dessus ou au dessous , par laquelle on commenceroit cette gamme ; afin qu'il n'excedât pas plus d'une petite ligne au-dessous ou au-dessus des cinq grandes lignes ou de la portée.

Voici un moyen pour transporter six fois la même leçon , comme toutes leçons; il n'y a qu'à suivre l'ordre diatonique dans les tons que l'on transpose , ou en montant ou en descendant , bien entendu chaque ton avec ses attributs de *diezes* , *bémols* ou point ; c'est-à-dire , une leçon est en *ut* majeur , ensuite on la transposera en *re* , en *mi* , *fa* , *sol* , *la* , *si* , & en rétrogradant cet ordre si la note *ut* eſt haute, en *la* mineur de même maniere, &c. & ſemblablement toutes les leçons notés ſans omettre de noter la gamme en montant & deſcendant avant chaque leçon & tranſpoſition, en obſervant que chaque gamme n'aura qu'une octave; & ſuivant la circonſtance on s'arrangera afin qu'il n'excede pas plus d'une petite ligne au-deſſus ou au deſſous des cinq grandes lignes, & ſurtout de bien faire la diſtinction des gammes mineures aux majeures, que l'on pourra chanter avec l'accord-parfait auparavant dans le ton de chaque leçon & tranſpoſitions, ·&c.

Si l'on veut, on ne commencera à pratiquer les ſept poſitions de clef que lorſque l'on ſaura tous les principes qui les précedent, tels qu'ils ſont écrits & notés, & ce ſera la même maniere que ci–deſſus pour étudier les exemples notés, 18e. 19e. & 20e. page 15, 16, 17 & 18. Dans cette circonſtance, l'on étudiera féparement chacune des parties qui compofent les deux morceaux de Mufique au-deffous des pofitions de clefs, exemples 21 & 22, page 19 & 20. Sachant ainfi ces deux morceaux on les dira de fuite. Comme toute leçon notée finit par fa note principale tonique, elle fera auffi l'objet du changement dans les tranfpofitions, & au refte, l'on fe conformera à tous les autres principes dans le courant de ce livre.

Quoique ces différentes pofitions de clefs paroiffent inutiles, j'ai cru qu'il étoit bon de rapporter le moyen de les mettre en pratique; d'ailleurs, on voit que fur une gamme, fur un morceau de Mufique, comme fur-tout, on peut y employer encore fix pofitions de clefs, & chanter dans fept tons différens la même chofe, fans ni plus ni moins d'élévation ou d'abaiffement de voix dans le morceau de Mufique.

OBSERVATIONS

OBSERVATIONS

Sur les différentes positions des clefs.

C'est avec raison que le grand nombre d'amateurs de Musique trouve ridicule les huit positions de clefs, en ce qu'il faut perdre considérablement de temps pour acquérir l'usage de connoître, retenir, & bien savoir les notes sur ces positions, qui ne présentent qu'une idée scientifique; & au lieu d'être avantageuses, elles deviennent très-nuisibles aux progrès que l'on pourroit faire dans la Musique, puisque l'on ne peut parvenir a la bien lire, qu'en l'apprenant, pour ainsi dire, la moitié de sa vie, & encore est-on incertain de la réussite, comme on en a beaucoup de preuves.

La maniere avec laquelle Mr. l'Abbé la Cassagne a réduit ces positions devroit être en regne depuis long-temps; les raisons

fatisfaifantes à tous égards que donne
ce grand maître, l'avantage & l'utilité
qui fe trouvent à n'apprendre, & à ne voir
toute Mufique, que fur deux pofitions
de clefs : celle de *fol* fur la feconde ligne,
& celle de *fa* fur la quatrieme ligne, eft
inconteftable ; & ce qui le prouve, c'eft
que le temps que l'on peut employer pour
apprendre fur toutes les pofitions, eft
plus que fuffifant pour devenir parfait
muficien, fur ces deux.

Que l'on s'y prenne comme l'on voudra,
les notes les plus baffes ne s'écrivent que
fur la clef de *fa* à la 4e. ligne, & il
faut ajouter quatre ou cinq lignes au-
deffous des cinq grandes lignes ordinaires.
En commençant par la note *fa*, il y
aura fur cette pofition de clef, en ajoutant
deux lignes au-deffus des cinq grandes,
3 octaves. Ceci eft ce qui regarde les
baffes en inftrumens & en voix. A l'égard
de la clef de *fol* fur la feconde ligne,
avec deux au-deffous des cinq grandes

lignes, & ajoutant cinq lignes au-deſſus de ces cinq grandes, les paſſages de Muſique qui iroient à cette hauteur & au-deſſus, peuvent ſe tranſcrire à une octave plus baſſe, en écrivant au commencement de chaque paſſage, 8ve. & deſſous chacun une ligne en *zigzag*, comme il arrive fréquemment dans la Muſique pour le violon. Il eſt donc évident que ſur la clef de *ſol* à la ſeconde ligne, il y aura 3 octaves & demi, & ſi l'on veut davantage. Il n'y a qu'à voir l'exemple, *page* 36, de ces deux poſitions de clef avec leurs notes convenables qui ſe ſuivent, & celui de ſupprimer les lignes excédentes les cinq grandes lignes à la clef de ſol.

Si l'on vouloit poſer la clef de *fa* ſur la cinquieme ligne, il ſe trouveroit une petite ligne ajoutée de moins en bas, & toutes les notes de baſſes, ſeroient comme ſur la clef de *ſol* ſur la ſeconde ligne.

Actuellement, quelle peut être l'utilité

des autres pofitions de clef, puifque fur
la clef de *fol* fur la feconde ligne les
voix mitoyennes, les plus hautes, les
inftrumens les plus hauts, les voix de
toutes efpeces au-deffus des baffes
auront pour parcourir 3 octaves &
demi, & même 4 octaves en ajoutant
trois notes au-deffus de celles fur l'exemple;
3 octaves fur la clef de *fa*, & 4 octaves
fur la clef de *fol* font bien fept octaves
fuivie. D'ailleurs, tous ceux qui chantent
n'ont uniquement befoin que de favoir
fi ce qu'ils ont à chanter, eft en majeur
ou en mineur, & il n'eft néceffaire pour
diftinguer la Mufique convenable à chaque
genre de voix, que d'écrire au commencement de chaque partie de chant, les
termes diftinctifs, baffe-contre, baffe-
taille, concordant, taille, haute-taille,
haute-contre, deffus, bas-deffus, &c.

Apprenant la Mufique fuivant cette
nouvelle méthode, les voix mitoyennes
auront toute l'étendue néceffaire pour

chanter ce qui eſt entre les baſſes-tailles &
hautes-contre, & une perſonne ne peut guere
s'expoſer à chanter avec des accompagnemens, ce qui n'eſt pas fait pour ſa voix.
Ainſi, l'on aura plus à hauſſer ou à baiſſer
les accompagnemens d'un ton, d'un ton
& demi, deux tons, (qui pour la plus
part ne ſe trouvent plus jouables,) pour
conformer la Muſique à ces voix inégales
& trop peu étendues ; défaut occaſioné
parce qu'on a cultivé cet art trop tard,
ou par la conduite ignorante de ceux
qui l'ont enſeigné, ſi on l'a cultivé de
bonne heure.

L'on doit aſſez ſentir l'inutilité des
autres poſitions de clef, & la meilleure
choſe que pourroient faire M^{rs.} les compo-
ſiteurs, ſeroit de ſuivre les riches idées
de Mr. l'Abbé la Caſſagne, leurs ouvrages entiers auroient autant de cours
que quelque peu d'extraits dont on ſe
contente, que l'on fait tranſcrire ſur la
clef de *ſol* à la ſeconde ligne ; parce que

depuis long-temps, la plupart de ceux qui apprennent la Mufique, ne conoiffent plus que cette clef de *fol* & cette pofition; & une partition hériffée de toutes les clefs & de leurs pofitions différentes, leur fait tellement peur, qu'ils ne veulent pas feulement jeter les yeux deffus.

Ceux qui ne pratiqueront que la clef de *fol*, fur la feconde ligne, iront ci-après où eft écrit : *des notes de 3 pour 2, & 6 pour 4, page 234.*

ARTICLE XXXV.

De la clef de fa, pofée fur la 4ᵉ· ligne pour les voix baffes.

IL n'en eft pas de la clef de *fa*, fur la 4ᵉ· ligne, comme des autres pofitions de *clefs*; elle devient néceffaire à tous ceux qui ont des voix baffes, & à des jeunes gens qui ont des difpofitions à l'avoir; les leçons dans ce livre feront auffi à cet ufage; mais la clef de *fol* fur la feconde ligne eft fi en regne , qu'on ne peut être difpenfé d'en avoir connoiffance ; à cet effet , l'on apprendra tous les principes élémentaires écrits & notés , tels qu'ils font jufqu'à l'article précédent XXXIV , que l'on paffera jufqu'où eft écrit : *obfervations fur les différentes pofitions des clefs* , *&c.* que l'on lira ; ce qui conduit jufqui'ici où il fera temps d'apprendre les notes fur la clef de *fa* à *la* 4e. ligne. C'eft pourquoi , l'on ira à l'exemple , en Mufique ou noté 18e. page 15 , où l'on y vera la clef de *fa* au nq. 6e. qui renvoi audeffousàla gamme notée à un femblable n°. 6e. à côté du nom des notes qui s'attribuent à cette gamme ; & de même l'exemple fuivant , page 16 , étantfu, l'on pratiquera les notes des deux pages enfuite 17 & 18 , & après les deux fuivantes, page 19 & 20, où l'on dira les leçonsparpartiesmarquéespardeuxbarres,

P 4

pour raſſembler après le tout , & tou-jours ſur cette clef de *fa*.

Pour apprendre & parcourir les notes conformément a l'étendue des voix baſſes ; il eſt à propos de tranſcrire par tranſ-poſition toutes les autres leçons de ce livre à une quarte en deſſous ; & pour trouver ce moyen plus promptement , il eſt marqué à l'exemple noté 23e· page 21 , où eſt écrit : *pour apprendre la Muſi que ſur la clef de* fa , *conformément à cette nouvelle méthode* , &c. Il eſt marqué dis-je , l'accord-parfait pour la plupart de différens tons majeurs & mineurs des leçons , & l'on verra au-deſſous de cha-cun de ces accords — parfaits , l'accord-parfait tranſpoſé ſur la clef de *fa* , pour y conformer la tranſpoſition des leçons ; ainſi , chaque leçon ou morceau de Muſique dans ce livre ſera en *ut* , en *re* , en *mi* , en *fa* , en *ſol* , en *la* , en *ſi* , majeur où mineur , que l'on tranſpoſera ſur la clef de *fa* , en *ſol* , en *la* , en *ſi* , en *ut*, en *re*, en *mi*, en *fa*, majeur ou mineur, & lorfqu'il fe trouvera plus de *diezes* ou *bémols* à la clef dans les leçons que dans les accords-parfait fur la premiere portée. Dans la tranfpofition l'on ajoutera un *dieze* de plus, & un *bémol* de moins à la clef de *fa*, & fans oublier auparavant de faire copier la gamme en une octave, en montant & defcendant; comme de marquer les deux demi-tons de leur figne, & cela dans chaque ton que fe tranfcrira la tranfpofition de chaque leçon, jufqu'à la page 35.

L'on obfervera que les notes de chaque leçon fe tranfcriront ou fe noteront à une ligne & une interligne, au-deffous des notes gravées; le temps de chanter étant venu, l'on fera la même opération aux leçons de chant, qui commencent à la gamme, page 54; & au refte, l'on fe conformera dans tout ce que renferment ces élémens; le feul changement n'étant que dans les notes, &

fans oublier , comme il eft dit, de fe fervir d'un violon ; mais un *alto* feroit mieux.

Ceux qui n'auront pas la voix de baffe , & qui voudront chanter fur cette clef de *fa* , chanteront les leçons ou fur le même ton qu'elles font dans ce livre , ou conformément à leurs voix , quoique les tranfpofant fur la clef de *fa*, à *la* 4e. ligne.

Des notes de 3 pour 2 , & 6 pour 4.

Il y a des notes que l'on apprendra qui ont une valeur que l'on pourroit dire être repréfentative , que l'on appellent trois pour deux , & fix pour quatre , qui fe font toujours égales ; il faut le même temps pour faire les trois que les deux , & les fix que les quatre , ou autrement les trois & les fix ont un tiers de vîteffe de plus, & fe marquent ou deffus ou deffous de leur nombre 3 & 6. Il y en a fréquemment dans les mouvemens ou mesures à 2 temps, 2 quatre ou 4 huit, 3 deux, 3 quatre, 3 huit, 4 temps, 4 temps légers, *exemple* 24ᵉ·, *page* 21. L'accolade qui embrasse les deux lignes signifie qu'il faut dire les notes sur l'une & l'autre ligne.

Lorsque des notes inégales dans leur nature deviennent à être égales par accident, se font des points ou de petits tirets de plume dessus ou dessous qui indiquent de les faire telles. Exemple 25, page 23.

Article XXXVI.

De la prononciation & moyens pour par-venir à chanter.

Dans le parler, toutes les langues ont des voyelles ; on doit bien ouvrir les dents, si je puis m'exprimer ainsi, faute d'autre expression, & faire tous ses efforts pour que le contour de la bouche se présente toujours comme si l'on rioit.

L'on s'exercera particuliérement aux cinq voyelles, *a*, *e*, *i*, *o*, *u*, avant que d'entreprendre de chanter. Les lettres *o* & *u* font difficiles, comme en prononçant les fyllabes *lo*, *lu*, *fo*, *fu*, *mo*, *mu*, en ce que les levres ont moins d'ouverture que pour les autres voyelles & fyllabes, & que les dents ne doivent pas moins refter ouvertes. Sur-tout l'on n'avancera point les levres en avant comme fi l'on faifoit la moue, au contraire, on aura foin de les retirer fur les dents.

Mal parler & mal prononcer n'eft pas fupportable dans le chant, les fyllabes doivent y être beaucoup plus diftinctes, appuyées & mêmes dures, & les dents infiniment plus ouvertes qu'en parlant dans les fociétés. Trop ferrer les dents eft le défaut commun, furtout en province.

J'ai vu, & plufieurs perfonnes l'ont vus auffi, un pere avoir tant d'averfion pour ce défaut, qu'il imagina le moyen que voici pour en corriger fa fille, qui n'avoit pas été élevée fous fes yeux.

Il fit tenir à fa Demoifelle entre les dents pendant une demi-heure par jour, l'efpace de trois mois, un petit morceau de bois, haut de 7 à 8 lignes, épais d'une ligne & demi au plus, & large de 3 lignes & demi.

Ce morceau de bois étoit pofé perpendiculairement, tantôt entre les dents molaires, tantôt entre les canines ; tantôt entre les incifives, & afin que celles-ci appuyaffent mieux deffus fans fatiguer la perfonne ; on avoit fait une petite entaille fur la largeur de ce morceau de bois, qui par fon changement de pofition foulageoit beaucoup, fans porter aucun obftacle à la prononciation, ne gênant en aucune façon la langue ni le mouvement des levres, parce qu'il ne débordoit ni intérieurement ni extérieurement; enforte que ce pere jaloux de perfectionner fa fille , lui faifoit chanter ainfi les fyllabes , *la* , *le* , *li* , *lo* , *lu* , & quelques fois celles-ci *fa* , *fe* , *fi* , *fo* , *fu* ; cet exemple a beaucoup contribué à la préférence que j'ai faite de ces premieres fyllabes , par le fuccès avantageux que j'en ai vu dans cette Demoifelle qui prononce parfaitement bien , & en y joignant d'ailleurs , toutes les graces dans le contour du vifage , auquel fon pere s'eft attaché , en lui faifant faire cet exercice.

La lettre *l* que l'on ajoute à chaque voyelle fe trouve d'autant plus néceffaire pour commencer à chanter les notes , qu'elle articule le coup qu'elles doivent avoir , & fi plufieurs notes font liées , le coup s'articule fur une , & les autres fe font fur le fon de la voyelle feule.

L'on obfervera de ne point faire chanter fort , de ne gêner en rien la voix , de la laiffer aller à fon gré , de ne point contraindre la refpiration , & de faire fréquemment repofer. La force de la voix ne se développe, & elle ne se décide que lorsque le tempérament se forme, jusqu'à ce temps, elle acquérera néanmoins toute espece de légéreté & une grande étendue; mais entreprendre de faire venir plus de force de voix à un jeune éleve, c'est une erreur des plus grande, & l'on ne peut l'exposer qu'à perdre celle qu'il a, & à n'en jamais avoir.

Lorsqu'on sera venu au temps de chan-ter, l'on commencera en premier de jouer sur le violon la gamme en montant & descendant, & l'on fera sentir avec fermeté chaque tons à l'éleve, en lui disant seulement le nom des notes qui con-vient à chacun d'eux; après, il nommera les notes à chaque ton qu'on lui jouera; en-suite on les séparera de leur ordre diato-nique en les jouant, & on lui en demandera le nom. Quand il nommera toutes les notes conforme aux tons que l'on jouera en faisant tout espece d'intervalles, on lui fera voir la gamme notée pour la lui faire chanter , en prononçant toutes les notes par les syllabes, *la , le , li , lo , lu ,* comme on va voir.

On lui fera chanter la gamme en montant & descendant , ou la quantité de notes que sa voix pourra en faire jusqu'à ce qu'il la dise entierement, en disant chaque note par la syllabe *la , la , la ,* &c. &c. en recommençant par celle *lé , lé , lé ,* &c. &c. *li , li , li ,* &c. &c. *lo , lo , lo ,* &c. &c. *lu , lu , lu ,* &c. &c. & alternativement tant qu'il sera nécessaire pour la bien savoir , exemple noté page 54.

L'on retournera à la page 2 pour y chanter les notes sur les trois dernieres portées , & ensuivant sur les 5 premieres portées , page 3 , par la syllabe *la , la ,* &c. & en recommençant , par chacune des quatre autre syllabes dite ci-dessus.

On passera les notes sur la sixieme portée , page 3 , & l'on chantera les suivantes , marquées notes par intervalles ,

que

que l'on dira par les cinq syllabes. L'on fera toutes les observations & remarques sur les différens intervalles, &c. & l'on continuera de chanter ceci jusqu'à ce que l'on n'y manque pas la moindre chose, principalement dans la justesse des tons.

Si, ayant chanté tous les jours, pendant 9 à 10 mois, ce que l'on vient de voir, & qu'après ce temps, l'on ne puisse absolument trouver & chanter juste ces tons, le défaut de conformation dans l'organe de la voix en sera la cause ; on ne sera point pour cela dans le cas de regretter la culture jusqu'à ce moment, puisque celle de l'oreille est indispensable pour d'autres objets cités, & pour s'adonner aux instrumens, l'on sera connoisseur, & l'on jouira de tous es plaisirs que la Musique peut procurer.

Pour disposer le gosier, il faut l'exercer en ton naturel par quelques cadences que l'on appelle pleines. Il fuffira pour ne pas s'ennuyer , & fe fatiguer de répéter 7 à 8 fois la même cadence à chaque leçon , & jufqu'à ce qu'on la rende avec aifance. Ces cadences font notées , & commencent fur la 9e· portée , page 50. On fera le choix de celles qui feront le plus convenables ; l'on s'attachera particuliérement à bien articuler jufte , & avec vîteffe les deux battemens qui forment la cadence , laquelle fera auparavant jouée fur le violon nombre de fois. Six cadences différentes, une fois bien rendues par le gofier , l'exécution des autres viendra , & fe fera facilement. L'on en fera auffi dans les tons avec *bémols* ou *diezes* indiqué fur la 8e· portée , même page 50. L'on étudiera enfuite les autres cadences , & agrémens que l'on jouera également fur le violon , jufqu'à ce que l'oreille y étant habituée , le gofier par fes effais puiffe les rendre ; & l'on remarquera les signes qui caractérisent chacun de ses agrémens & leur nom.

Chaque cadence jetée & doublée a pour finale deux notes posées l'une au-dessus de l'autre ; l'on terminera cette sorte de cadence alternativement sur l'une & l'autre de ces notes.

Avant chaque leçon de Musique, il sera à propos de jouer sur le violon, & de faire chanter la gamme en une octave, en montant & descendant, & l'accord-parfait, les notes les unes après les autres dans le ton de chacune de ces leçons. A cet effet, l'on notera cette gamme & cet accord – parfait avec les *diezes* ou *bémols* qui seront posés à la clef de la leçon, en marquant dans cette gamme ses deux demi-tons naturels du signe qui les indique, & l'on s'atta-chera à la chanter bien juste, ainsi que l'accord-parfait, sans omettre la distinc-tion du ton ou en mode majeur ou mi-neur ; & toutes les notes se prononceront par tout par les mêmes syllabes que l'on vient d'indiquer.

Pour avoir moins de peines, on pourra les premieres fois que l'on chantera les leçons, paſſer les petites notes d'agrémens, portsde voix, & coulées qui s'y rencontrent, juſqu'à ce que l'on ſoit plus aſſuré pour les faire. L'articulation s'exprime ſur la petite note, & le ſon ſe coule à la note ſuivante. Si deux, trois, quatre, ou plus de notes petites, & des notes ordinaires ſont liées par le ſigne de la couronne, le coup de la langue ne ſe fait que ſur une ſeule, & les autres, c'eſt le goſier ſeulement qui les exprime & les articule, de même que les cadences ou tremblemens.

Sur une note longue ou pluſieurs notes liées par la couronne ſur le même degré, le coup ſe donne en premier, & le goſier ſoutient le ſon.

Les paſſages d'agrémens, de légéreté, ainſi que tous les endroits ou l'intonation fera difficile, on les jouera plufieurs fois fur le violon, avant que de les faire chanter, afin que l'oreille les fente parfaitement.

On fe rappelera les raifons pourquoi il y a des *diezes*, *bémols*, *béquares* accidentels, & on les pratiquera.

Pour mieux s'affurer des intonnations, on fera chanter à ceux qui auront moins de difpofition les petites parties de notes, depuis la page 38, en fuivant ce que l'on en croira néceffaire; ayant toujours recours au violon dans les endroits ou l'oreille ne fentira pas affez les tons.

Les airs pour chanter font à la page 54. On verra la gamme chromatique que l'on chantera tous les jours 3 à 4 fois, jufqu'à ce qu'on la chante très-jufte, ce qui n'empêche en rien la continuation de chanter les airs.

L'on remarquera dans la gamme chromatique, que les deux notes de même nom, fur le même degré, font les demi-tons mineurs , & les deux notes fur deux différens degrés fuivis , font les demi-tons majeurs.

J'ai préféré quelques airs connus , & ceux avec la parole aux deux dernieres pages ayant produit un bon effet aux éleves.

L'habitude acquife de prononcer les notes par les fyllabes que l'on vient de voir , auxquelles l'on peut préférer , fi l'on veut , la fyllabe *la* , *la* , *la* , &c. ne fouffre pas plus d'inconvénient pour trouver le ton des notes , & leurs intervalles de toute efpece que de les dire par leur nom ordinaire , puifqu'il n'y a que l'oreille qui détermine , & décide chaque ton & l'intervalle.

Il y a un figne que l'on rencontre quelquefois , qui eft une couronne , & un point dans le milieu , fur, ou fous une note, comme à la page 57, 6e. air, cinquieme porté , quatrieme mefure ; ce figne s'appelle repos , & point d'orgue

ſi une cadence précéde une finale ,
en cas de repos, la meſure s'interrompt
pour la reprendre après.

Quoique cette méthode laiſſe moins à
faire que toute autre à ceux qui ſe char-
gent d'enſeigner la Muſique aux enfans,
néanmoins, il y a encore beaucoup à y
ajouter, en ce que les éleves font des
remarques , des queſtions, des objec-
tions , il leur faut des raiſons juſtes, à
leur portée , & y ajouter les exemples.

L'intelligence , la conception , la mémoire , l'entendement , la vivacité , la
lenteur étant à différens degrés ; la
maniere pour ſe faire entendre, doit de
même avoir ſes différences.

Le but de ceux qui enſeignent doit être
de ſe charger des peines & ſoins , &
d'en diminuer le plus qu'il ſe pourra aux
jeunes éleves ; c'eſt un des objets qui
nous a intéreſſé eſſentiellement , en faiſant l'arrangement des inſtructions dans
ce livre.

Q 4

Pour chanter avec les paroles, celles des ariettes & morceaux d'opéra ne peuvent guere convenir aux jeunes perfonnes. Le peu de délicateffe fait dire que l'on ni fait pas attention, l'efprit de la jeuneffe travaille. Mais la décence & l'honnêteté préferent fur de tels airs des paroles fur des fujets de piété, exhortation à la vertu, fur les bonnes mœurs. Il s'eft fait un ouvrage depuis peu d'année en ce genre. Les auteurs qui s'intéreffent vivement au bien des humains, pourroient réunir, dans une gradation convenable, les ariettes, duo, trio, chœurs, & autres grands morceaux parfemés dans quatre volumes; ils pourroient, dis-je, les réduire en un feul, ou en faire un nouveau; pour fuivre & perfectionner l'inftruction de Mufique, étant aujourd'hui comme indifpenfable à la jeuneffe des deux fexes. En attendant ce volume de nouvel arrangement, & qui fera correct, dont la Mufique ne fera que fur la clef de *fol* à la feconde ligne , & fur celle de *fa* à la quatrieme ligne, fi l'on n'adopte pas la clef de *fa* fur la cinquieme ligne. L'on ne fe fervira pas moins du livre propofé fi l'on veut. Son intitulé : *Opufcules facrées & lyriques ou Cantiques , fur différens fujets de piété , à l'ufage de la jeuneffe de la paroiffe St. Sulpice de Paris* ; il fe vent chez les Libraires.

Par M. Légat Defurci , un œuvre intitulé les leçons de Minerve , qui font des airs agréables , avec accompagnemens que les jeunes perfonnes peuvent chanter, de même le duo du piquet , & autres morceaux qui ne préfentent point de mauvaifes idées , que l'on trouve chez les marchands de Mufique & Libraires.

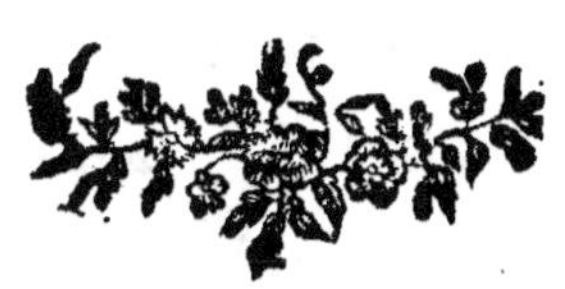

ARTICLE XXXVII.

Réduction de tous les tons avec des diezes *ou* bémols *à la clef, aux deux seuls tons en* ut, & *en* la *naturel.*

QUOIQUE l'ufage de réduire tous les tons principaux, avec des *diezes* ou *bémols* marqués à la clef, aux deux feuls tons naturel *ut* majeur, & *la* mineur ne fe pratique prefque plus ; les perfonnes encore partifantes de cette ridicule méthode, pourront fe fatisfaire.

Après la connoiffance de toutes les pofitions des trois clefs, & celle de l'ordre de la pofition des *diezes* ou *bémols* à la clef, il eft queftion à chaque leçon notée, ayant à la clef des *diezes* ou *bémols*, de prendre toujours fur le dernier *dieze* pofé la note *fi*, & fur le dernier *bémol* pofé la note *fa*, ce qui procure toujours une pofition de clef au naturel, & toutes leçons mesurées dans ce livre, ont pour finale leur note tonique qui, par ce moyen, se trouve être toujours en majeur *ut* naturel, & toujours en mineur *la* naturel, ce qui sera dans toutes ces leçons le guide, pour trouver promptement la clef au naturel & sa position, & pour ne pas s'écarter de l'usage conforme à ceci, l'on chantera toutes les leçons notées jusqu'a la page 35. Mais on écrira auparavant dans chaque leçon, sur certaine notes, une petite croix signe pour faire une cadence, & quelques petites notes, port de voix ou coulés nécessaire en quelque endroit. Attendu que sans ces additions, ces leçons seroient trop unies, & même désagréables.

Quand on sera versé dans les connoissances de tout cet ouvrage, & que l'on saura ce qu'il renferme, l'on sera des mieux disposés à retirer le fruit des excellentes méthodes qui ont été faites jusqu'à présent, de même que des excellentes leçons des grands maîtres.

ARTICLE XXXVIII.

Il réfulte de tout ce qui eft dans ce livre, une méthode pour apprendre la Mufique en peu de mois, par les perfonnes d'un âge fait.

CELLES qui ont de l'oreille, ayant entendu beaucoup de Mufique, ou beaucoup chanter, qui ont la voix jufte & flexible, & une bonne mémoire apprendront jufqu'à l'âge de 28 à 30 ans, la Mufique vocale comme en badinant dans quatre à cinq mois, & un de plus pour les baffes ; après ce temps, elles en fauront bien tous les principes, & trouveront par elles-même toute efpece de Mufique de chant ; c'eft d'après plufieurs expériences dont on va en rapporter la maniere.

Il eft conftant que l'on ne fera pratiquer que la clef de *fol* fur la feconde ligne,

& suivant l'ufage ordinaire pour les baffes, celle de *fa* fur la 4e. ligne. Pour cette der-niere, on fuivra & l'on pratiquera tout ce qui eft dit ci-devant dans l'article XXXV, page 230, & l'on reviendra ici pour fe conformer à tout ce que l'on va lire ci-deffous, quoi qu'à l'occafion de la clef de *fol* fur la feconde ligne, parce que pour les baffes, il n'y a que la tranfpofition des leçons fur la clef de *fa* de différence, & le violon fera utile, lorfqu'il fera queftion de chan-ter, ou au lieu de la note *ut* fur le bour-don, fe fera *fol* fur la même corde, au lieu de *re* fur la 3e. corde, fe fera la note *la* fur le bourdon, &c. &c. Mais un alto feroit encore mieux. Ainfi l'on pratiquera abfolument fur cette clef de *fa* tout ce que l'on va voir écrit, & l'on ira aux femblables exemples en note que l'on aura à tranfpofer à une quarte au-deffous.

Pour les voix de toute autre efpece, elles ne pratiqueront que la clef de *fol* fur la seconde ligne , & l'on suivra tout ce qui est renfermé dans ces nouveaux élémens & noté. Jusqu'au temps de chanter , on ne fera que parler les notes comme il est dit , jusqu'à la page 35 , en s'attachant à battre la mesure , faisant à part la lecture des principes élémentaires & commentaires à ce sujet. On ira ci-devant à l'article XXVIII où est écrit : *les élémens de Musique , &c. page 166* , que l'on continuera en laissant ce qui n'est point de cette nouvelle méthode.

Sans perdre de temps , avec une heure de pratique par jour , des leçons & exemples notés ci-après , page 1. Il faut deux mois , & à-peu-près trois aux basses tailles pour bien lire la Musique de chant , dans tous les mouvemens , battre la mesure exactement , & observer tous les principes.

Lorsque l'on commencera à chanter , un violon devient nécessaire , on le maintiendra toujours sur un même ton , suivant la qualité de la voix, soit taille, haute-taille, deſſus, haute-contre, &c. Après quelques aides & obſervations pour faire trouver les tons, on les laiſſera trouver aux éleves, & l'on ne fera uſage du violon que rarement, dans quelques intonnations difficiles, pour remettre dans le ton, ſi l'on s'en eſt écarté, & pour le maintenir avec quelque ſon, ſentant certaine altération légere, y étant entraîné comme involontairement faute d'aſſurance.

L'on ira aux leçons en Muſique, page 54, pour chanter la gamme, en nommant les notes en premier, les intonnations rendu juſte, on la chantera en nommant toutes les notes par la ſyllabe *la*, *la*, *la*, &c. ce qui s'obſervera ſemblablement, allant à la page 2, au-deſſous de la gamme juſqu'à la page 4 où eſt écrit : *un point après chaque note* ; & pour revenir à la page 54, à la gamme chromatique que l'on chantera 3 à 4 fois par jour, ſoutenu par le violon dans les commencemens, & l'on exercera cette gamme, juſqu'à ce qu'on la chante bien juste & seul , & l'on évitera le secours des instrumens à touche & à vent. L'on exercera aussi les cadences pleines à part que l'on croira les plus convenables dans chaque ton que l'on aura à chanter, elles sont indiquées, marquées & notées nᵒ. IX , page 50 , & l'on verra ensuite les agrémens les plus ordinaires pour le chant.

Avant que de chanter un morceau ou un air comme tout morceau, l'on fera chanter dans le ton , la gamme dans une octave & l'accord-parfait , en montant & descendant , on fera essentiellement remarquer les deux demi-tons dans chaque gamme , & la différence du mode majeur & mineur.

Pour prouver que les morceaux dans les tons avec des *diezes* ou *bémols* à la clef, sont aussi naturels à chanter que ceux des deux tons *ut* & *la* qui n'en n'ont point, ceux-ci se compareront à ces premiers , par exemple , ayant chanté *la* ,

si ,

fi , *ut* , *re* , *mi* , *fa*, *fol* , *la* ; trois *diezes* à la clef, on dira & l'on chantera fur le même ton, *ut* , *re* , *mi* , *fa* , *fol* , *la* , *fi* , *ut* , & en defcendant , ou l'on commencera par cette derniere gamme pour faire exactement les mêmes intonnations dans l'autre. On aura à chanter *ut* , *re* , *mi* , *fa* , *fol* , *la* , *fi ut* , trois *bémols* à la clef, on dira & l'on chantera fur le même ton *la* , *fi* , *ut* , *re* , *mi* , *fa* , *fol* , *la* , & en defcendant , ou cette derniere gamme fera trouver l'autre Ainfi fe compareront les deux gammes naturelles à toutes les gammes dans tous les tons avec *diezes* ou *bémols* à la clef, & pour lors on fentira qu'il n'y a nulle différence entre elles que du majeur au mineur. Ce moyen leve les difficultés imaginaires que l'on s'eft toujours fait pour chanter avec les *diezes* ou *bémols* à la clef, joint à ce que la gamme étant notée dans le ton de chaque morceau,

R

les deux demi tons marqués de leur signe en montant & defcendant, les yeux jugent dans l'inftant, auffi bien que les oreilles, qu'il n'y a aucune différence dans les intervalles de notes à l'autre que du mode ou majeur ou mineur.

On commencera par s'affurer fi l'air ou le morceau que l'on doit chanter eft majeur ou mineur, après quoi, pour chanter dans le vrai ton de fa voix, on en prendra le ton le plus bas en naturel majeur, c'eft-à-dire, que le ton de fa voix le plus bas fera fuppofons *ut* ou *la*, &c. &c. & bien, dans qu'elle efpece de ton principal que puiffe être cet air, on entonnera cet *ut* ou *la*, & l'on fuivra par gradation en montant & toujours en naturel majeur jufqu'à la premiere tonique que l'on fera, ou naturelle ou *dieze* ou *bémol*, fuivant ce qu'elle fera dans cet air, & où l'on s'arrêtera. On remarquera de nouveau les *diezes* ou *bémols* à la clef,

& fur-tout les notes qui forment les deux demi-tons dans la gamme d'une octave dans le même ton de cet air, & on la chantera avec l'accord-parfait en montant & defcendant, afin que l'oreille fe difpofe, & ainfi à tous morceaux. Ayant l'habitude de la gamme chromatique, dans certaines intonnations difficiles, en décomptant par les demi-tons, depuis une note ou ton dont on eft fûr, on ne peut que trouver jufte.

Il faudra bien remarquer les changemens de modulations dans chaque morceau, & fur-tout la différence en montant & defcendant dans la gamme mineure, parce que dans les intervalles de notes ou tons en décomptant pour trouver leur jufteffe, il faut fuivre l'ordre prefcrit ou l'on s'égare, & l'on aura toujours dans l'idée que dans la gamme majeure en une octave, les deux demi-tons font en montant de la 3e. à la

4e. note, & de la 7e. à l'octave ; & en defcendant, ils font de la 8e. note à la 7e., & de la 4e. à la 3e., ce qui eft la même chofe. Dans la gamme mineure, en une octave en montant, les deux demi-tons font de la 2e. à la 3e. note, & de la 7e. à l'octave, & la 6e. & la 7e. note doivent avoir chacune un *dieze* accidentel, qu'il faut faire en montant à l'octave, & dans cette gamme en defcendant, les deux demi-tons font de la 6e. à la 5e. note, & de la 3e. à la 2e, & ce n'eft qu'en defcendant que cette gamme eft conforme aux *diezes* ou *bémols* marqués à la clef, ou point s'il n'y en a point.

Le premier air pour chanter, page 54.

L'on chantera peu chaque morceau dans ce livre, en nommant les notes par leur nom, mais on chantera bien davantage, en nommant toutes les notes par la fyllabe *la, la, la,* &c.

on doit affez fentir pourquoi ; & chaque air s'apprendra jufqu'a ce qu'il foit rendu dans toute régularité , de même qu'à battre la mefure , & à la fin , l'on fera en état par foi-même d'acquérir tout l'ufage néceffaire , & de parvenir à favoir la Mufique de chant dans toute exactitude. On fuivra cependant une gradation dans les morceaux que l'on apprendra feul , c'eft-à-dire , qu'on prendra les plus aifés en premier , & en proportion de force les autres.

Les *diezes* ou *bémols* à la clef, ou n'y en ayant point , n'indiquent pas le vrai ton , ou le ton principal d'une piece de Mufique , puifque la clef fans *dieze* ni *bémol* , ou avec les uns ou les autres , préfente un ton majeur & un ton mineur. Un autre inconvénient : un air en commençant , peut ne pas annoncer le ton dans lequel il eft , & fouvent commencer par la *tierce* ou la *quinte* d'un ton principal , celui-ci prit en deſſous , & un air peut finir par ſa *tierce* ou ſa *quinte*. Le meilleur moyen en pareil cas , c'eſt de chanter plus ou moins de notes ou quelques meſures du commencement de cet air , & ſi l'on ne ſent pas le ton principal , on chantera plus ou moins de notes ou meſures de la fin de cet air , en tombant à ſa finale ; l'on obſervera exactement tout ce qui eſt couché ſur le papier , & l'on ne peut guere manquer de trouver le ton principal en ce que , l'oreille s'étant formée dans la gamme en une octave dans tous les tons majeurs & mineurs, & de même dans la chromatique ou par demi-tons , tant en montant qu'en deſcendant. En ſe ſervant de ces moyens, pour décompter depuis une note quelconque où l'on eſt , juſqu'à celle dont on eſt incertain , afin de les entonner telles qu'elles ſont , c'eſt toujours chanter juſte. Si l'on veut ſatisfaire ſon eſprit ſur ces objets , on n'aura qu'à voir dans l'expofition de la théorie & de la pratique de la Mufique, par *M. de Bethify*, page 42, chapitre V, & en fuivant article premier, feconde édition. Les exemples font fur la clef de *fol*, fur la premiere ligne, bon pour les baffes tailles, & on fera tranfpofer en même ton ces exemples fur la clef de *fol* à la feconde ligne pour toute autre voix. Il eft bon de dire que toute note tonique a une note dominante qui eft fa *quarte* en deffous, & fa *quinte* au-deffus. A cet occafion, l'on nomme les tons principaux ou majeurs, *diezes* ou *bémols* ou naturels, ou mineurs *diezes* ou *bémols* ou naturels,

A,	*mi*	*la.*
B,	*fa*	*fi.*
C,	*fol*	*ut.*
D,	*la*	*re.*
E,	*fi*	*mi.*
F,	*ut*	*fa.*
G,	*re*	*fol.*

Notre objet ne nous permet pas de nous étendre plus loin , & c'eſt tout ce qu'il faut pour ceux qui ne veulent faire qu'un amuſement de la Muſique, & en jouir avec agrément.

Pour chanter avec accompagnement, & en *duo , trio* , &c. l'on cherchera à l'entendre le plus que l'on pourra , en faiſant attention à la partie convenable à ſa voix, & étant parvenu par ſon étude , à chanter ſeul ſemblable Muſique exactement, l'on aura peu d'eſſai à faire pour s'accoutumer à l'enſemble. En ne s'écartant en rien de ce qui eſt dit dans ce livre, & en le pratiquant ſtrictement , l'on ſera convaincu des vérités qu'il renferme par la réuſſite dans les inſtructions citées.

Fin de la Seconde & derniere Partie.

Le cours de cet Ouvrage encouragera
l'auteur à donner plus d'étendue à fon
fujet ; toujours guidé par l'expérience ,
il fera part au public des idées qu'il a
recueillies fur l'éducation jufqu'à l'âge
de douze à quinze ans : il efpere que
les maîtres & les difciples ne les dédai-
gneront pas , vû l'intérêt , le foulage-
ment des uns , & la facilité des autres.

au long fur le Regiftre de la Communauté des Imprimeurs
& Libraires de Paris, dans trois mois de la date d'icelles ;
que l'impreffion dudit ouvrage fera faite dans notre Royaume,
& non ailleurs, en beau papier & beaux caracteres, que
l'Impétrant fe conformera en tout aux Réglemens de la
Librairie, & notamment à celui du dix Avril mil fept cent vingt-
cinp, à peine de d'échéance de la préfente Permiffion ; qu'avant
de les expofer en vente, le manufcrit qui aura fervi de copie
à la l'impreffion dudit ouvrage, fera remis dans le même
état où l'approbation y aura été donnée, ès mains de notre
très-cher & féal Chevalier Garde des Sceaux de France,
le Sieur HUE DE MIROMENIL, qu'il en fera enfuite remis
deux Exemplaires dans notre Bibliotheque publique, une
dans celle de notre château du Louvre, une dans celle de
notre très-cher & féal Chancelier de France, le Sieur de
MAUPEOU, & une dans celle dudit Sieur HUE DE MIROMENIL,
le tout à peine de nullité des Préfentes. DU CONTENU
defquelles vous MANDONS & enjoignons de faire jouir ledit
expofant, & fes ayans caufes, pleinement & paifiblement,
fans fouffrir qu'il leur foit fait aucun trouble ou empêchement.
VOULONS qu'à la copie des Préfentes, qui fera imprimée
tout au long, au commencement ou à la fin dudit ouvrage,
foiffoit ajoutée comme à l'original. COMMANDONS au premier
notre Huiffier ou Sergent fur ce requis, de faire pour
l'exécution d'icelles, tous actes requis & néceffaires, fans
demander autre permiffion, & nonobftant clameur de haro,
charte normande, & lettres à ce contraire : Car tel eft
notre plaifir. Donné à Paris, le feptieme jour du mois de
Juin l'an mil fept cent quatre-vingt, & de notre Regne le
feptieme.

    Par le Roi en fon Confeil ,   *Signé* **LEBEGUE.**

ERRATA.

PAGE VI, 7 *lig.* qu'ils, *lisez* qu'elles.
  Ibid. 9 *lig.* mêmes, *lisez* même.
  VIII, 8 lig. versé, *lisez* versée.
  5, 16 *lig.* se trouve, *lisez* se trouvoit.
  7, 8 *lig.* exitoit, *lisez* excitoit.
  8, 9 *lig.* après corps; point & virgule
  9, 12 *lig.* après gens; point & virgule.
  16, 17 *lig.* après discours, virgule.
  18, 17 *lig.* après voix, ôtez la virgule.
  21, 12 *lig.* son, *lisez* leurs.
  26, 20 *lig.* sur les, *lisez* sur ses.
  32, 25 *lig.* après le mot retenu, mettez une virgule.
  33, 6 *lig.* personne, *ajoutez* ont vu aussi.
  40, 12 *lig.* aucun, *lisez* aucune.
Ibid. 17 *lig.* après mélodie, *mettez* un point.
Ibid. 18 *lig.* après musicale, une virgule.
  41, 3 *lig.* après cela, une virgule.
  44, 12 *lig.* fausse, *lisez* fausses.
  46, 14 *lig.* après phénomene, une virgule.
  48, 22 *lig.* racourci, *lisez* raccourcie.
  54, 12 *lig.* après musique, une virgule.
  56, 7 *lig.* ôtez la premiere virgule.
  57, 8 *lig.* des, *lisez* les sons.
  64, 11 *lig.* des ces tons, *lisez* de ces tons.
  66, 20 *lig.* après mois, virgule seulement.
  69, 28 *lig.* après faux, ôtez la ponctuation.

Page 72 , 5 *lig.* ôtez tout.

Ibid. 16 *lig.* après méthodique *metez* dans.

76 , 16 *lig.* partie, *lifez* parti.

78 , 2 *lig.* de, *lifez* des.

83 , 9 *lig.* établi, *lifez* établie.

Ibid. 11 *lig.* après exercice une virgule feulement.

Ibid. 12 *lig.* après enfants, une virgule feulement.

Ibid. 17 *lig.* un point & virgule après en rapport,

Ibid. 18 *lig.* après tête une virgule feulement.

88 , 26 *lig.* vice, *lifez* vis.

95 , 17 *lig.* Alfaffe., *lifez* Alface.

99 , 6 *lig.* après adroits, une virgule feulement.

100 , 2 *lig.* cultivée, *lifez* cultivé.

103 , 10 *lig.* de tout, *lifez* de tous.

107 , 2 *lig.* faite, *lifez* fait.

111 , 1 *lig.* l'interval, *lifez* l'intervalle.

114 , 7 *lig.* un efquiffe, *lifez* une efquiffe.

Ibid. 8 *lig.* quoiqu'il foit court, *lifez* quoiqu'elle foit courte.

146 , 10 *lig.* ôtez le, & en place du point mettez deux point.

147 , 24 *lig.* quantitée, *lifez* quantité de perfonnes.

Ibid. 29 *lig.* facile, *lifez* faciles.

148 , 8 *lig.* fatisfaifante, *lifez* fatisfaifantes.

Ibid. 17 *lig.* oblige, *lifez* obligent.

149 , 10 *lig.* dans de la pratique, *lifez* dans la pratique.

Ibid. 15 *lig.* fuperficiels, *lifez* fuperficiels.

154 , 4 *lig.* comme on l'a vue, *lifez* comme on l'a vu.

155 , 10 *lig.* ce, *lifez* fe.

Ibid. 18 *lig.* ôtez de.

Page 160 , 16 *lig.* ce , *lisez* ses

    Ibid.   27 *lig.* ôtez les deux premieres virgules.

    163 , 21 *lig.* point & virgule *après* gênée.

    184 , 9 *lig.* 4 , *lisez* 5.

    192 , 14 *lig.* dis-je , entre deux virgule.

    195 , 7 *lig.* simple , *lisez* simples.

    197 , 2 *lig.* propre , *lisez* propres.

    228 , 11 *lig.* suivie , *lisez* suivies.

    239 , 21 *lig.* conforme , *lisez* conformes.

    246 , 22 *lig.* porté, *lisez* portée.

    255 , 13 *lig.* rendu juste , *lisez* rendues justes

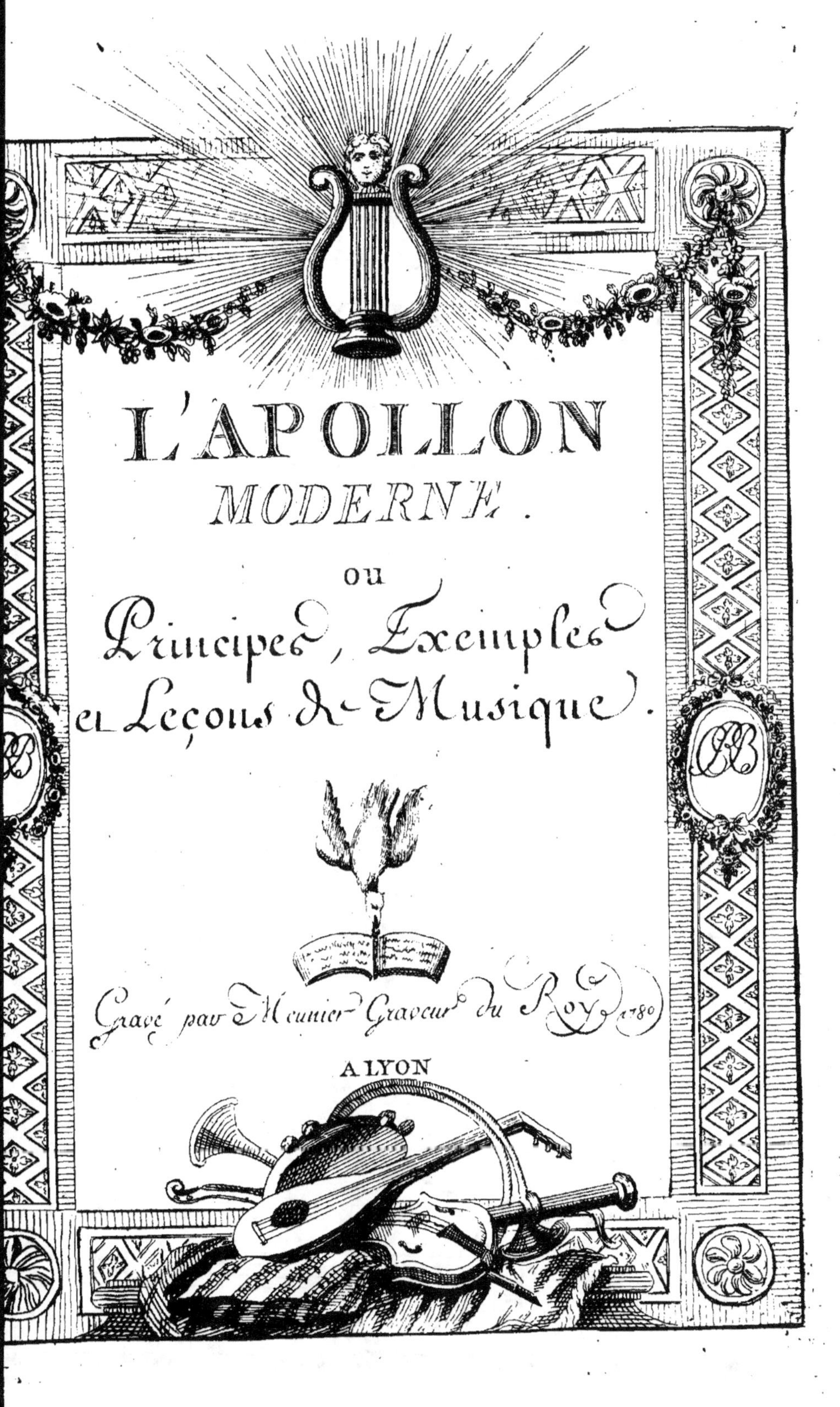

L'APOLLON
MODERNE.
ou
Principes, Exemples
et Leçons de Musique.
Gravé par Meunier Graveur du Roy 1780
A LYON

PRINCIPES,

EXEMPLES ET LEÇONS

DE MUSIQUE

Valeurs des Notes

Exemple 1.re

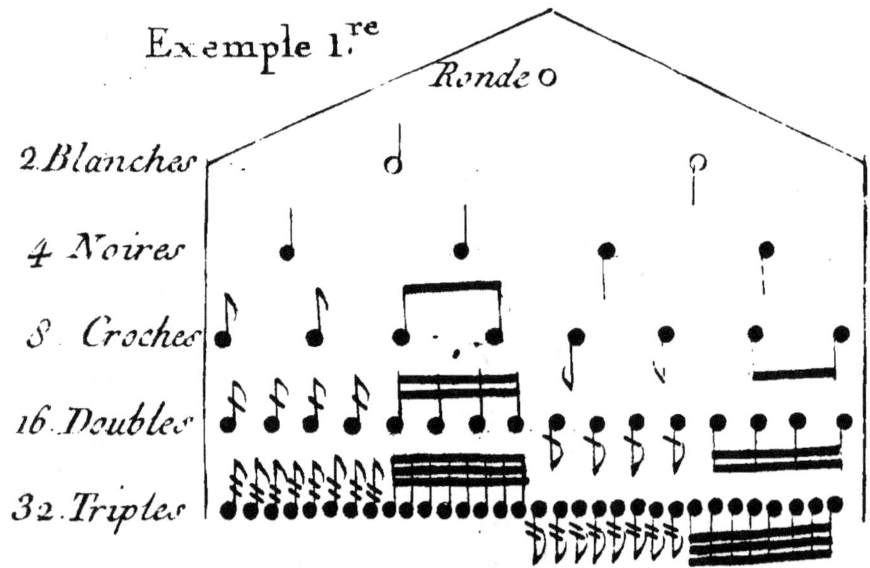

Exemp 2.^e

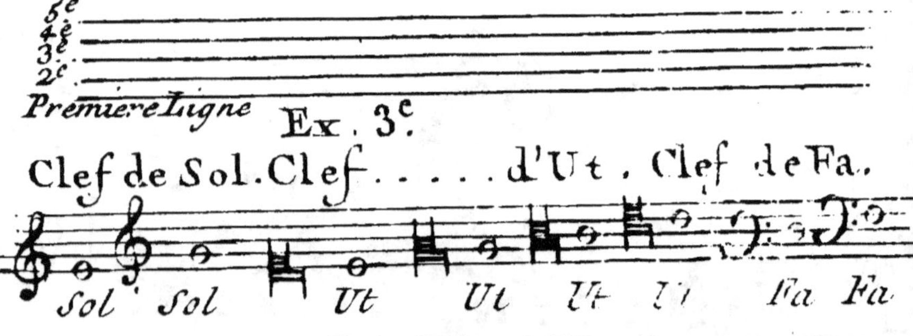

Les **8.** Notes *qui composes l'Octave contiennent cinq tons et deux demi-tons, et pareille gradation des Notes soit en montant ou descendant s'appelle Echelle Diatonique ou la* **GAME**

Exemp 4.e

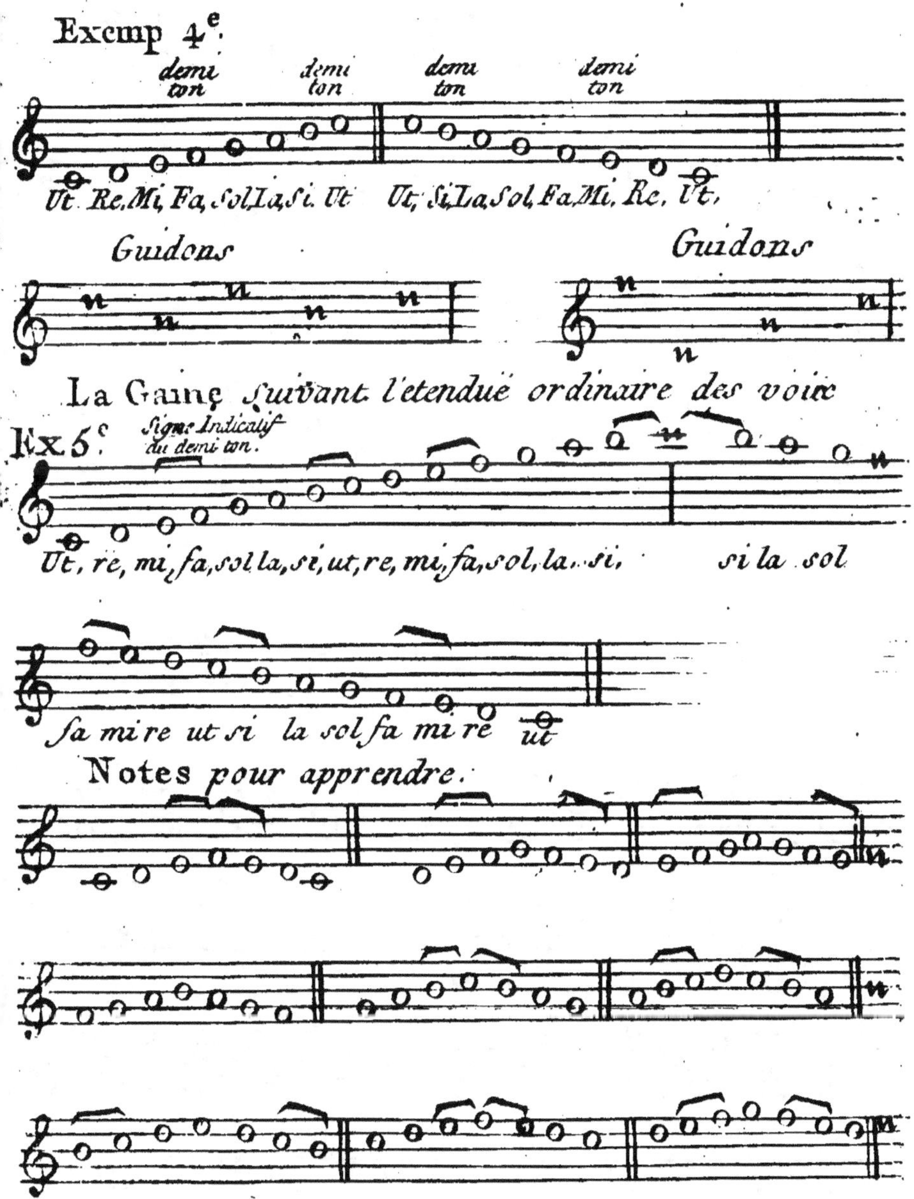

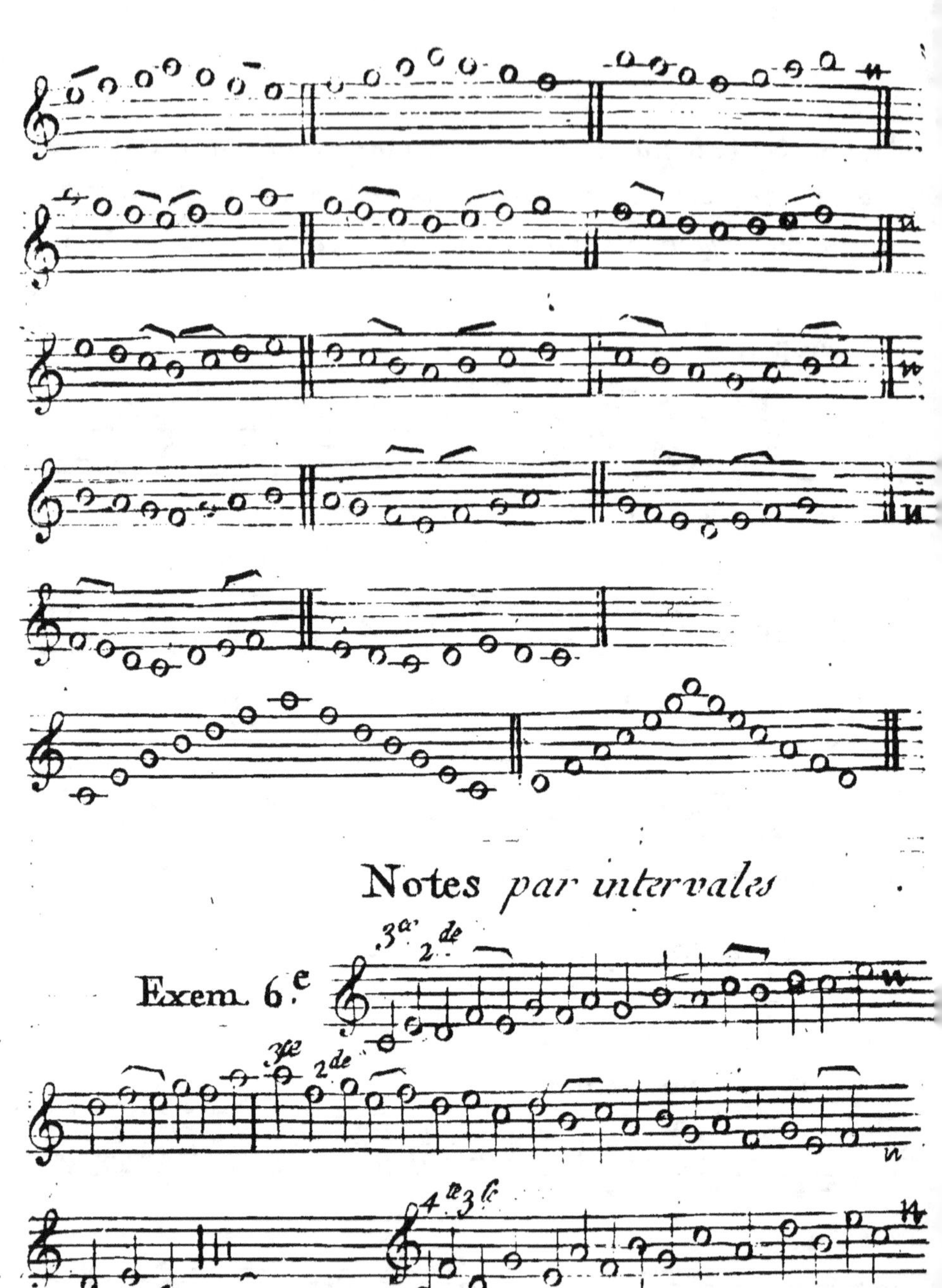
Notes par intervales
Exem. 6.e
3a. 2de
3e. 2de
4te. 3e.
4e. 3e.
5te. 4te.

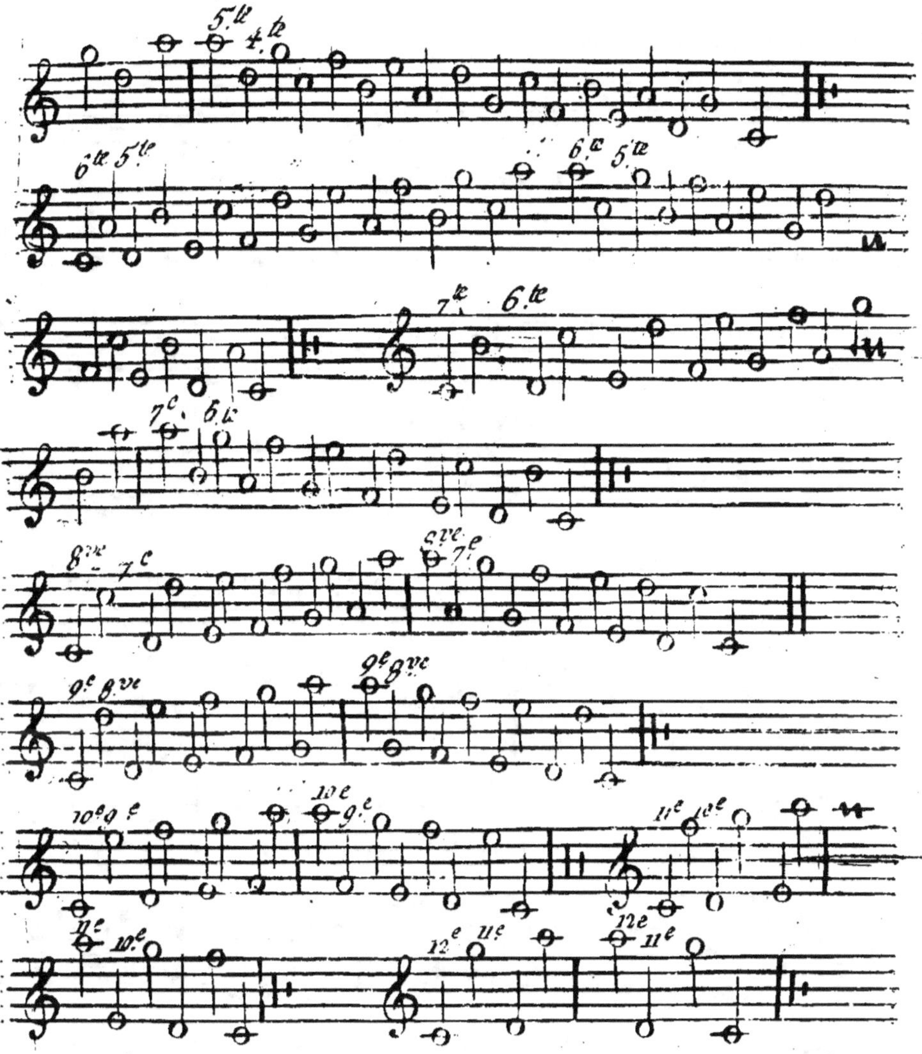

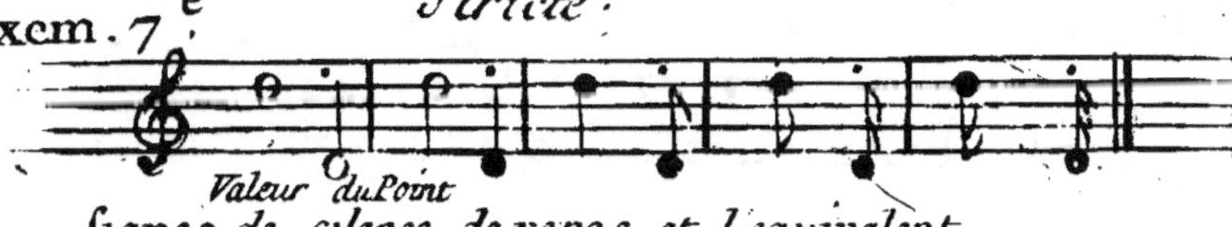

Un Point aprés chaque Note fait soutenir sa
Note qui le precede une moitié en sus de sa valeur
Exem. 7.e   Stricte.

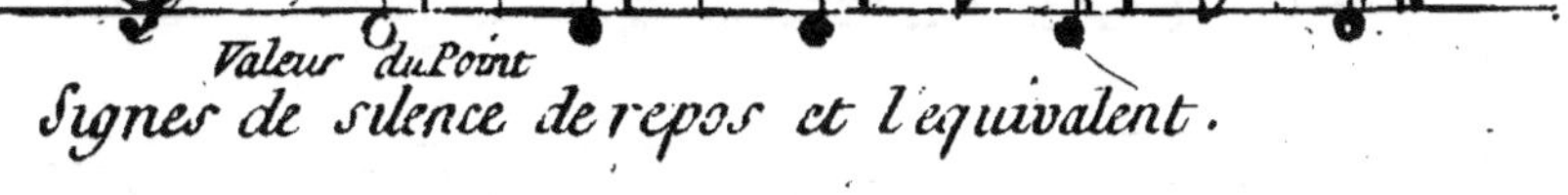

Valeur du Point
Signes de silence de repos et l'equivalent.

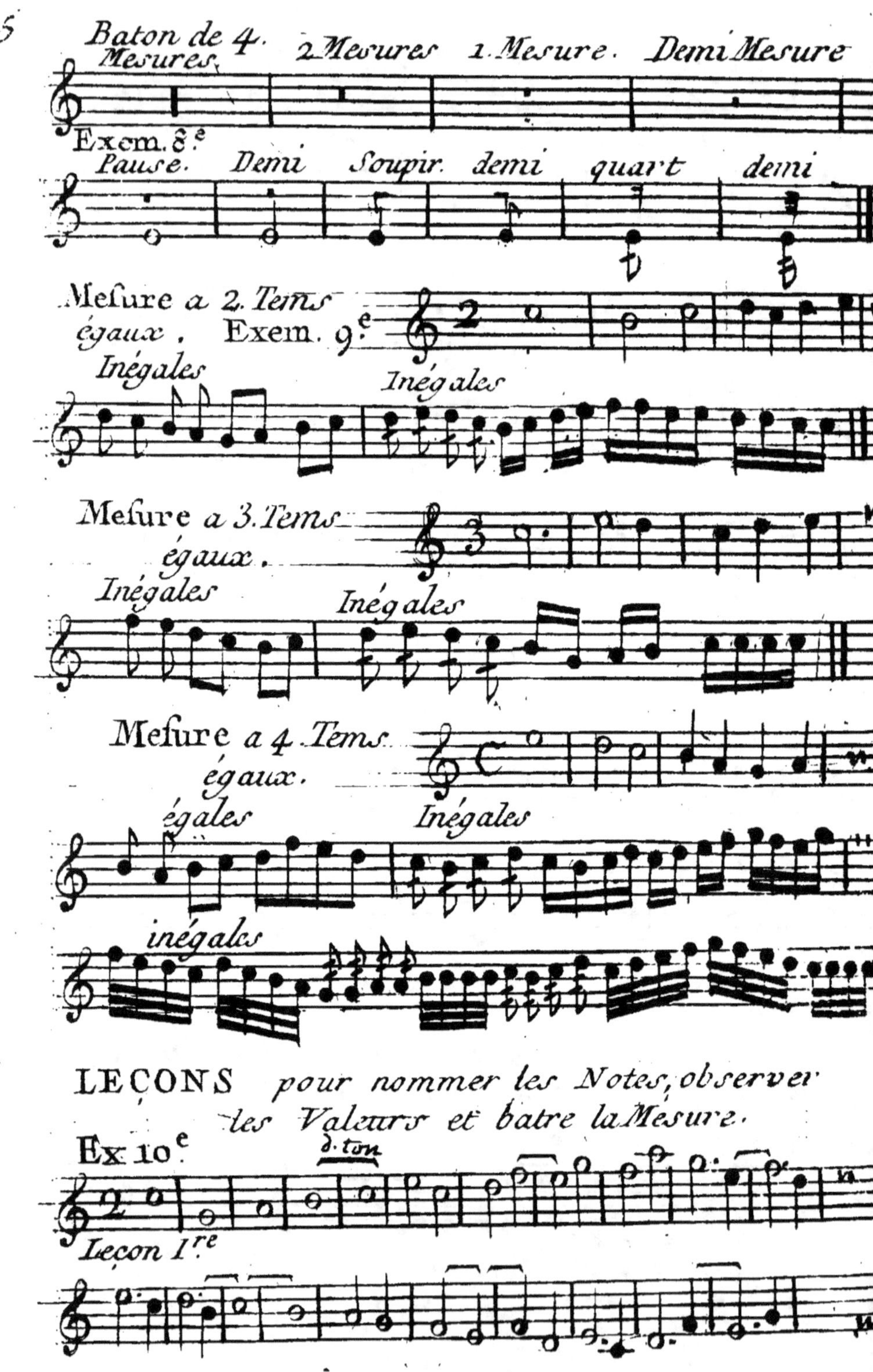

Baton de 4.
Mesures.   2 Mesures   1 Mesure.   Demi Mesure
Exem. 8.e
Pause.   Demi   Soupir.   demi   quart   demi
Mesure a 2. Tems
égaux.   Exem. 9.e
Inégales
Inégales
Mesure a 3. Tems
égaux.
Inégales
Inégales
Mesure a 4 Tems
égaux.
égales
Inégales
inégales
LEÇONS   pour nommer les Notes, observer
les Valeurs et batre la Mesure.
Ex 10.e
d. ton
Leçon 1.re

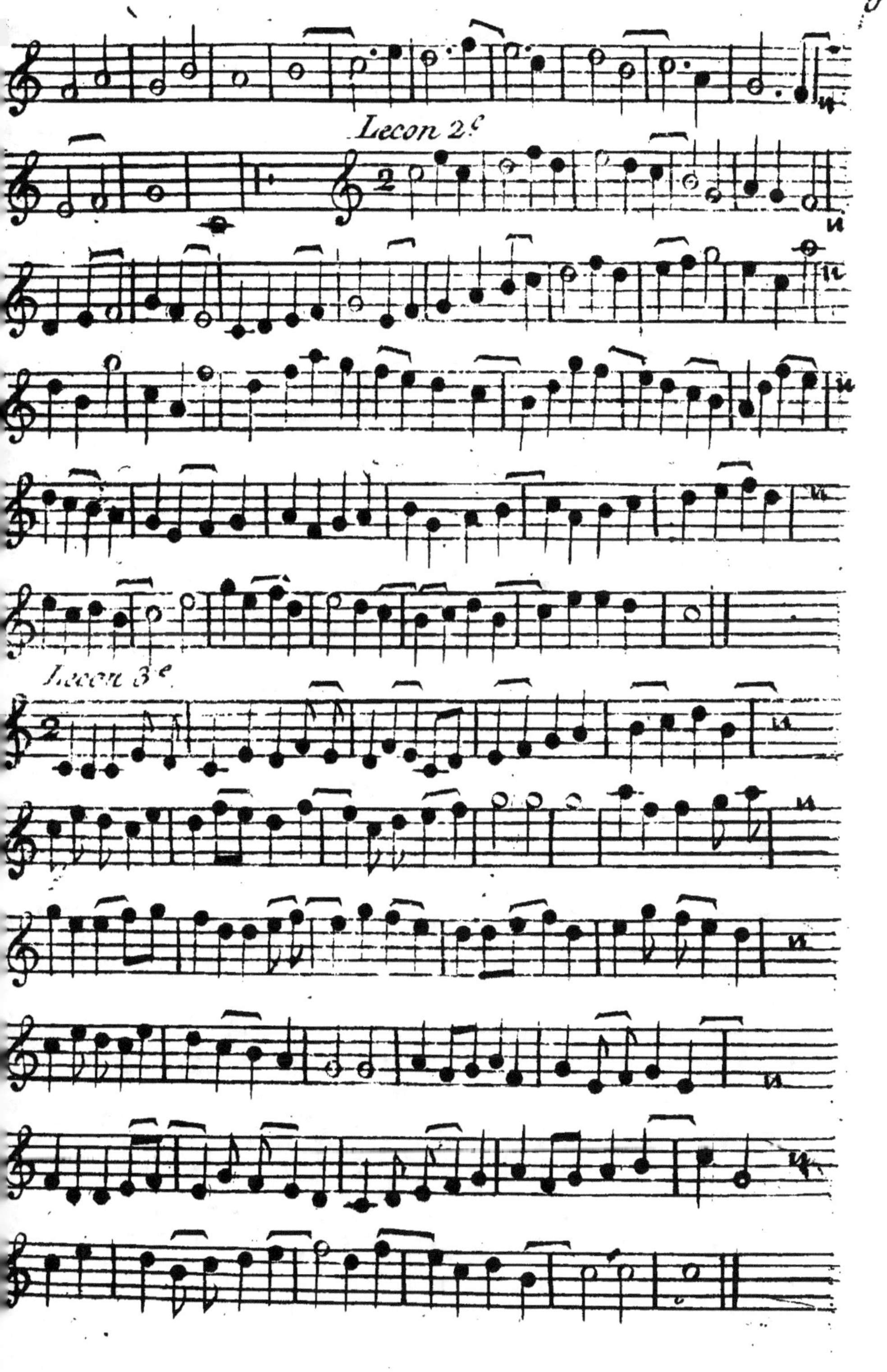
6
Lecon 2.e
Lecon 3.e

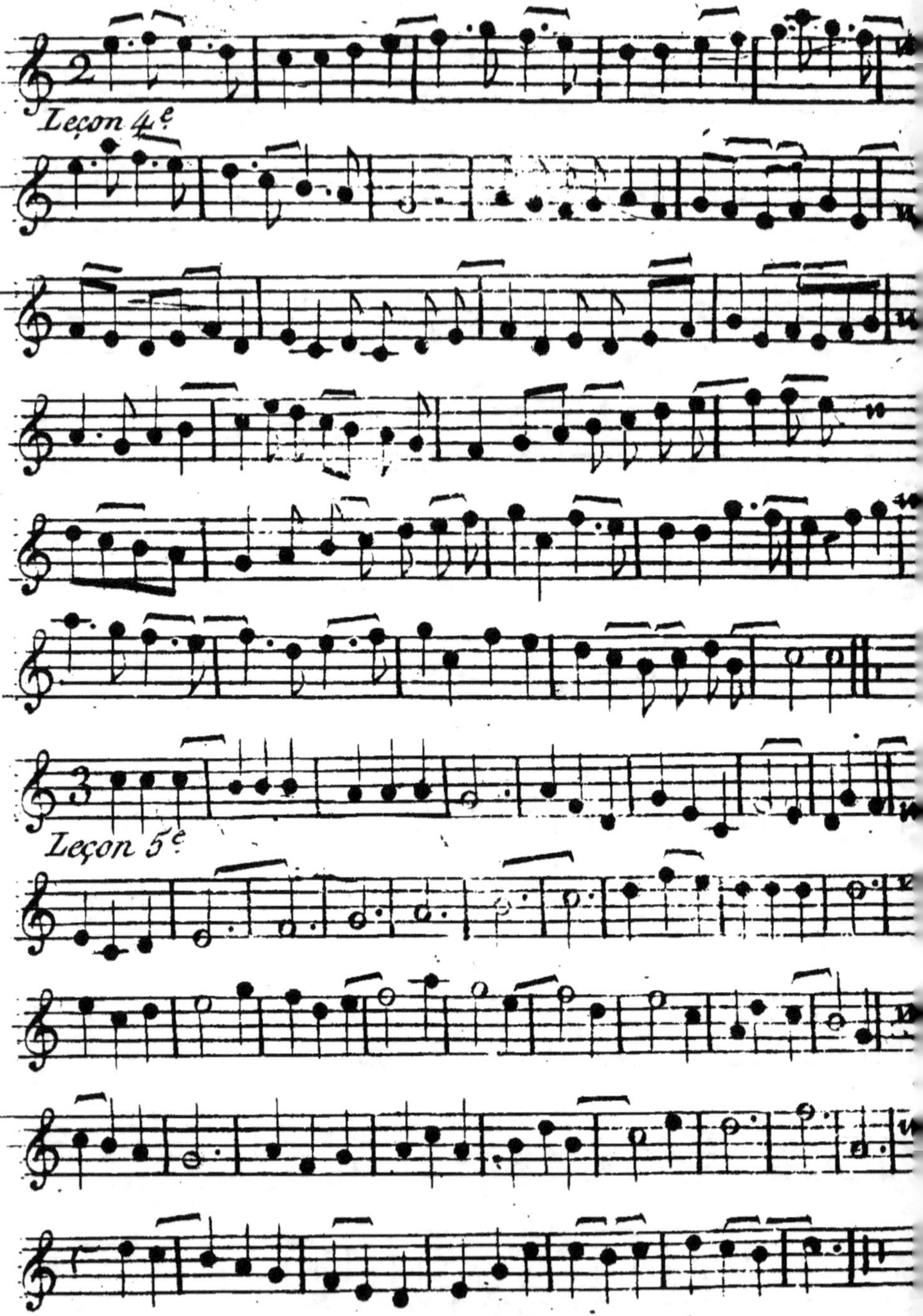

7
Leçon 4.e
Leçon 5.e
Leçon 6.e

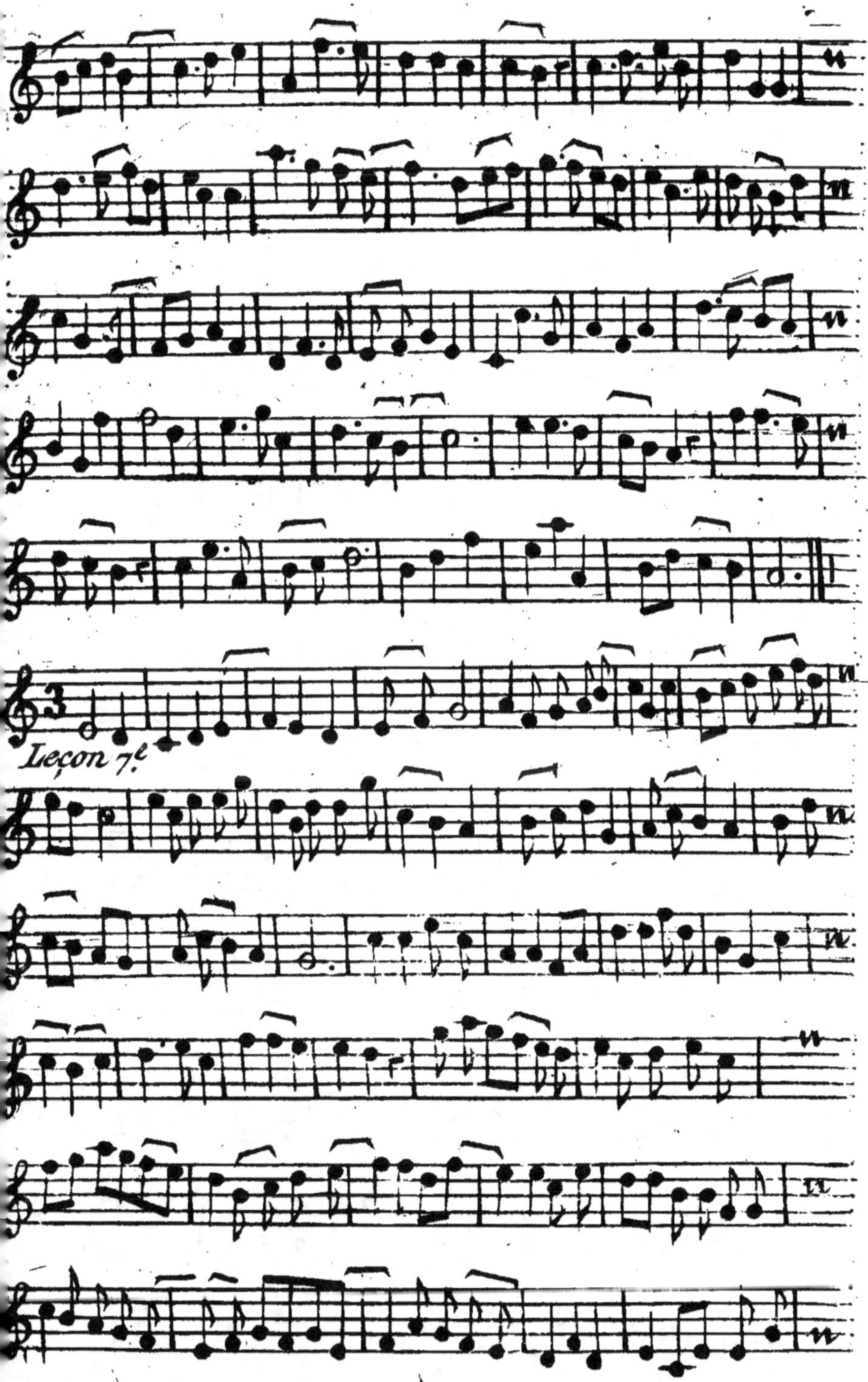

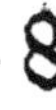

Leçon 7.^e

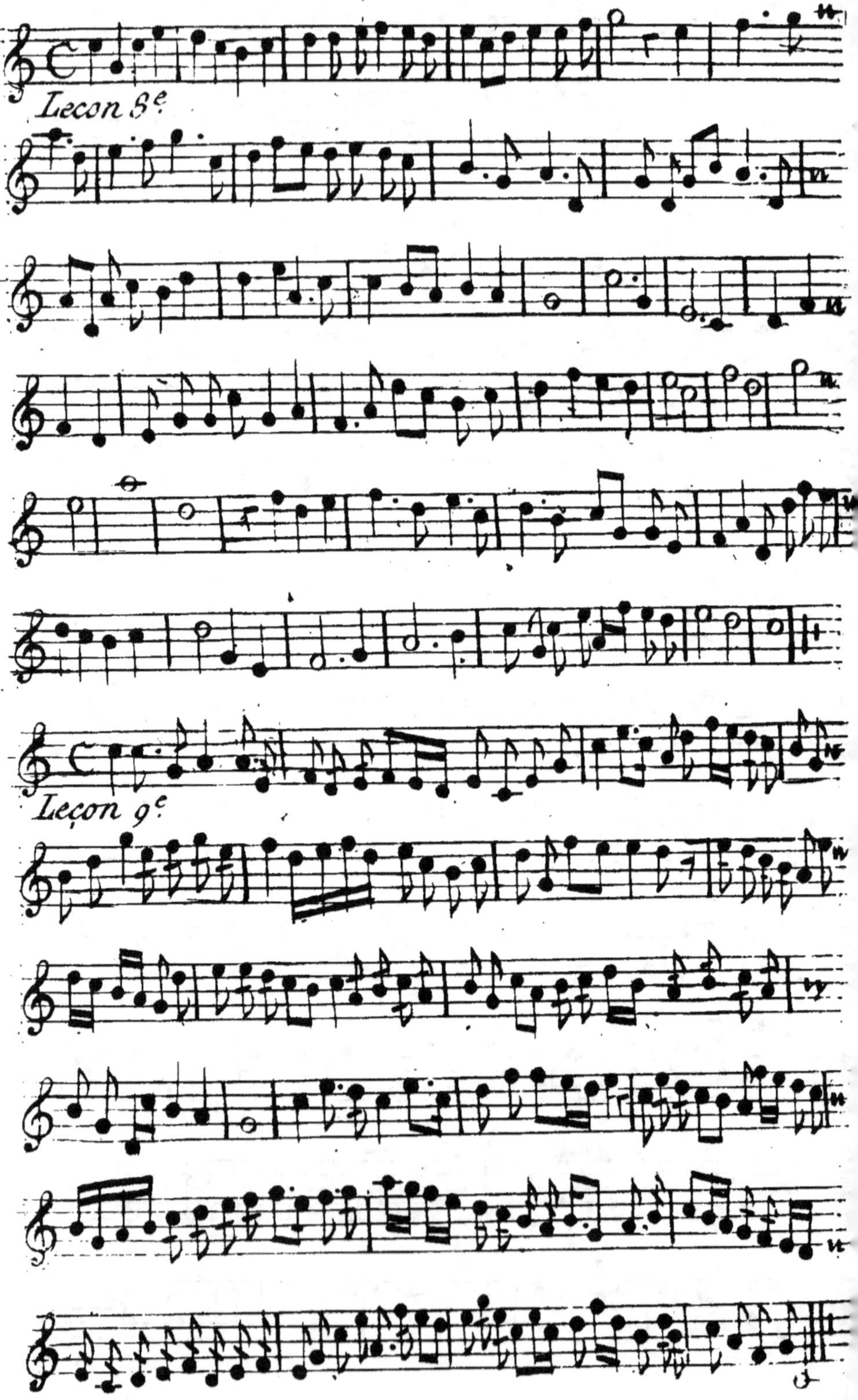

9
Leçon 8.e
Leçon 9.e

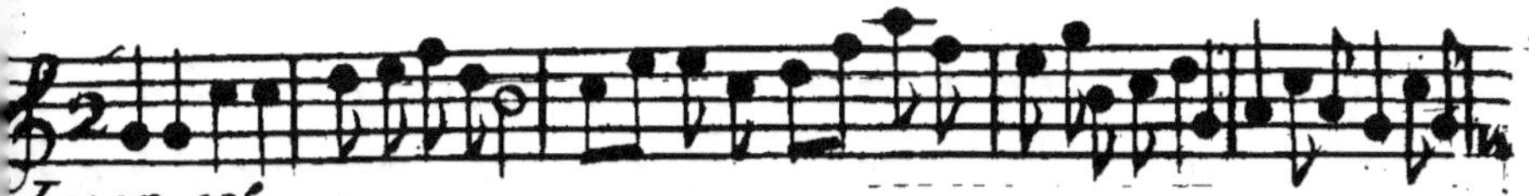

Leçon 10.e
Leçon 11.e

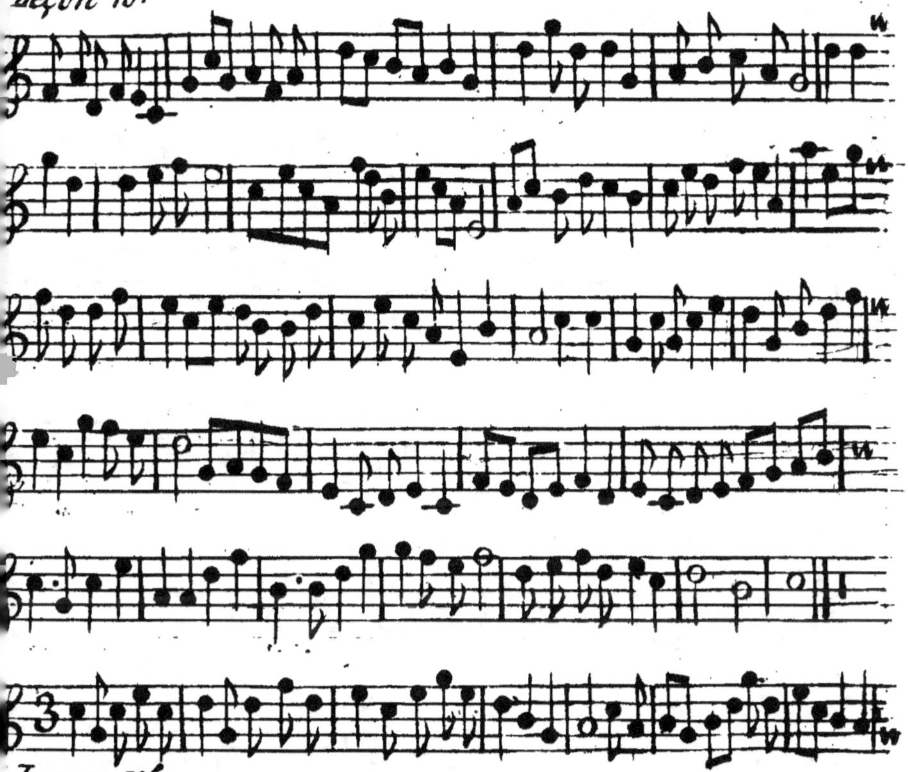

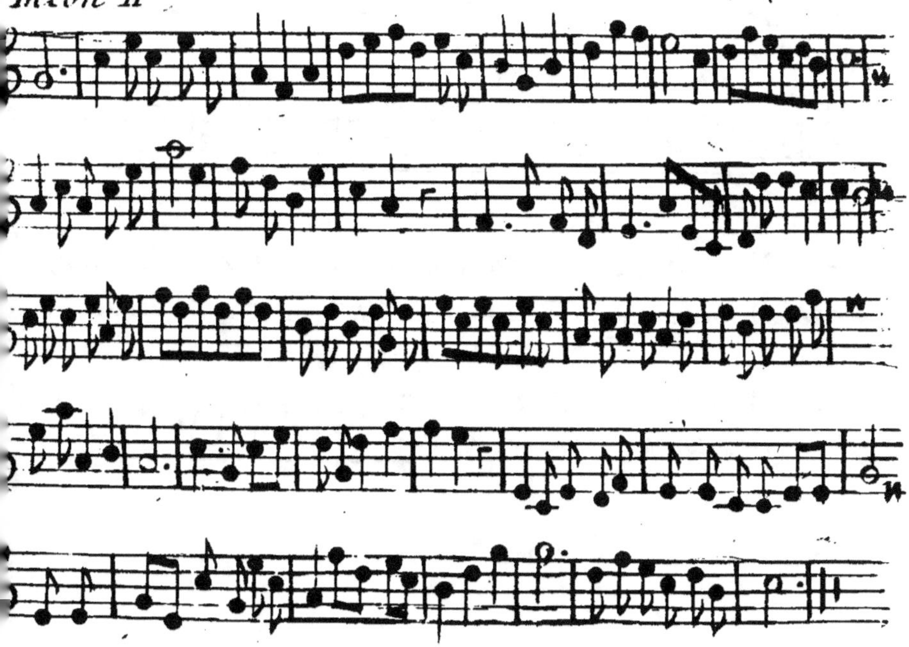

LES Mouvemens qui dérivent de la Mesure à deux Tems.
sont La Mesure a 2 Tems lent. qui se marque par un ¢ barré
et les Mesures composées a 2 quatre et 6 huit.

Ex. 11.e

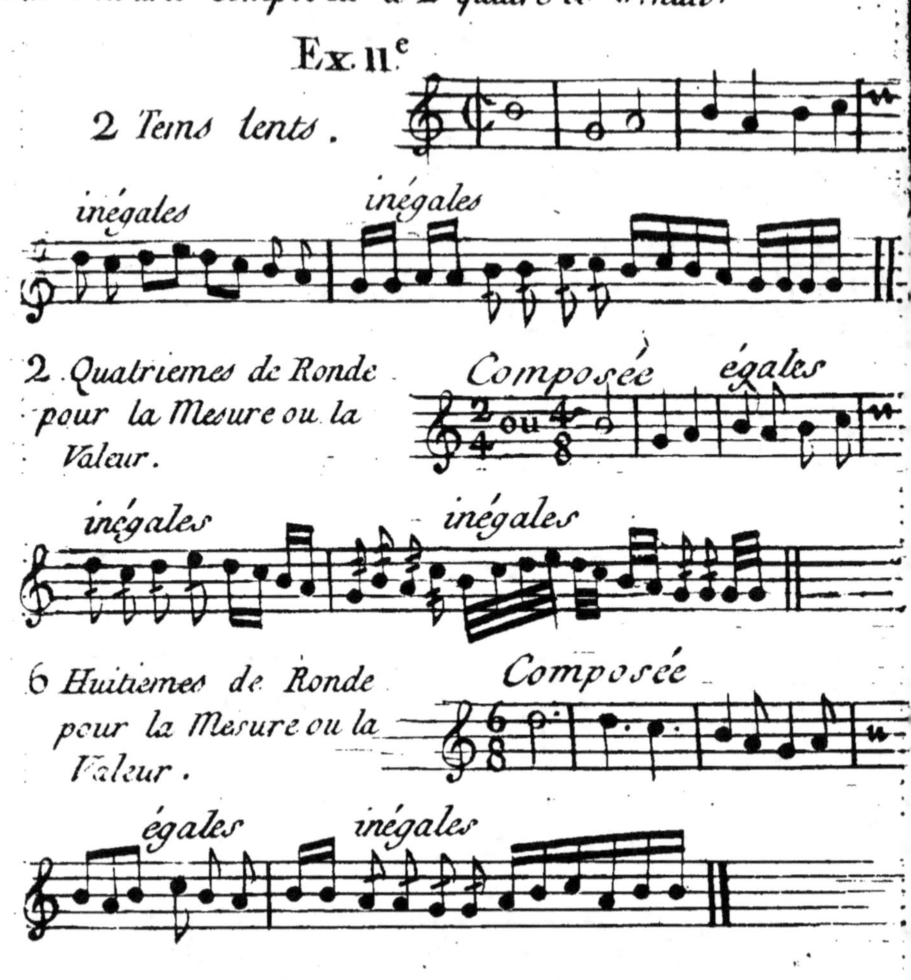

LES Mouvemens qui dérivent de la Mesure a 3 Tems,
sont la Mesure a 3 Deux a 3 Quatre et a 3 Huit

3 Deuxiemes de Ronde
pour la Mesure ou la valeur.

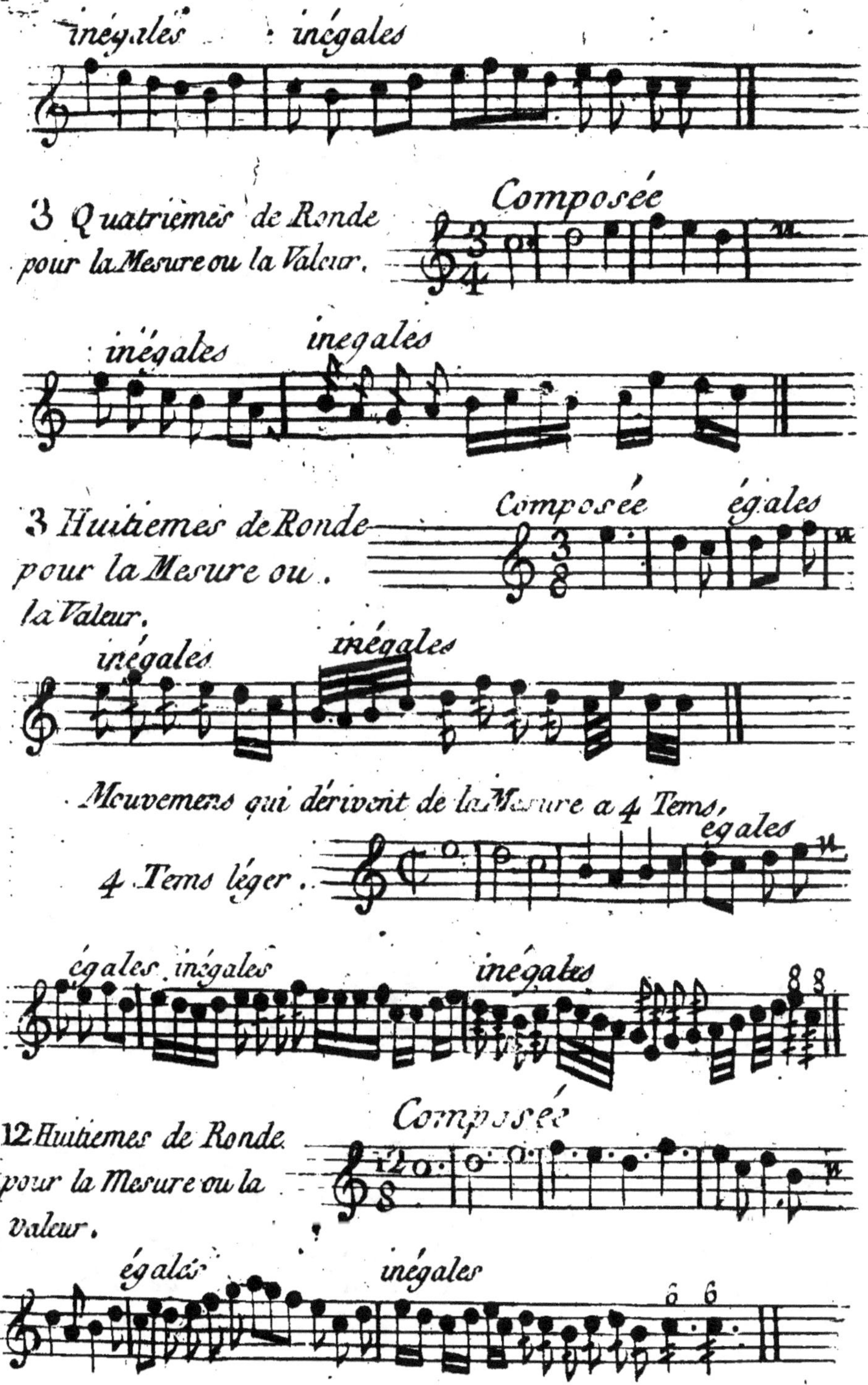
inégales   inégales
3 Quatriemes de Ronde pour la Mesure ou la Valeur.
Composée
inégales   inegales
3 Huitiemes de Ronde pour la Mesure ou la Valeur.
Composée   égales
inégales   inégales
Mouvemens qui dérivent de la Mesure a 4 Tems,
égales
4 Tems léger
égales inégales   inégales
12 Huitiemes de Ronde pour la Mesure ou la Valeur.
Composée
égalés   inégales

Des Diezes, Bémols, et Bequares.

Le Diezc ♯ fait hausser la Note d'un demi ton,
Le Bémol, ♭ fait baisser la Note d'un demi ton, et le
Bequart, ♮ remet dans le ton naturel, les Notes qui ont été
altérées par le dièze, ou bémol.

Exem. 12.ᵉ

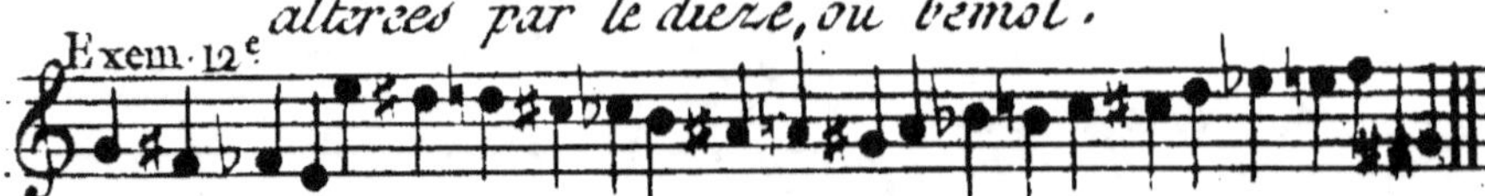

L'ordre qu'il faut observer pour la position des diezes ou
bémols a la clef; comme sur toutes les differentes positions
de Clefs.

Exemp 13.ᵉ

Les Diezes
se posent
sur   Fa   Ut   Sol   Ré   La   Mi   Si

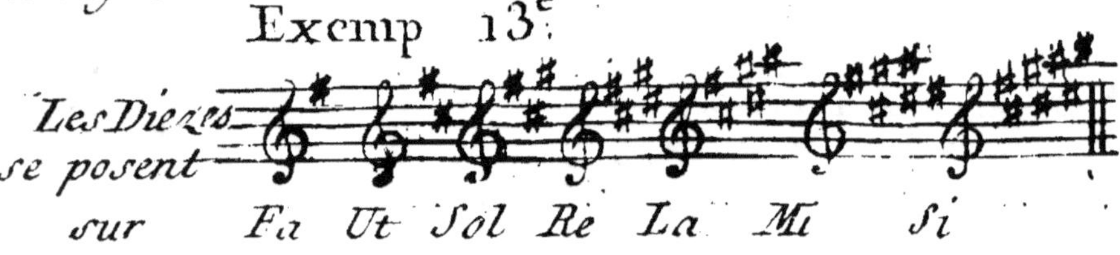

Les Bémols
se posent
sur   Si   Mi   La   Ré   Sol   Ut   Fa

Les Bequarts, peuvent remettre en ton naturel dans ce
même Ordre, toutes les Notes altérées, par ces diezes ou bemols,
mais les béquarts, ne sont pas moins inutils, et ne prevallent
que par l'usage.

Game Mineure

Exem. 14.ᵉ

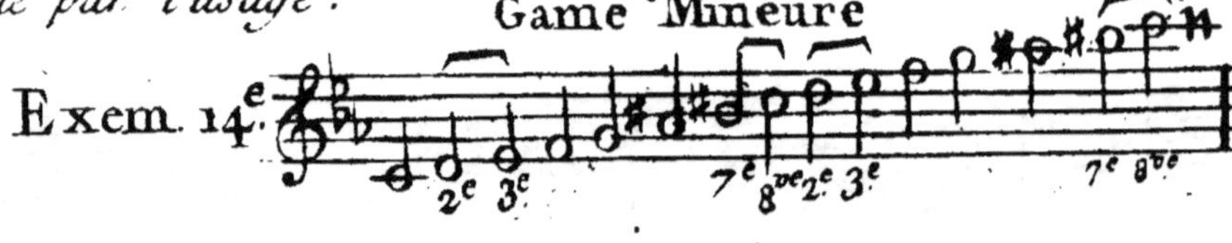

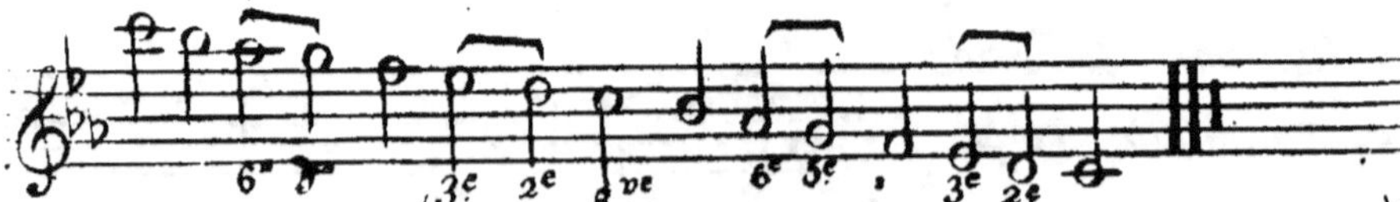

Les deux demi-tons, en montant sont de la 2.ᵉ a la 3.ᵉ Note, et de la
7.ᵉ a 8.ᵛᵉ mais en décendant les deux demi tons, sont de la 6.ᵉ a la 5.ᵉ
Note, et de la 3.ᵉ a la 2.ᵉ et semblablement en tous modes, ou tons
mineurs.

Les 12 Modes *ou Tons Majeurs. Les 12 Modes ou Tons Mineurs, et se pratiquent sur toutes les differentes positions de Clefs.* Exemp. 15.e

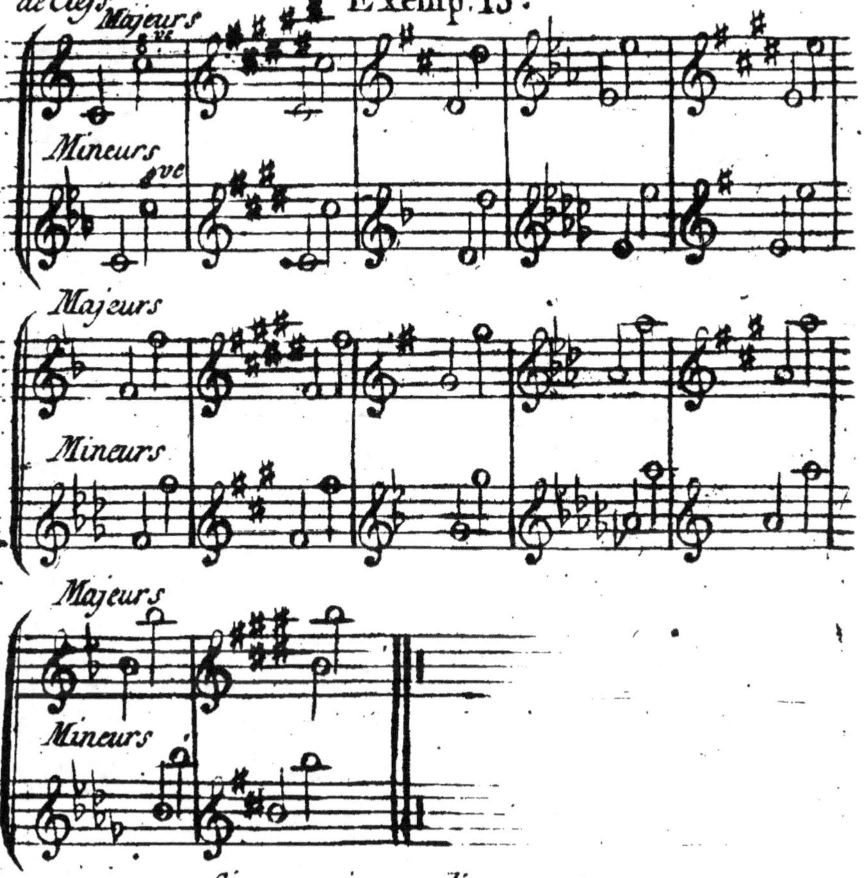

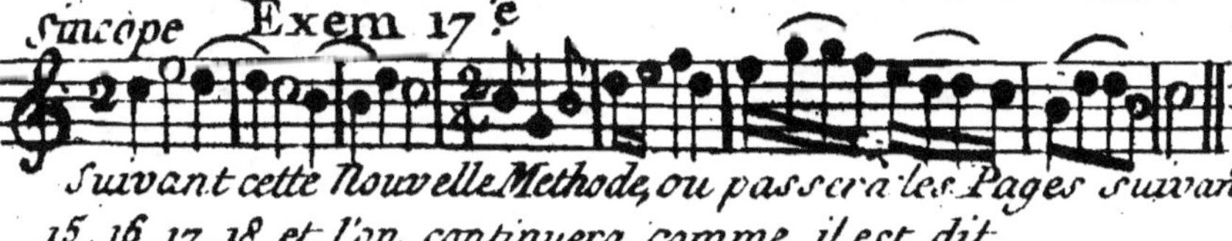

Signe, qui veut dire, recommencer. s'appelle Reprise

Signe de Renvoi

Exem 16.e

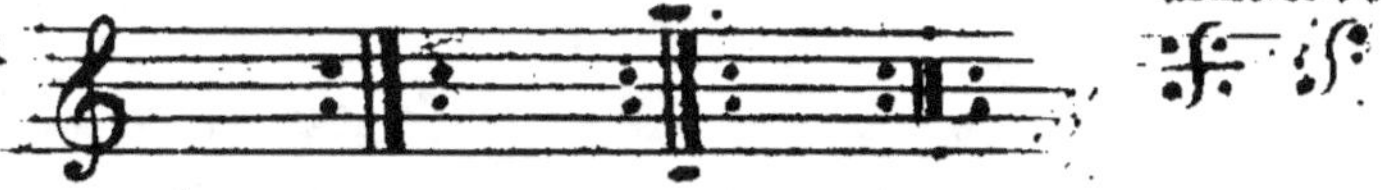

La Couronne, *ou liaison,* lie deux au plus grand Nombre, de Notes. ensemble, La Sincope participe sur deux tems, deux parties de tems, et moindre valeur.

Sincope Exem 17.e

Suivant cette Nouvelle Methode, ou passera les Pages suivantes 15. 16. 17. 18 et l'on continuera comme il est dit.

Pour apprendre les Notes, sur toutes les positions des Clefs, et suivant la nouvelle Méthode sur la seule Clef de Fa, à la 4e ligne No. 6e.

Exemp. 18e.   Tons principaux Majeurs

La	Fa	Re	Si	Sol	Mi	Mi	Ut
No 1e.	2e.	3e.	4e.	5e.	6e.	6e.	7e.

Game   pour tous ces Tons.

No 1. La Si Ut Re Mi Fa Sol La Si Ut Re Mi Fa Sol La
2e Fa Sol La Si Ut Re Mi Fa Sol La Si Ut Re Mi Fa
3e Re Mi Fa Sol La Si Ut Re Mi Fa Sol La Si Ut Re
4 Si Ut Re Mi Fa Sol La Si Ut Re Mi Fa Sol La Si
5e Sol La Si Ut Re Mi Fa Sol La Si Ut Re Mi Fa Sol
6e Mi Fa Sol La Si Ut Re Mi Fa Sol La Si Ut Re Mi
7e Ut Re Mi Fa Sol La Si Ut Re Mi Fa Sol La Si Ut

Ce No. 7e. est la Game naturelle et le Modéle.

La Sol Fa Mi Re Ut Si La Sol Fa Mi Ré Ut Si La
Fa Mi Re Ut Si La Sol Fa Mi Re Ut Si La, Sol, Fa
Re Ut Si La Sol Fa Mi Re Ut Si La Sol Fa Mi Re
Si La Sol Fa Mi Re Ut Si La Sol Fa Mi Re Ut Si
Sol Fa Mi Re Ut Si La Sol Fa Mi Re Ut Si La Sol
Mi Re Ut Si La Sol Fa Mi Re Ut Si La Sol Fa Mi
Ut Si La Sol Fa Mi Re Ut Si La Sol Fa Mi Re Ut

= des autres Games.

Tons principeaux Mineurs

Ex. 19ᵉ

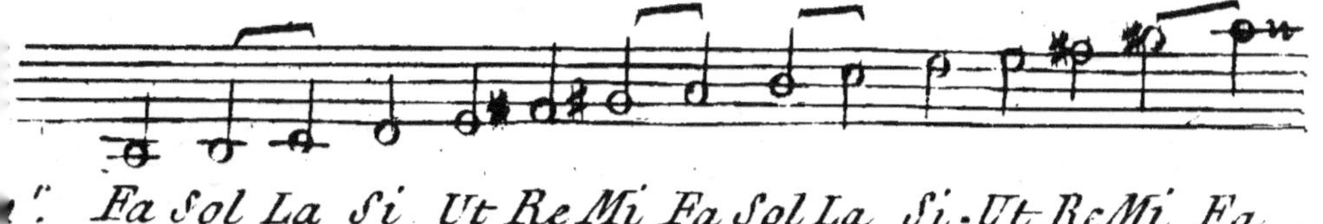

Game pour tous ces Tons

1ʳ. Fa Sol La Si Ut Re Mi Fa Sol La Si Ut Re Mi Fa
2ᵉ Re Mi Fa Sol La Si Ut Re Mi Fa Sol La Si Ut Ré
3ᵉ Si Ut Re Mi Fa Sol La Si Ut Re Mi Fa Sol La Si
4ᵉ Sol La Si Ut Re Mi Fa Sol La Si Ut Re Mi Fa Sol
5ᵉ Mi Fa Sol La Si Ut Re Mi Fa Sol La Si Ut Re Mi
6ᵉ Ut Re Mi Fa Sol La Si Ut Re Mi Fa Sol La Si Ut
7ᵉ La Si Ut Ré Mi Fa Sol La Si Ut Ré Mi Fa Sol La

Ce N° 7ᵉ est la Game naturelle et le Modéle.

Fa Mi Re Ut Si La Sol Fa Mi Re Ut Si La Sol Fa
Ré Ut Si La Sol Fa Mi Ré Ut Si La Sol Fa Mi Ré
Si La Sol Fa Mi Re Ut Si La Sol Fa Mi Re Ut Si
Sol Fa Mi Re Ut Si La Sol Fa Mi Ré Ut Si La Sol
Mi Re Ut Si La Sol Fa Mi Re Ut Si La Sol Fa Mi
Ut Si La Sol Fa Mi Re Ut Si La Sol Fa Mi Re Ut
La Sol Fa Mi Ré Ut Si La Sol Fa Mi Ré Ut Si La
des autres Games

LEÇONS, sur toutes les positions de Clefs dans chaque ton Majeur la, fà, ré, si, sol, mi, ut. et seulement pour cette Nouvelle Methode sur la Clef de fà à la 4.e ligne en mi trois be mols à la Clef

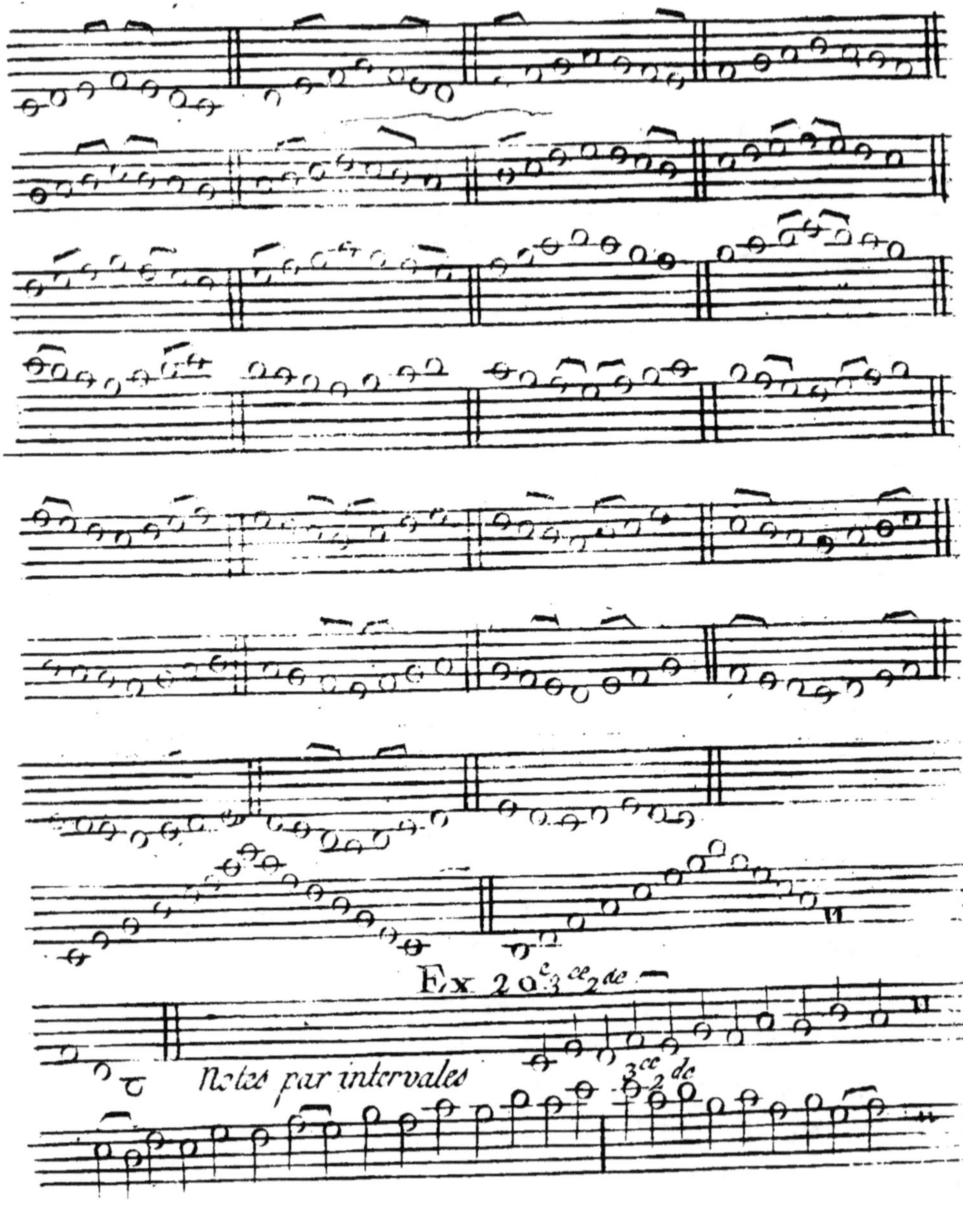

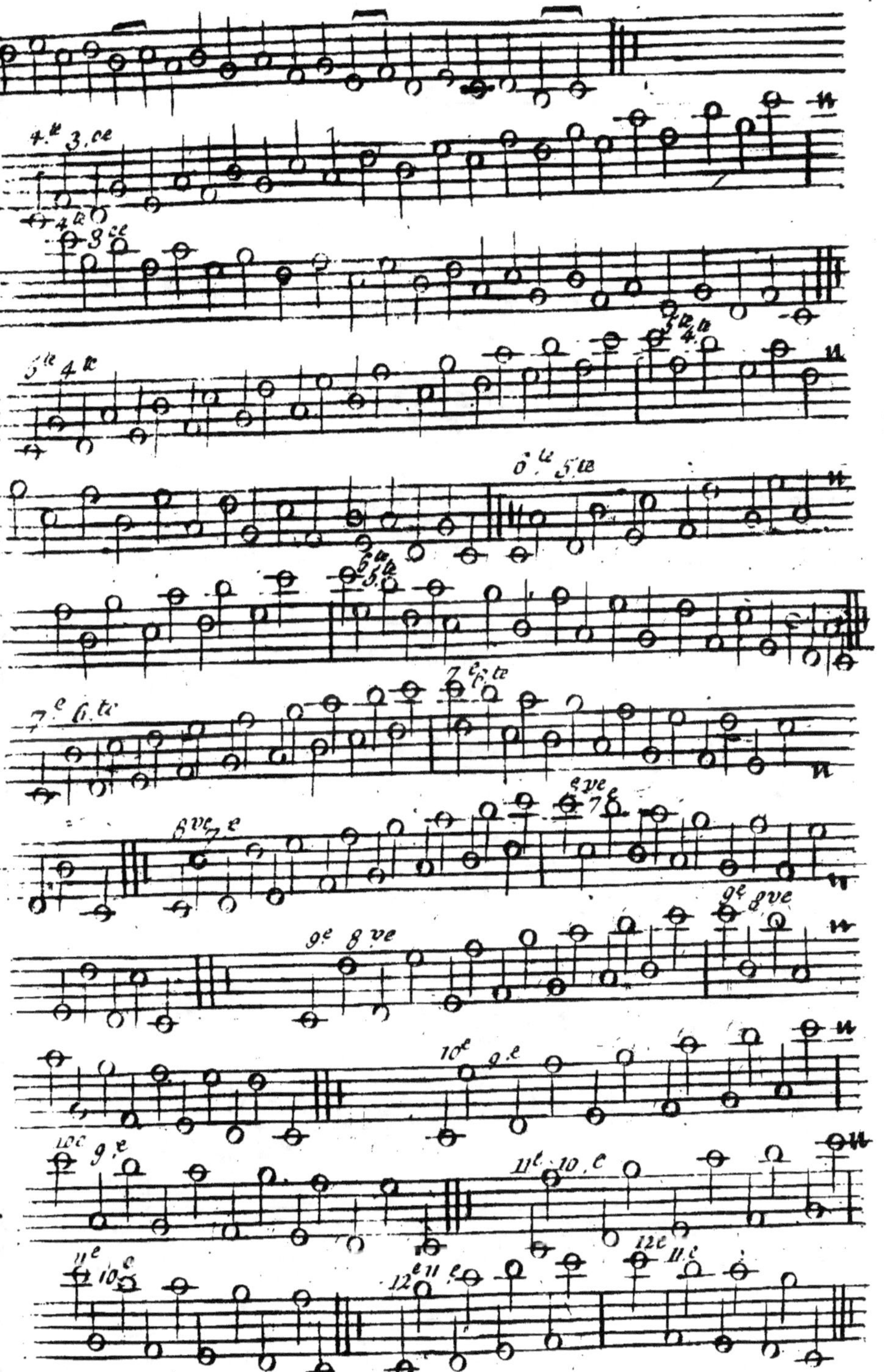

19 Ex. 21.e Tons principeaux Majeurs
La Fa Re Si Sol Mi Ut 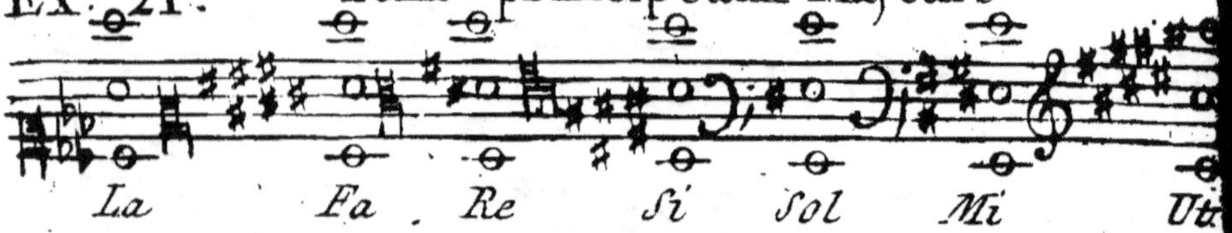
Leçon pour tous ces Tons, et seulement sur la Clef de
Sol a la 2e ligne et de Fa sur la 4e pour la Nouv.le Methode.

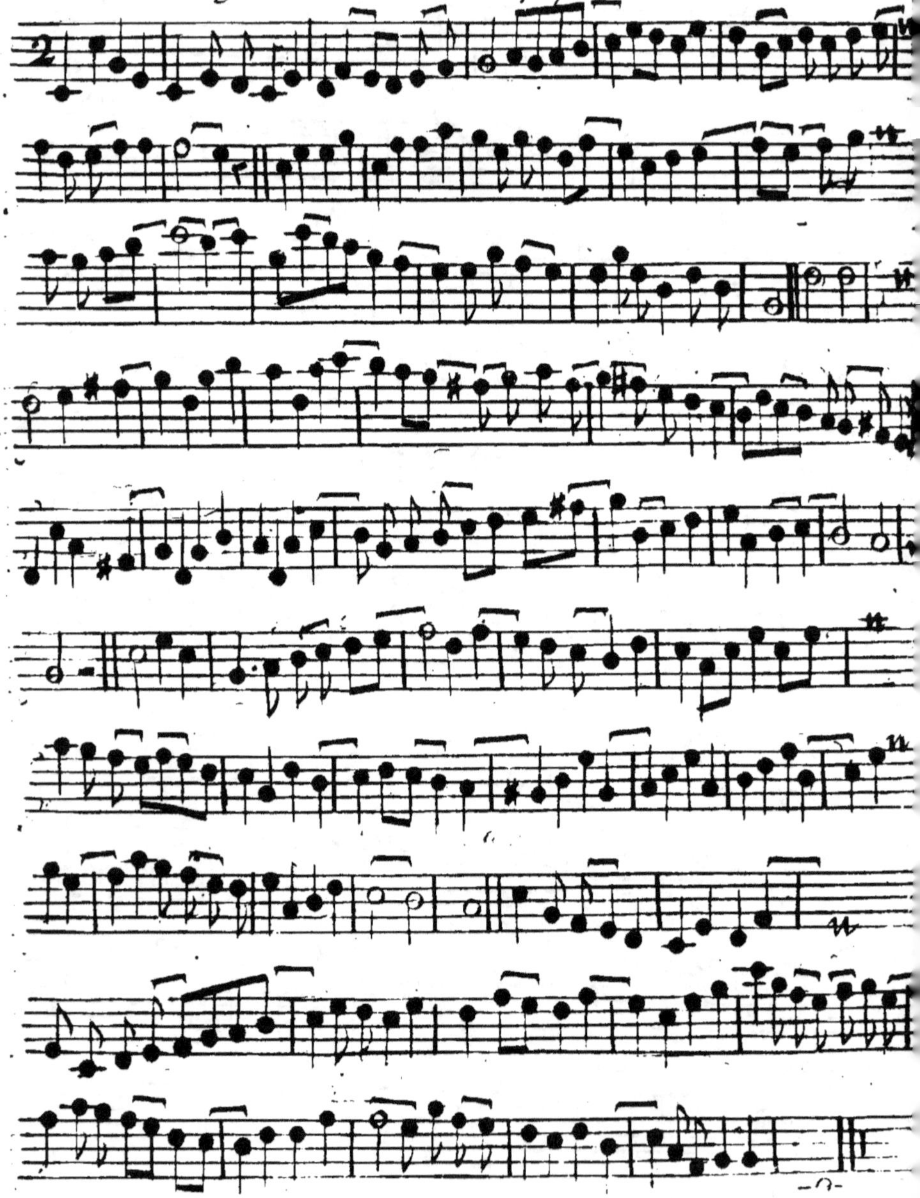

Ex 22.e Tons principeaux Mineurs

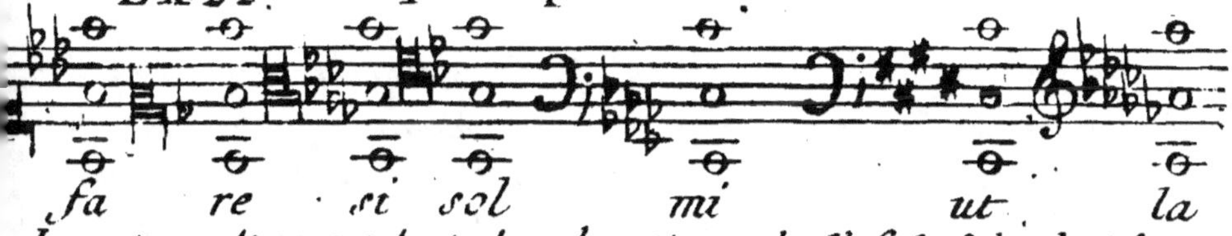

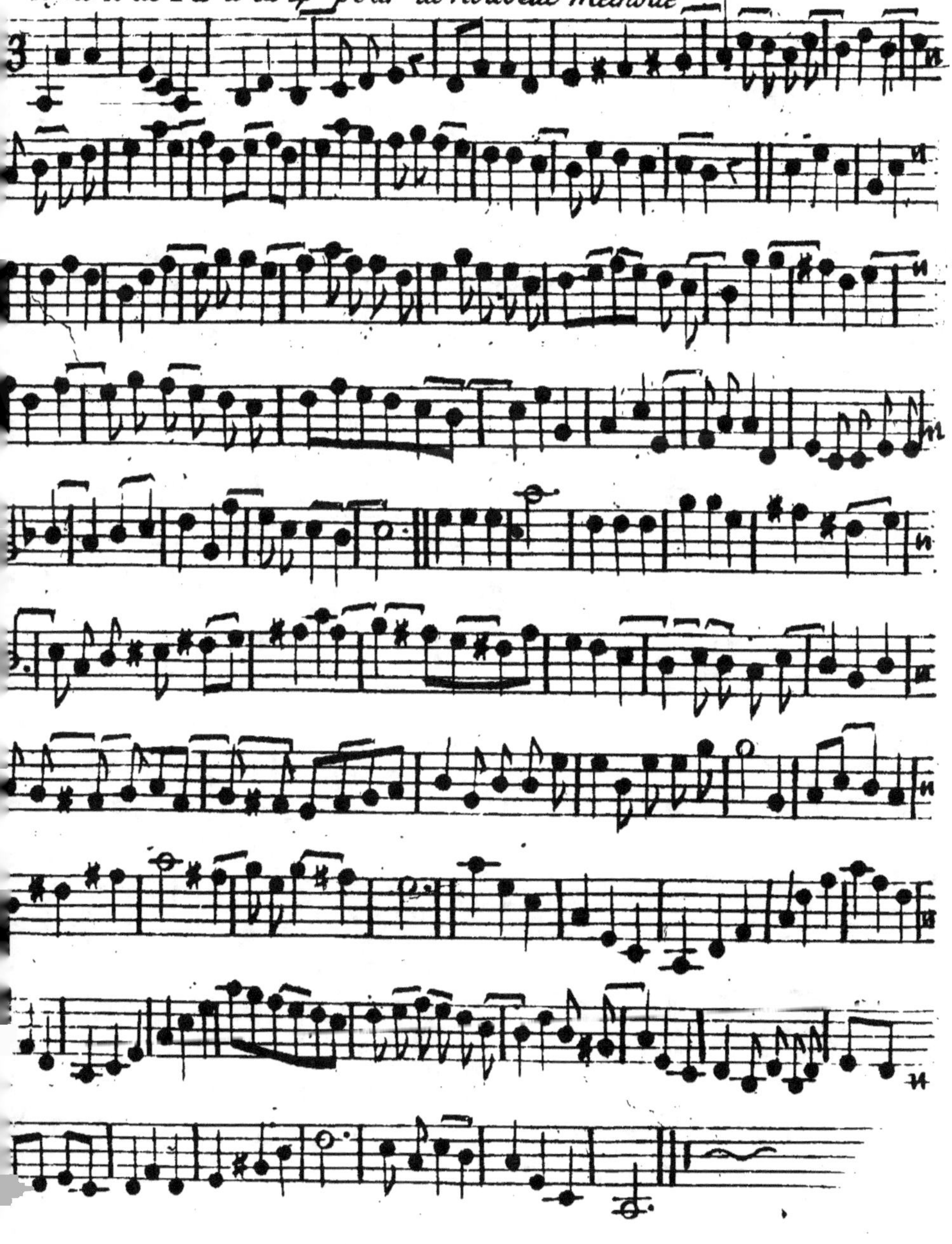

Pour apprendre la Musique sur la Clef de Fa, conformement a cette Nou[velle]
Méthode toutes les Leçons suivantes et celles a chanter se transcriront et se
transposeront sur cette Clef une quarte au dessous, c'est a dire, une Leçon
en Ton Ut Majeur se transposera en Sol Majeur, Ré en Fa, Mi en Si
&c &c. semblablement en ton Mineur, exemple a cet effet

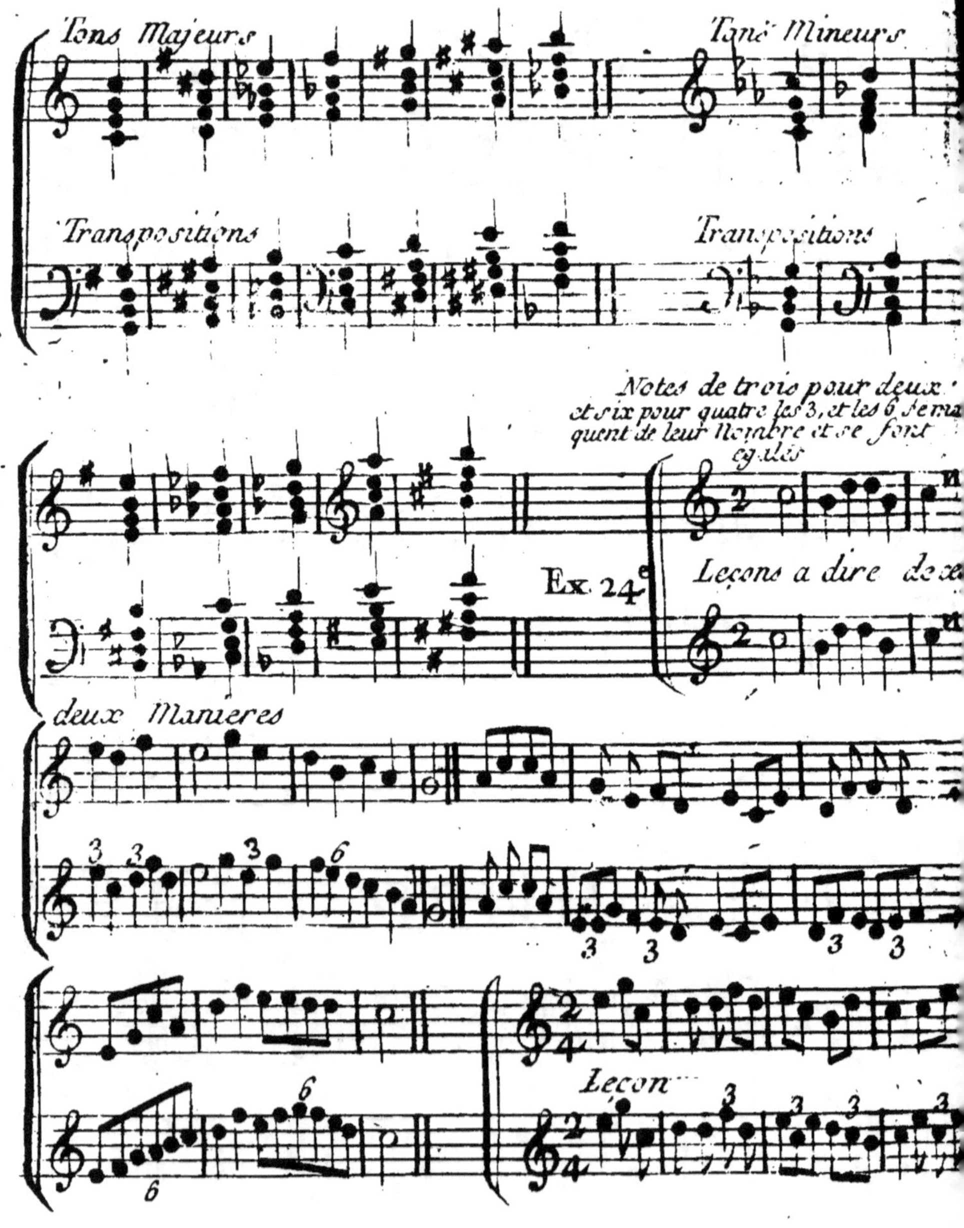

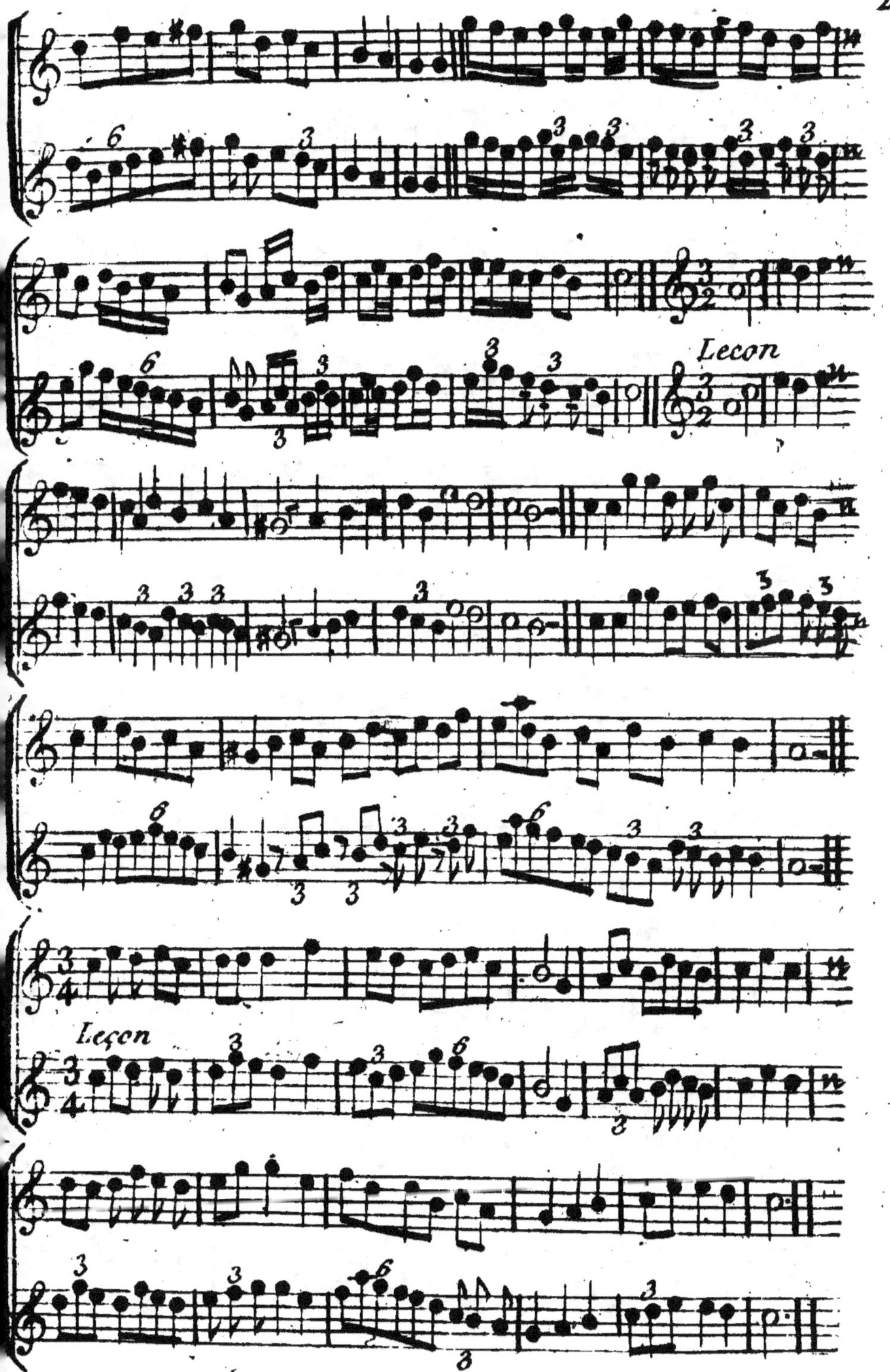
Lecon
Leçon

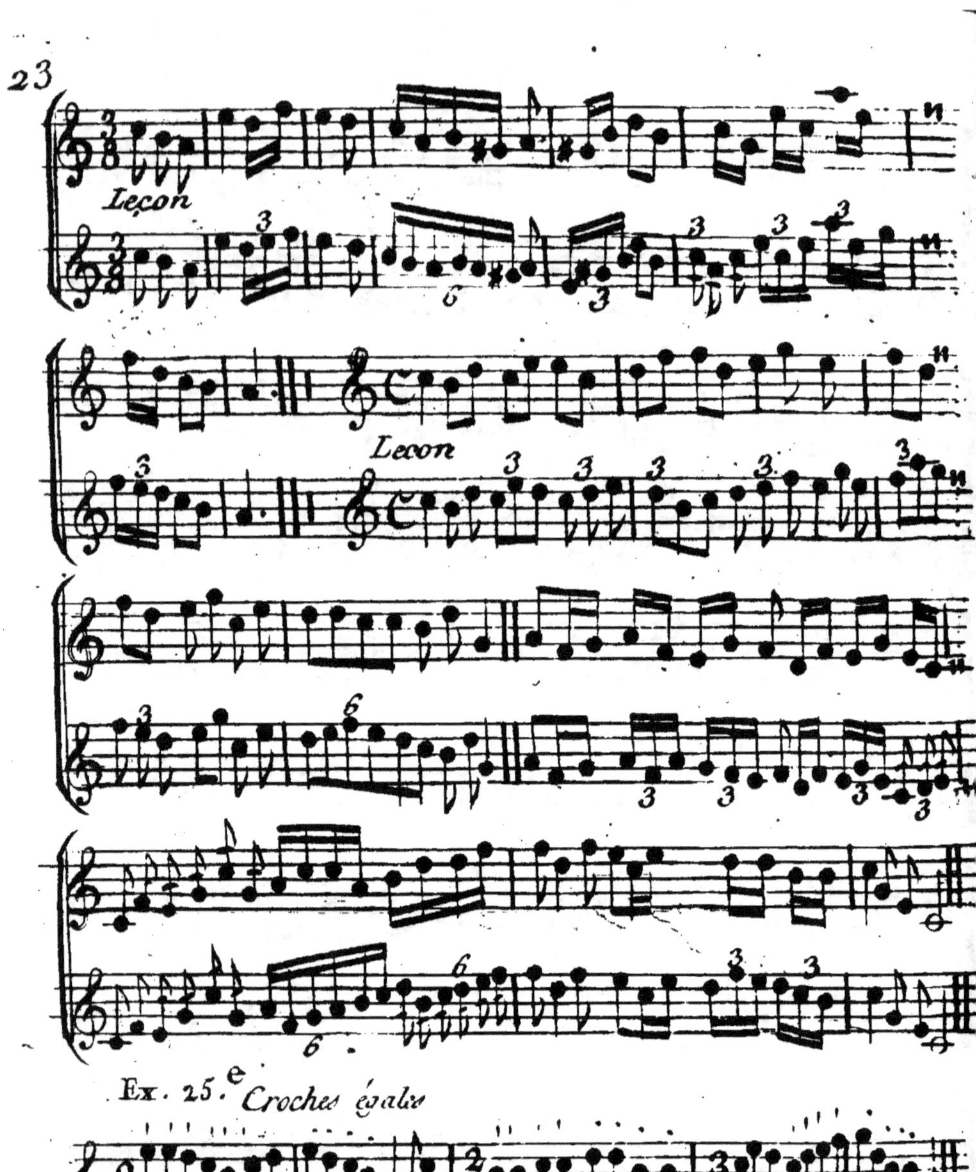

LEÇON.S pour battre la Mesure dans tous les mouvemens ou
sont rassemblés tous les Principes, et conformement a cette nouvel.
Methode on ne fera que parler les Notes sans les chanter jusqu'a
la page. 35. Leçon 20

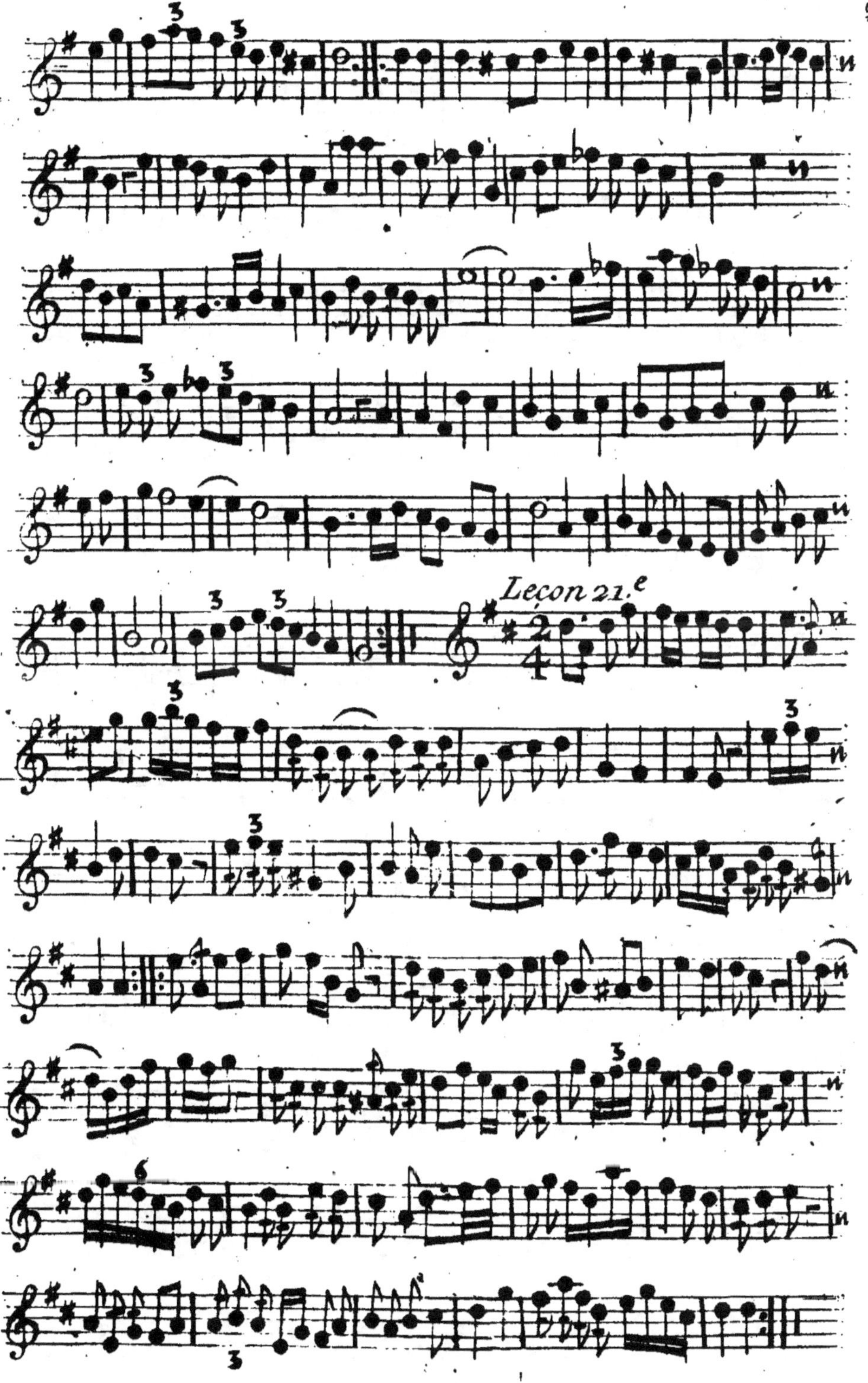
Leçon 21.e

Leçon 22.e
Leçon 23.e

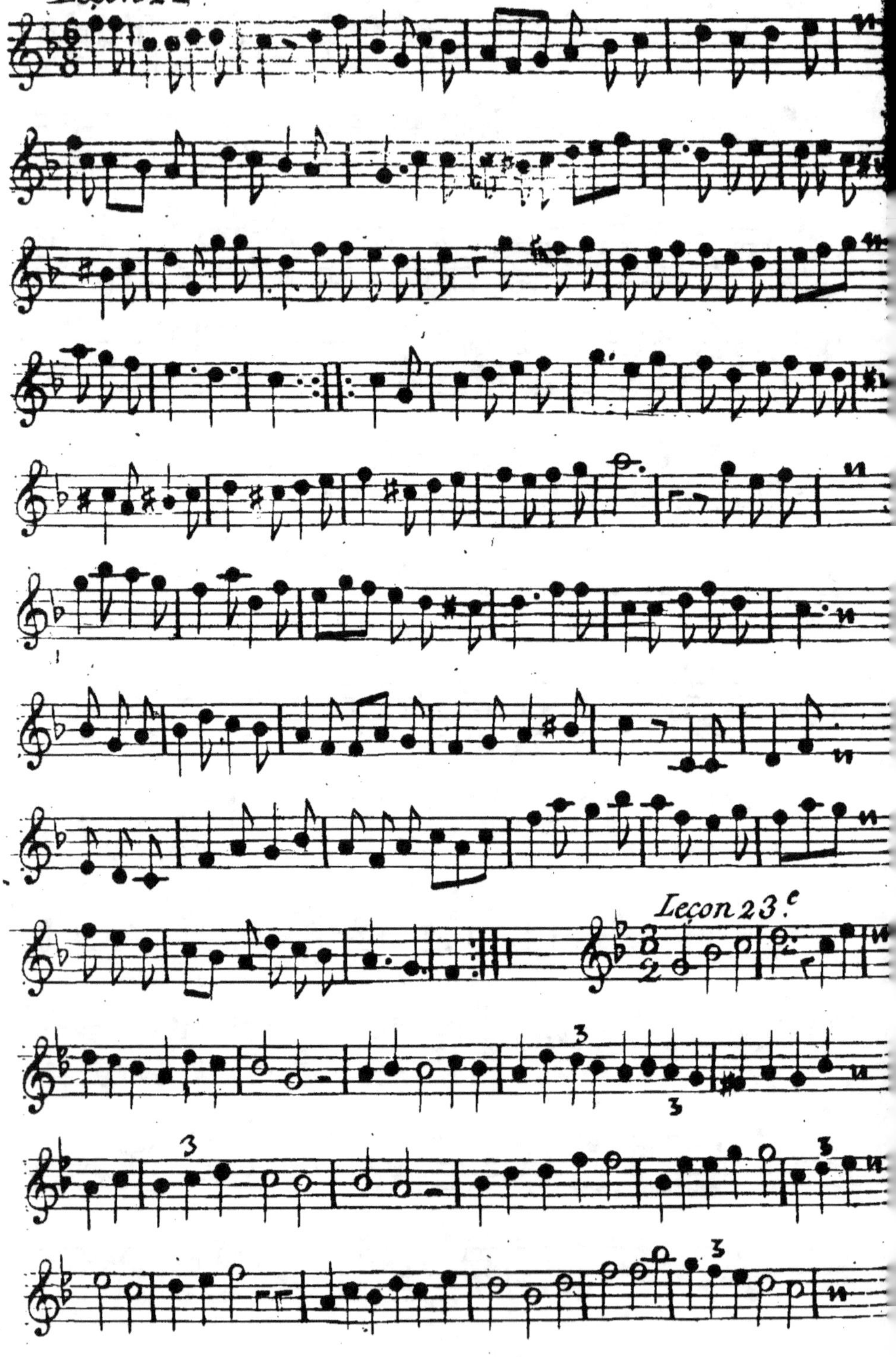

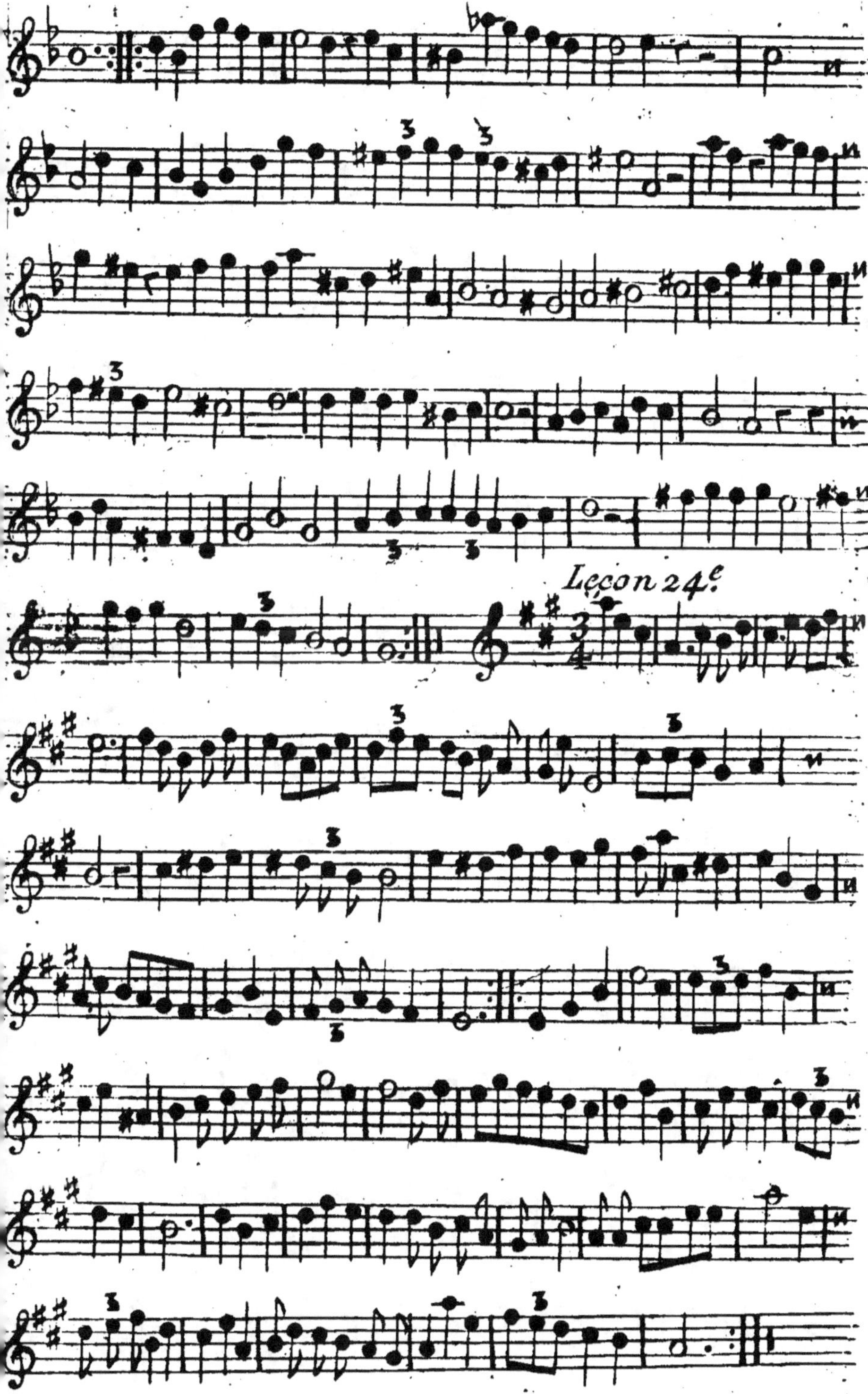
Leçon 24.e

27
Lecon 25.e
Lecon 26.e

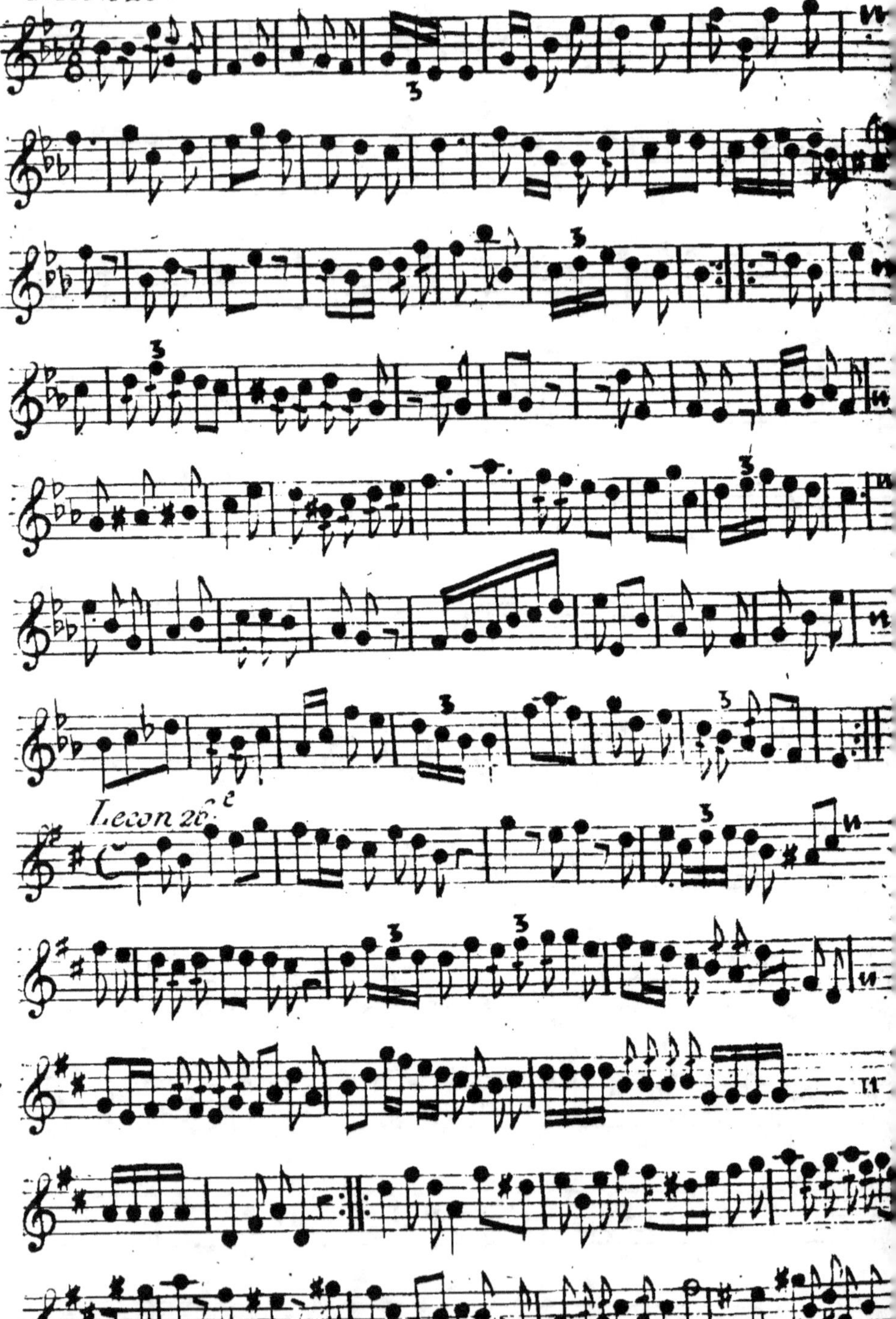

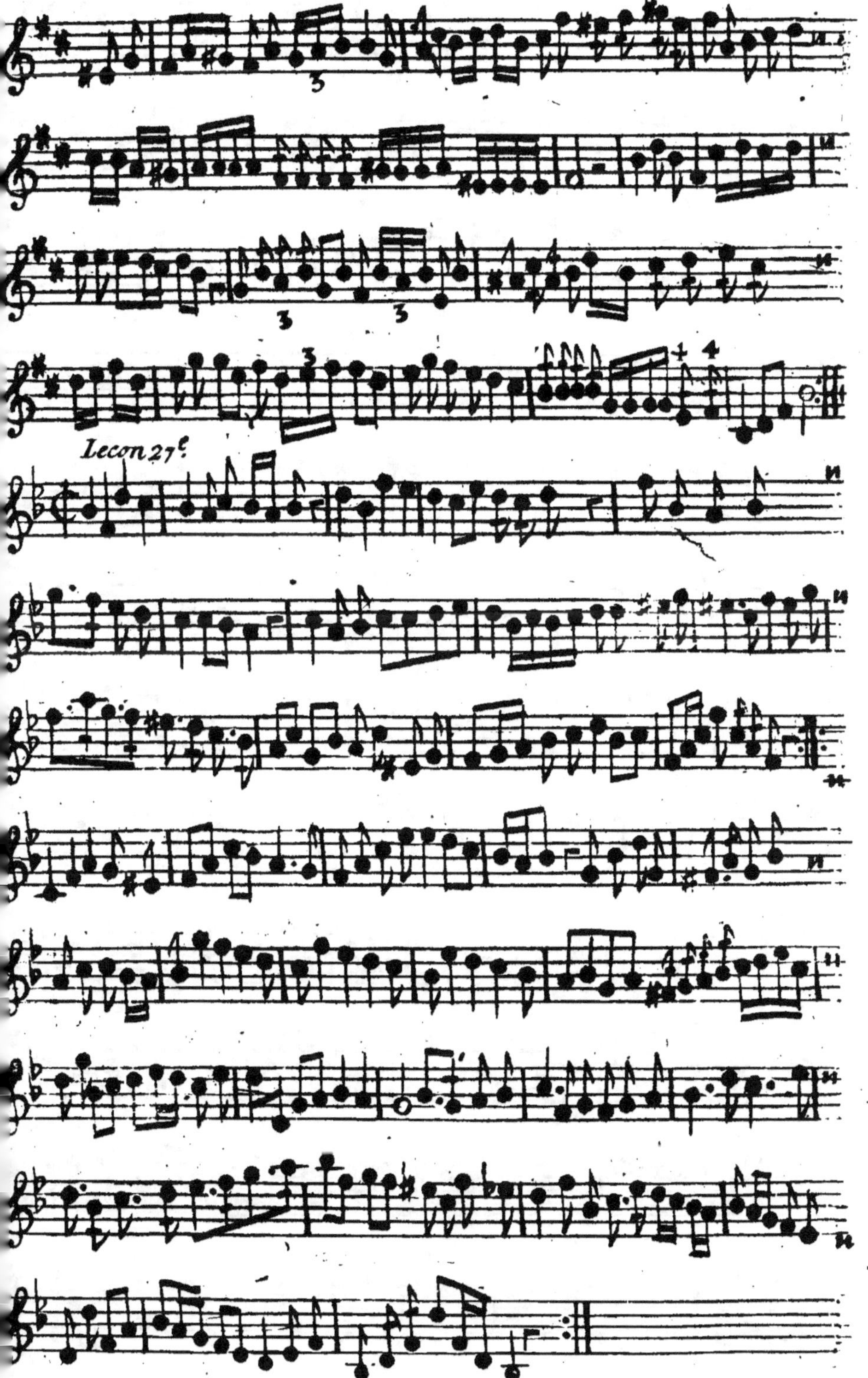
Lecon 27.e

Leçon 28.e

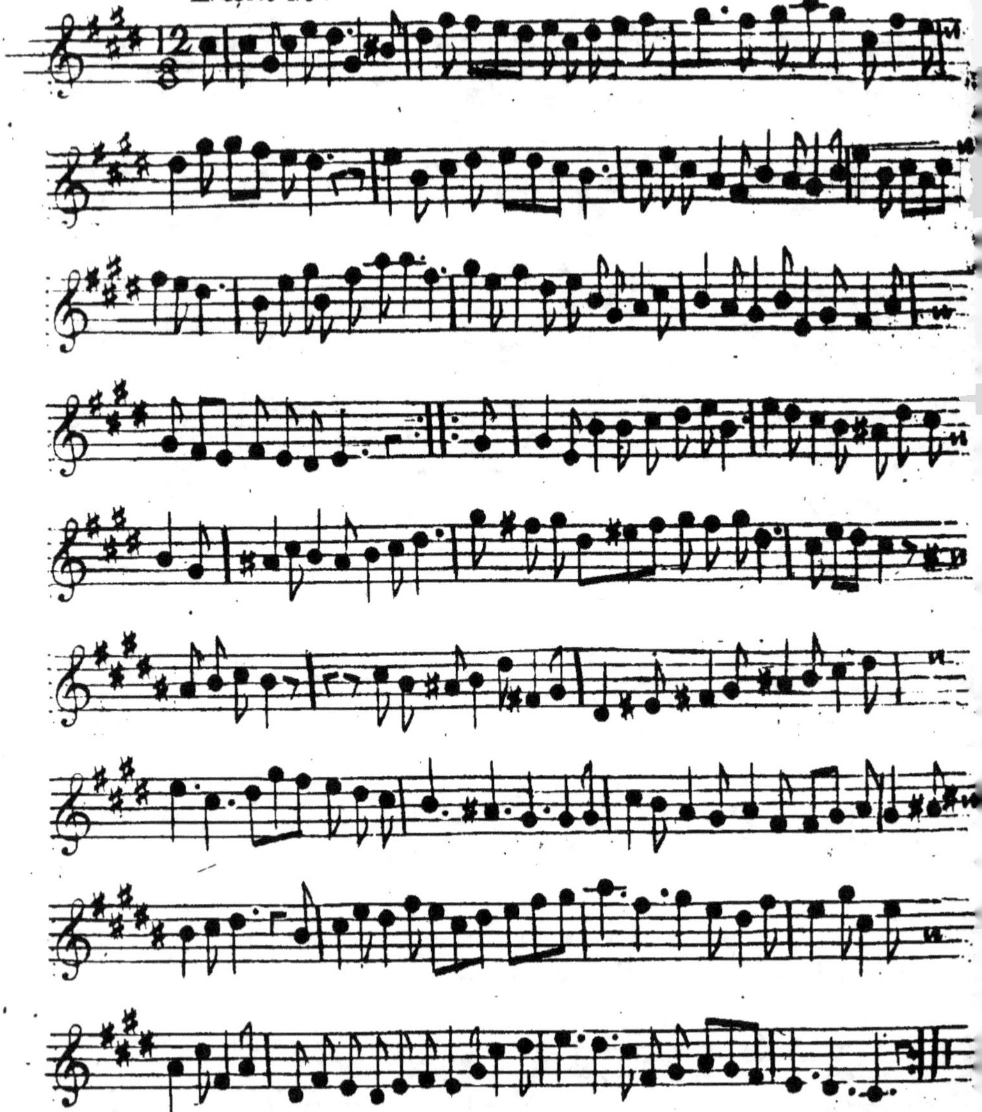

Leçon 29.e

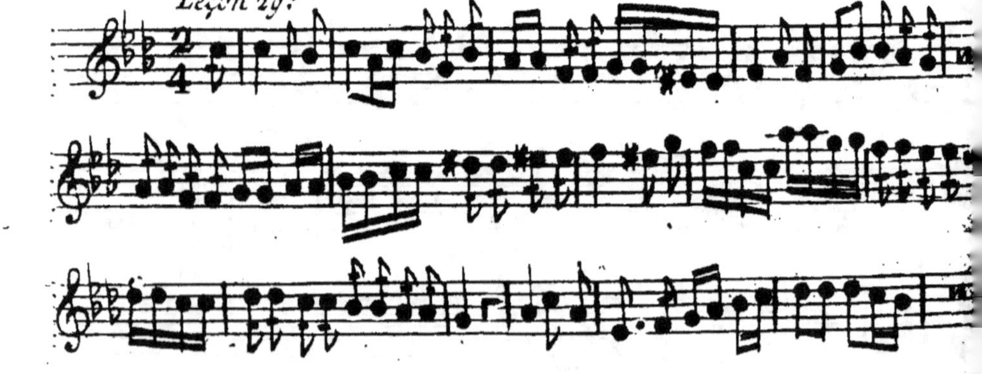

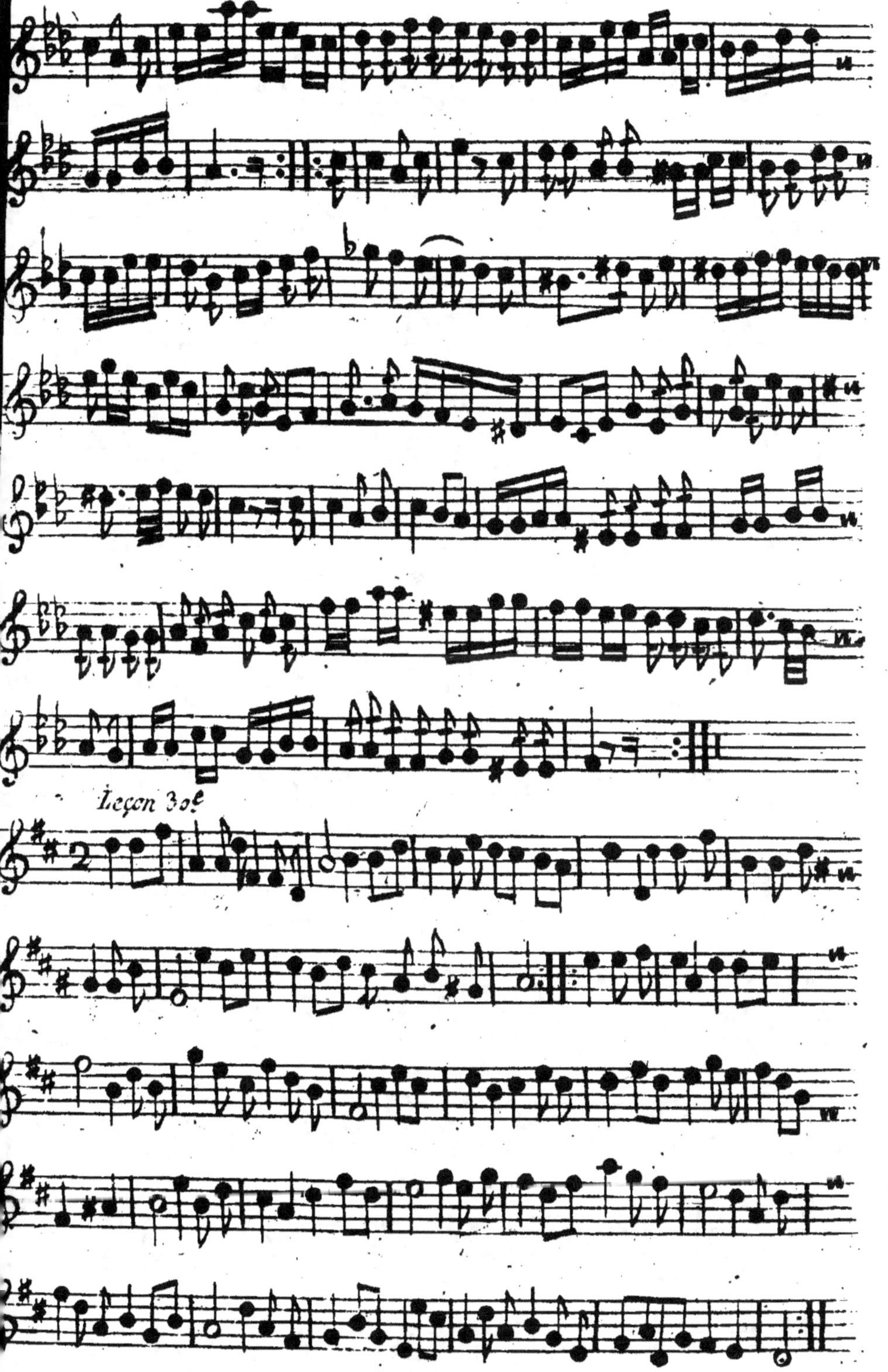
Leçon 30e

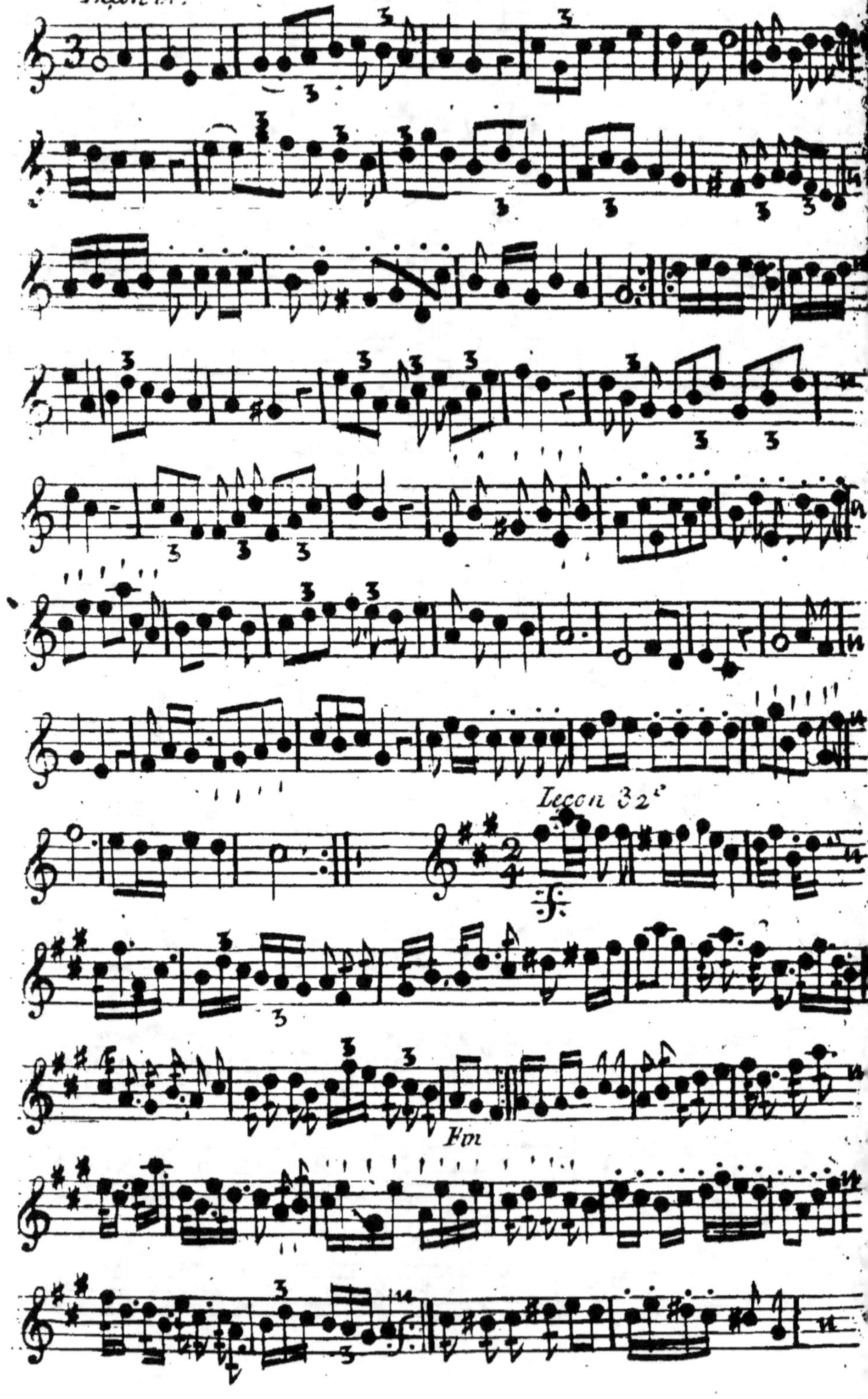
Leçon 31.e
Leçon 32.e
Fm

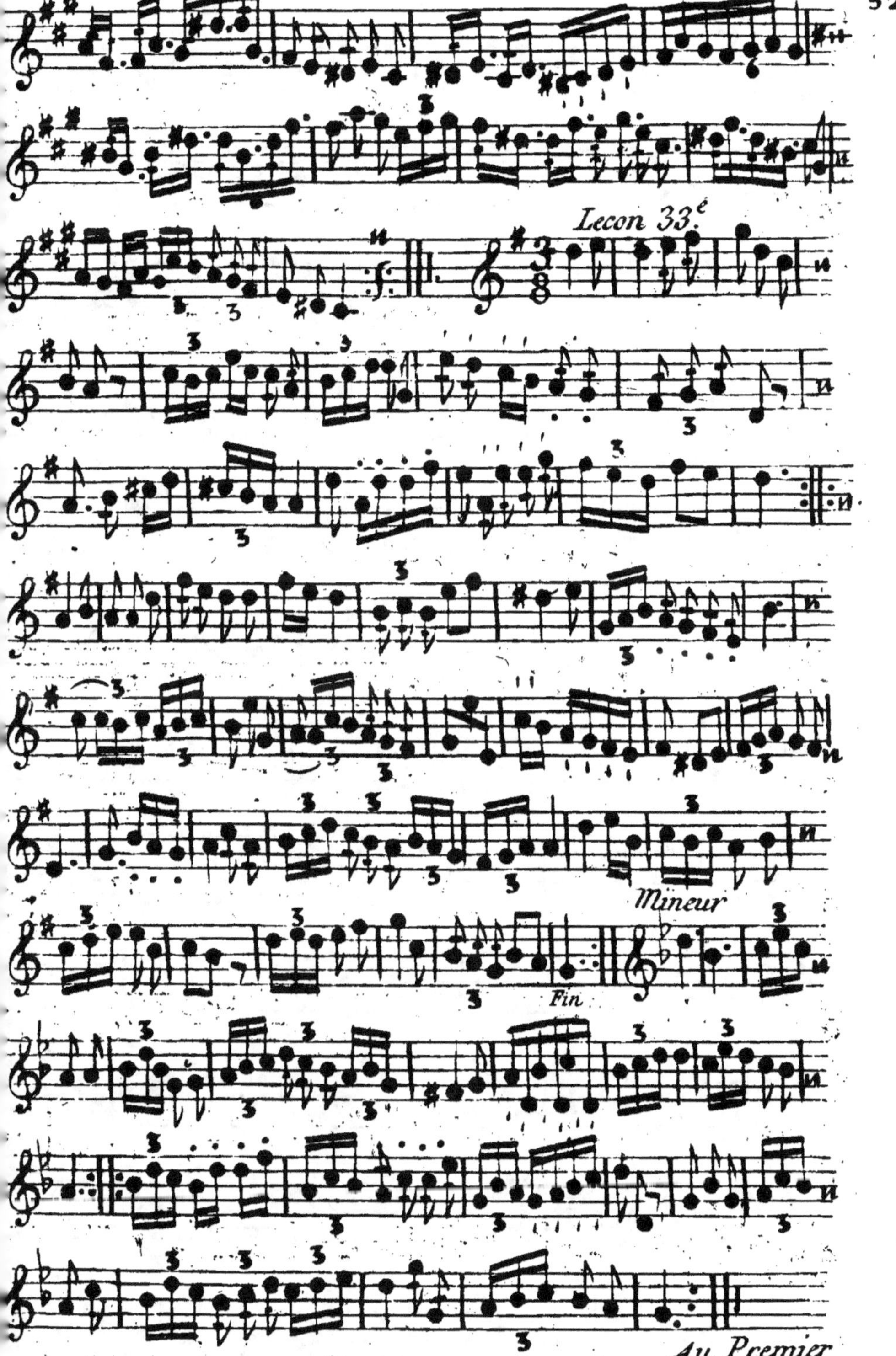
Lecon 33.e
Mineur
Fin
Au Premier

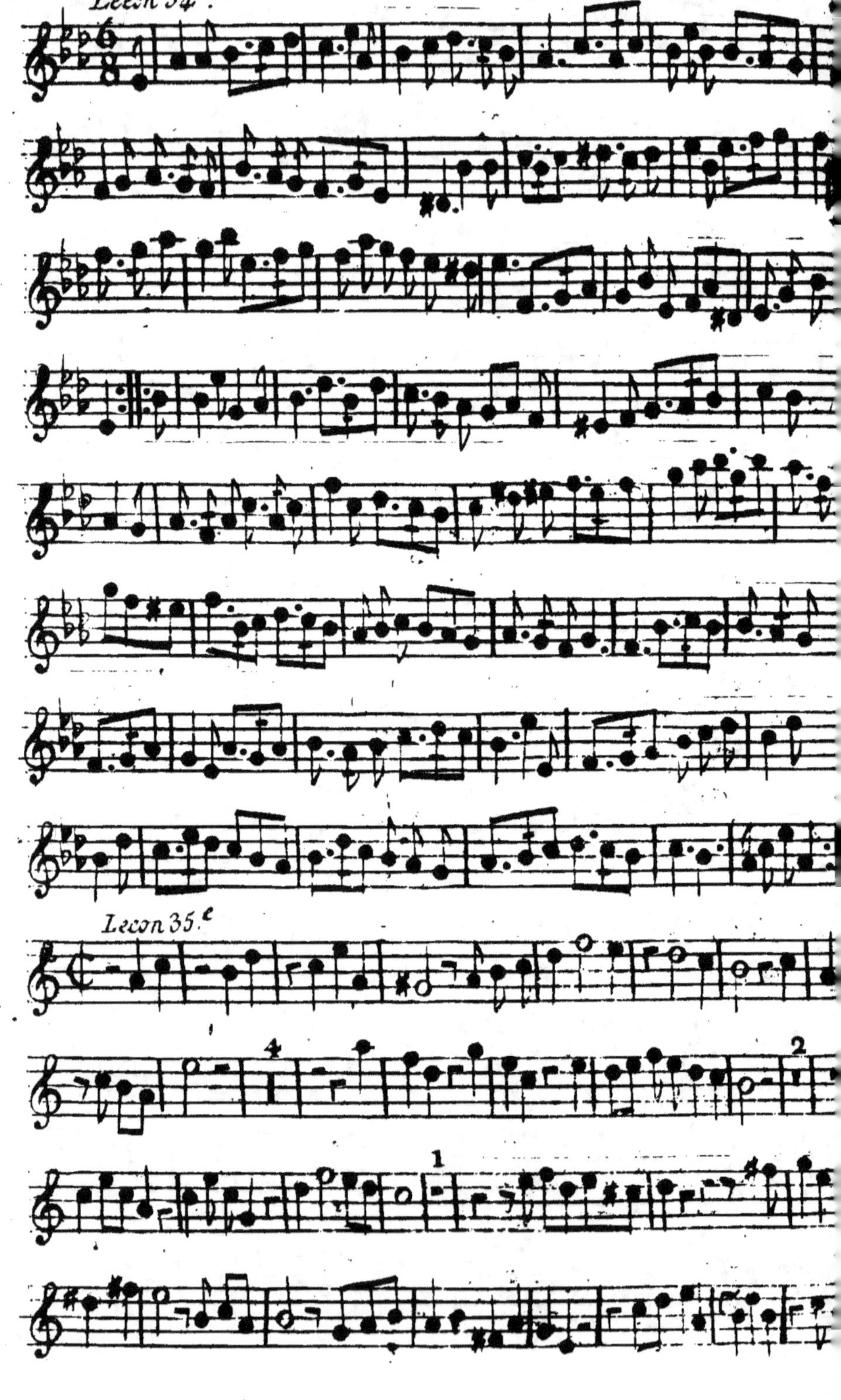
Leçon 34.e
Lecon 35.e

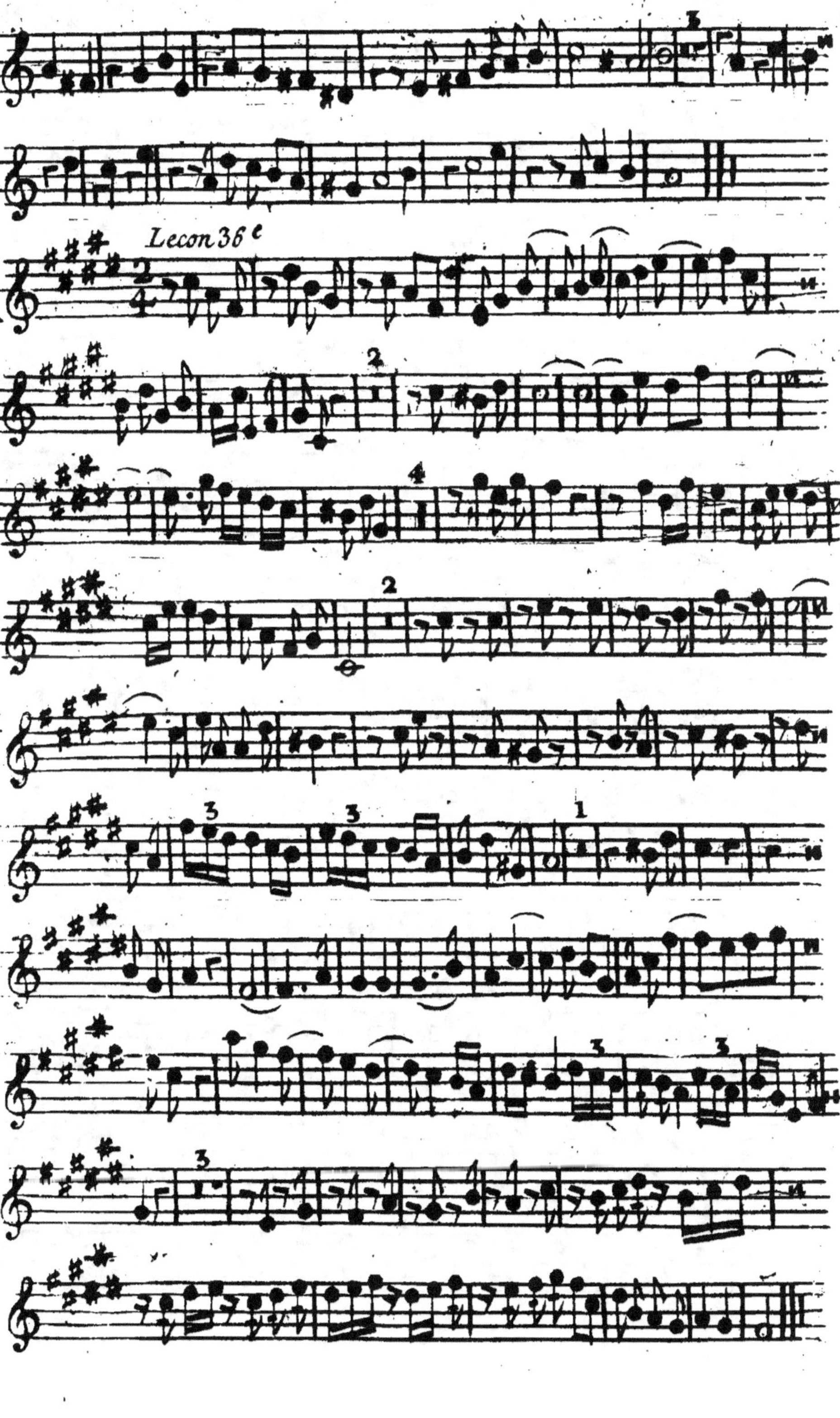

Lecon 36.e

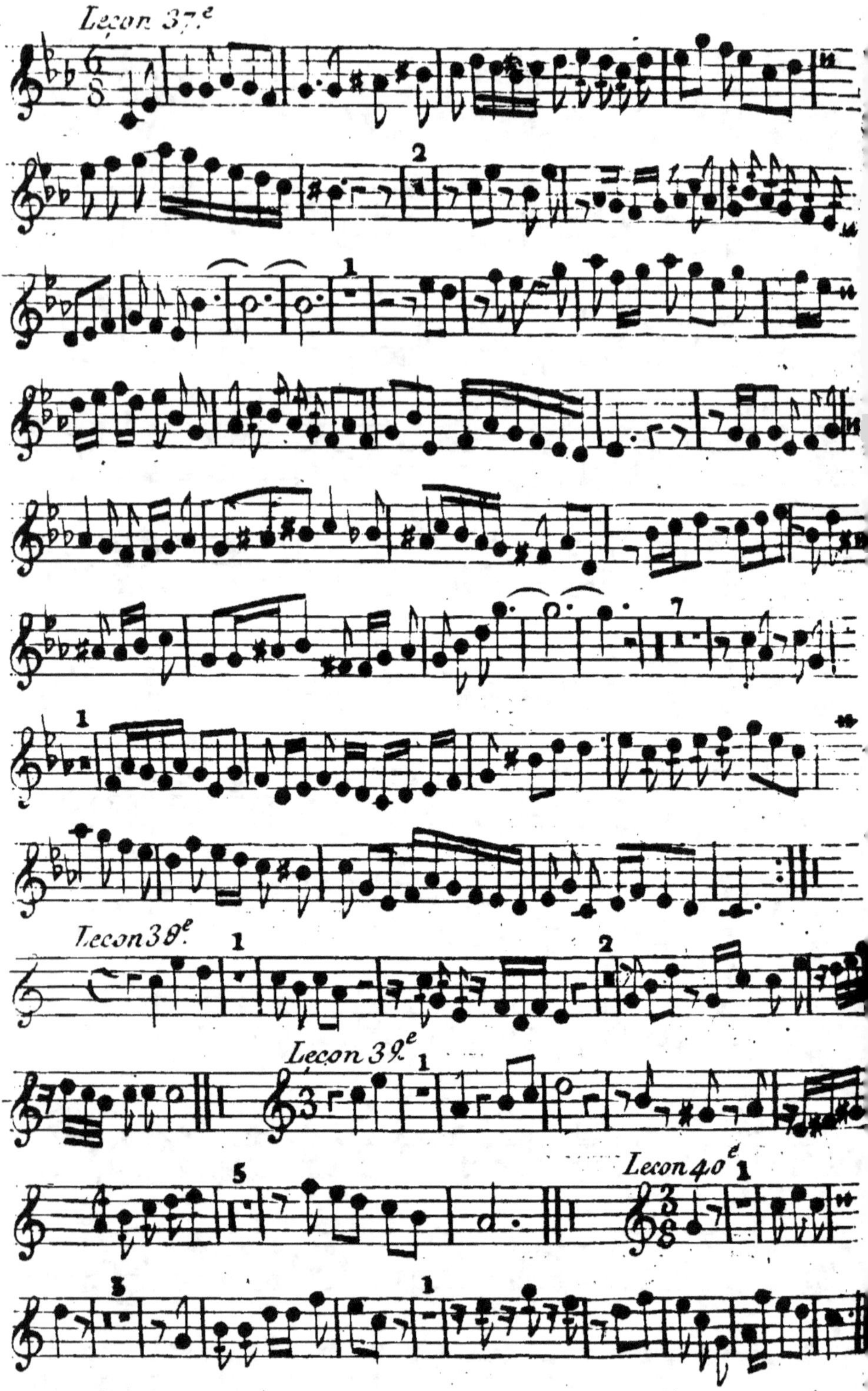

Leçon 37.e
2
1
1
7
1
Leçon 38.e
1
2
Leçon 39.e
1
5
Leçon 40.e
1
3
1

Reduction de la Musique

sur la Clef de Fa a la 4.ᵉ ligne et celle de Sol sur la 2.ᵈᵉ ligne

Game pour les Instrumens et ou toute espece de voix y trouve son étendue

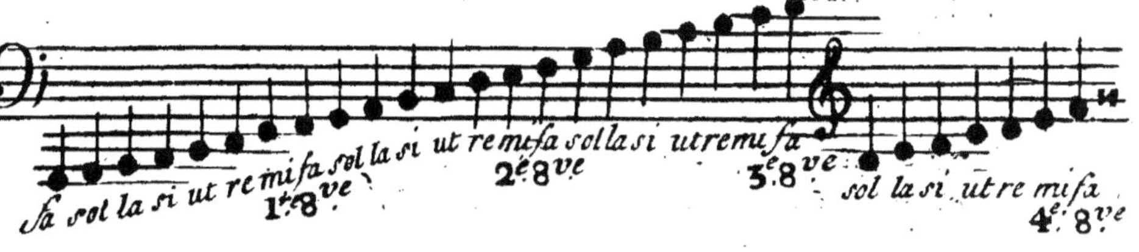

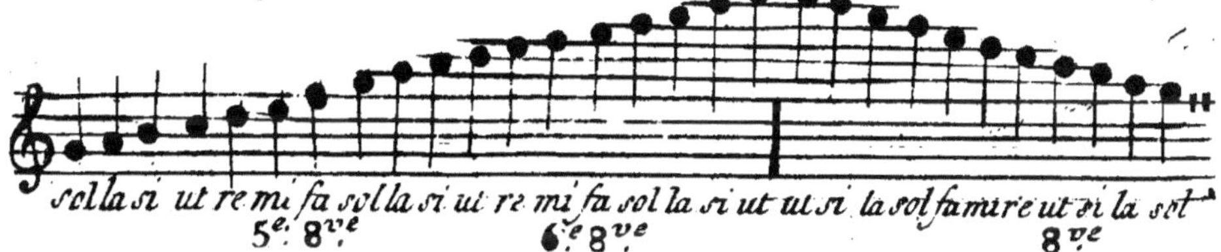

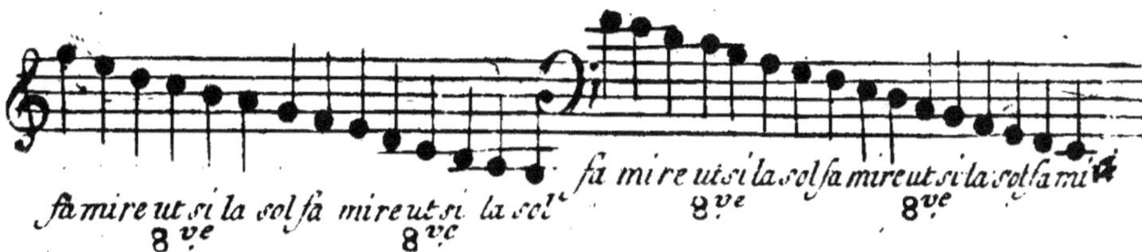

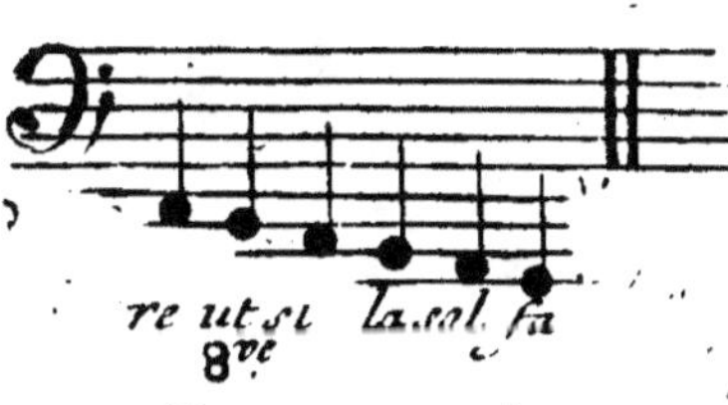

L'on peut suprimer la plus part des lignes ajoutées d'en haut en notant une Octave plus bas, et écrivant octave comme ci dessous avec une ligne en sizague tant que dure le passage haut

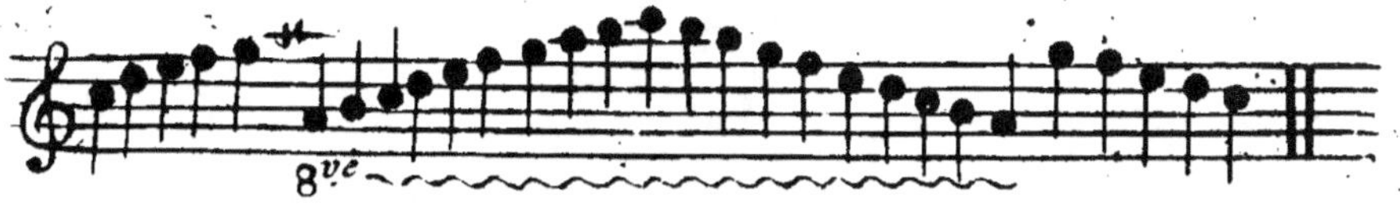

LEÇONS qui ne servent que pour la Culture de l'Oreille par le secour du Violon et l'on se conformera a ce qui est dit a leur Article imprimé cy devant.

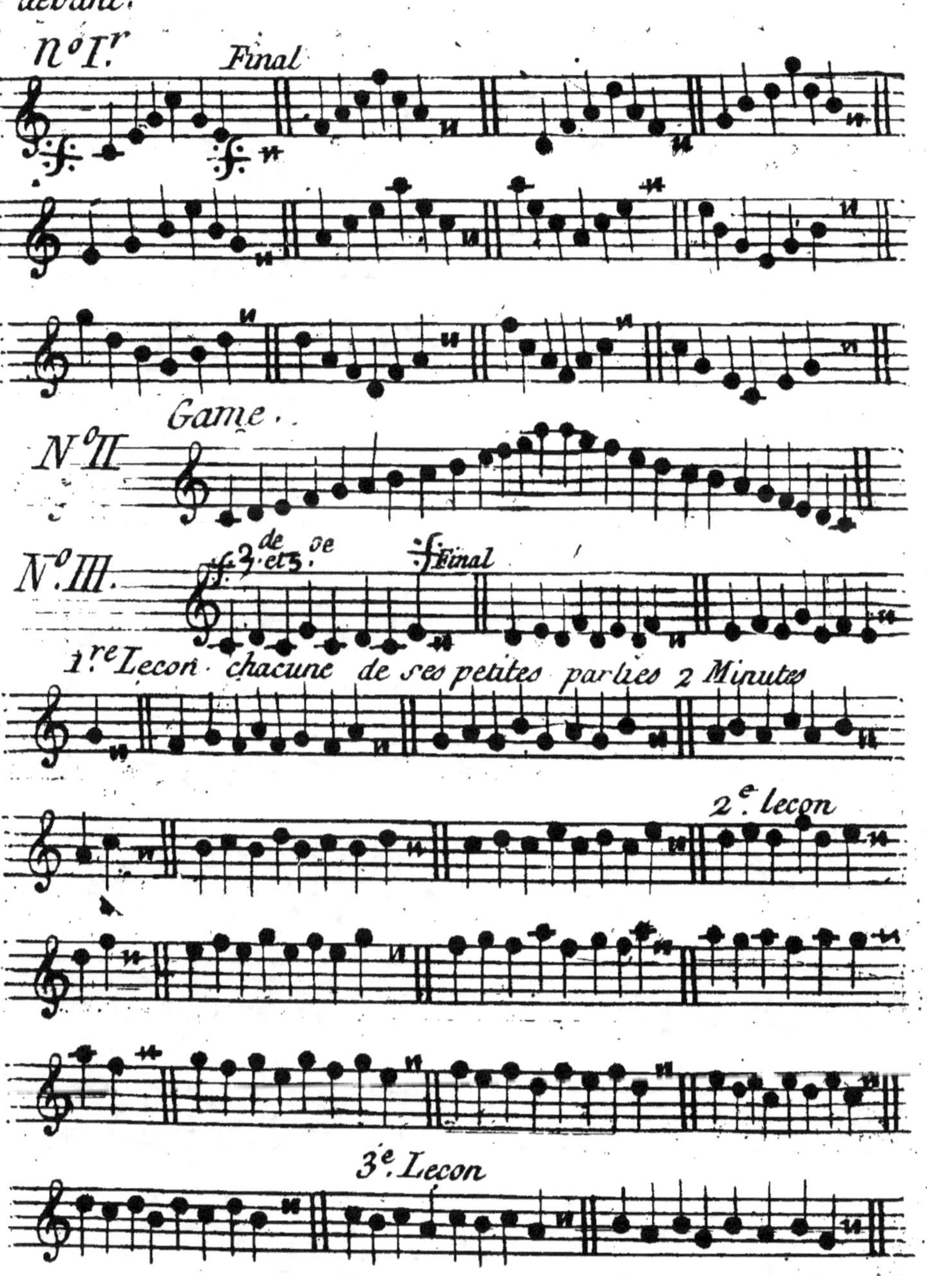

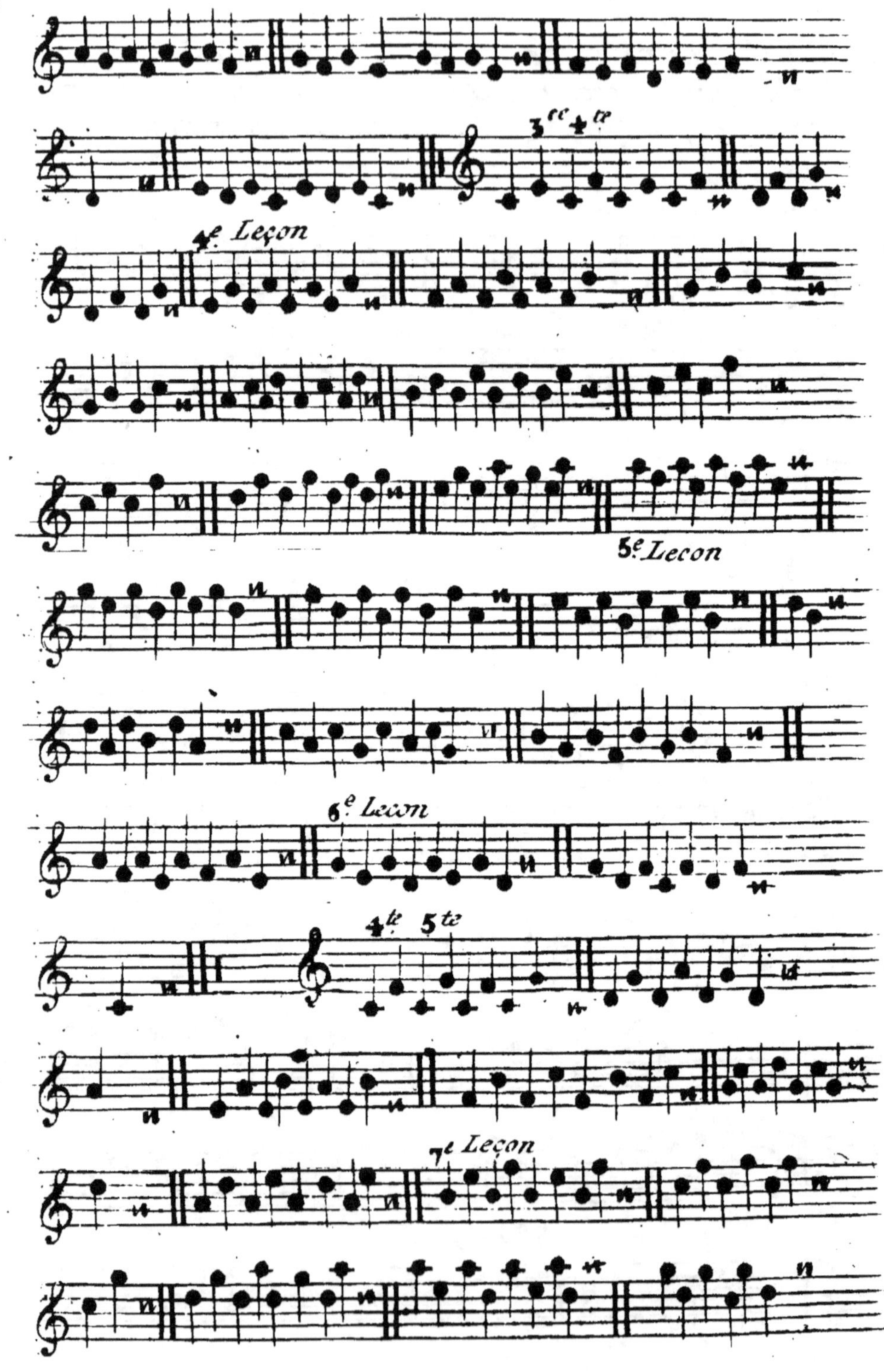
3.ce 4.te
4.e Leçon
5.e Leçon
6.e Leçon
4.te 5.te
7.e Leçon

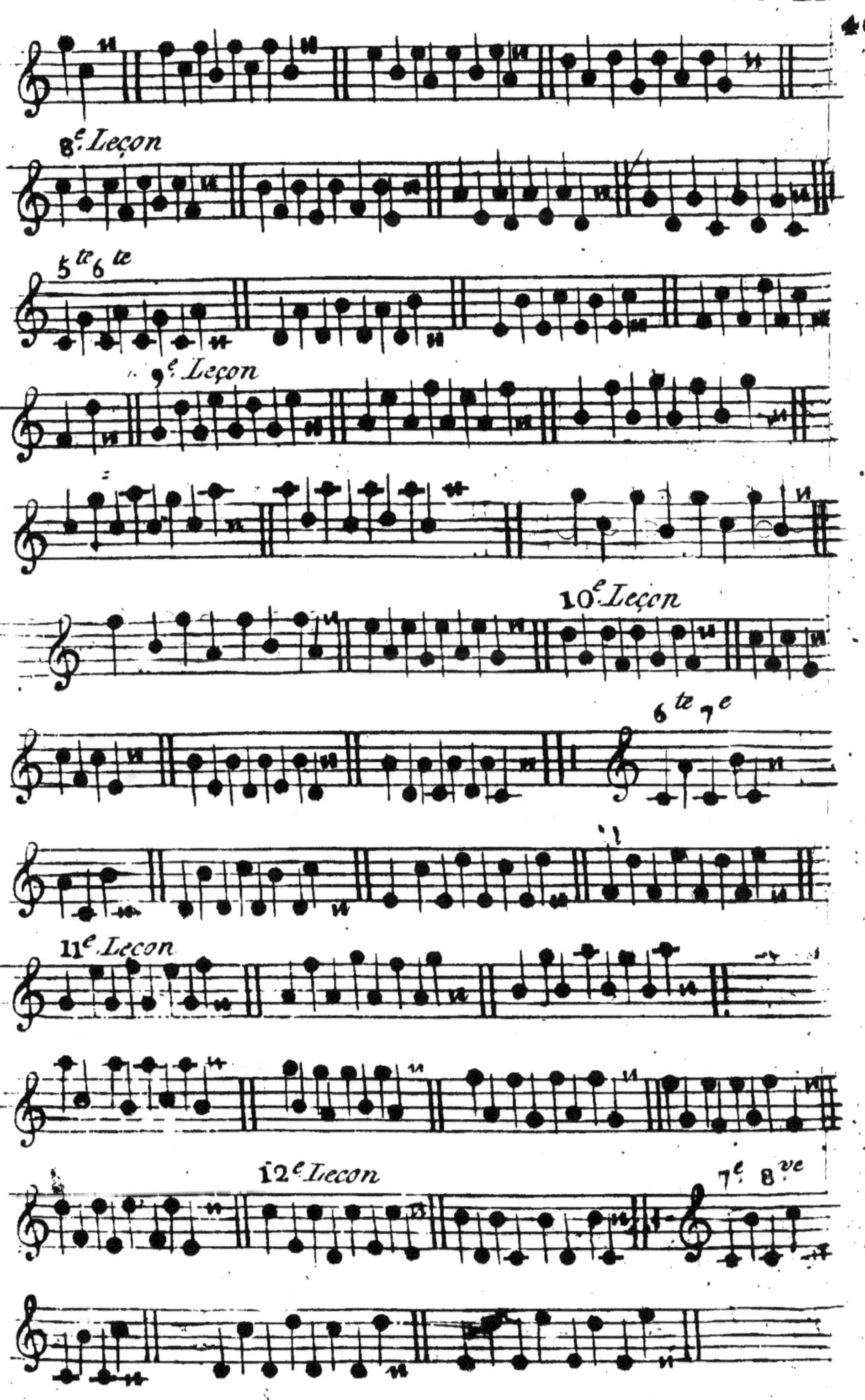
8.ᵉ Leçon
5.ᵗᵉ 6.ᵗᵉ
9.ᵉ Leçon
10.ᵉ Leçon
6.ᵗᵉ 7.ᵉ
11.ᵉ Leçon
12.ᵉ Leçon
7.ᵉ 8.ᵛᵉ
8.ᵉ Leçon

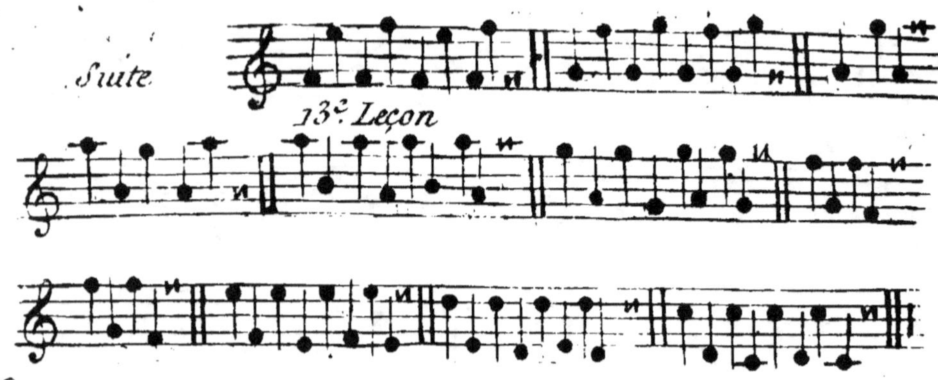

On retournera au N.° II pour redire la Game
pendant deux Leçons et les petites parties suivantes
comme on les a dites pour les repeter de nouveau et de
meme deux autres fois. Game Mineure.

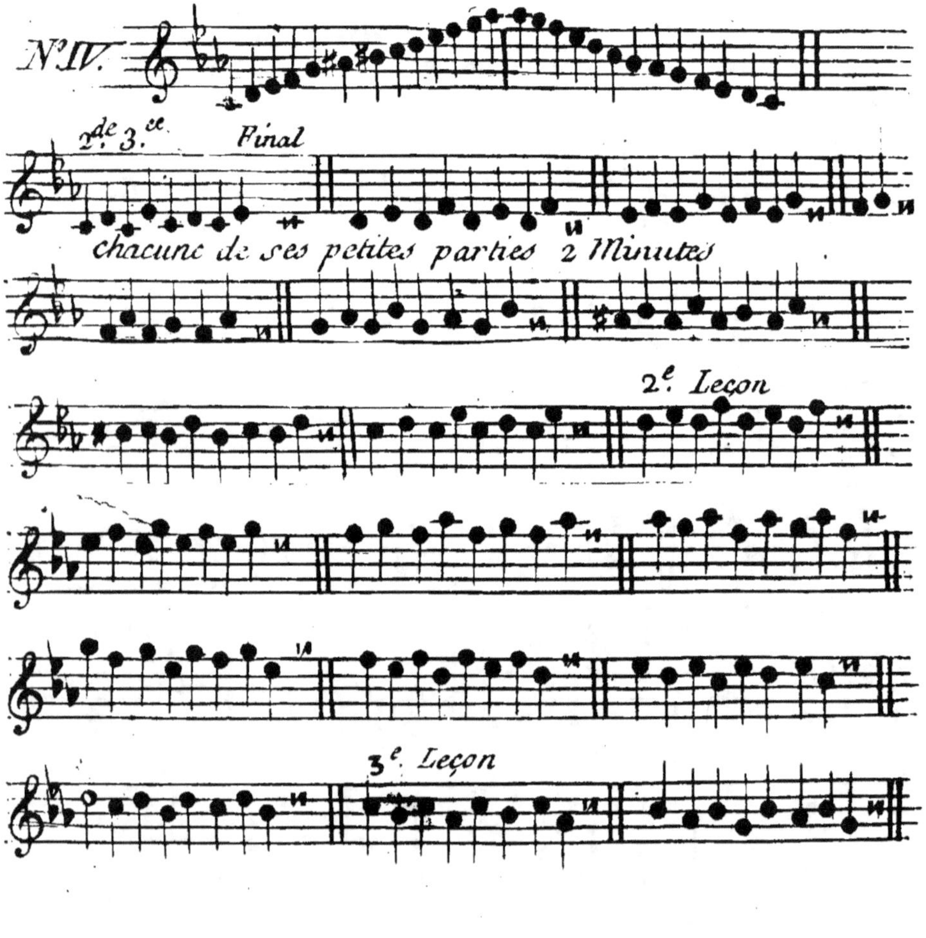

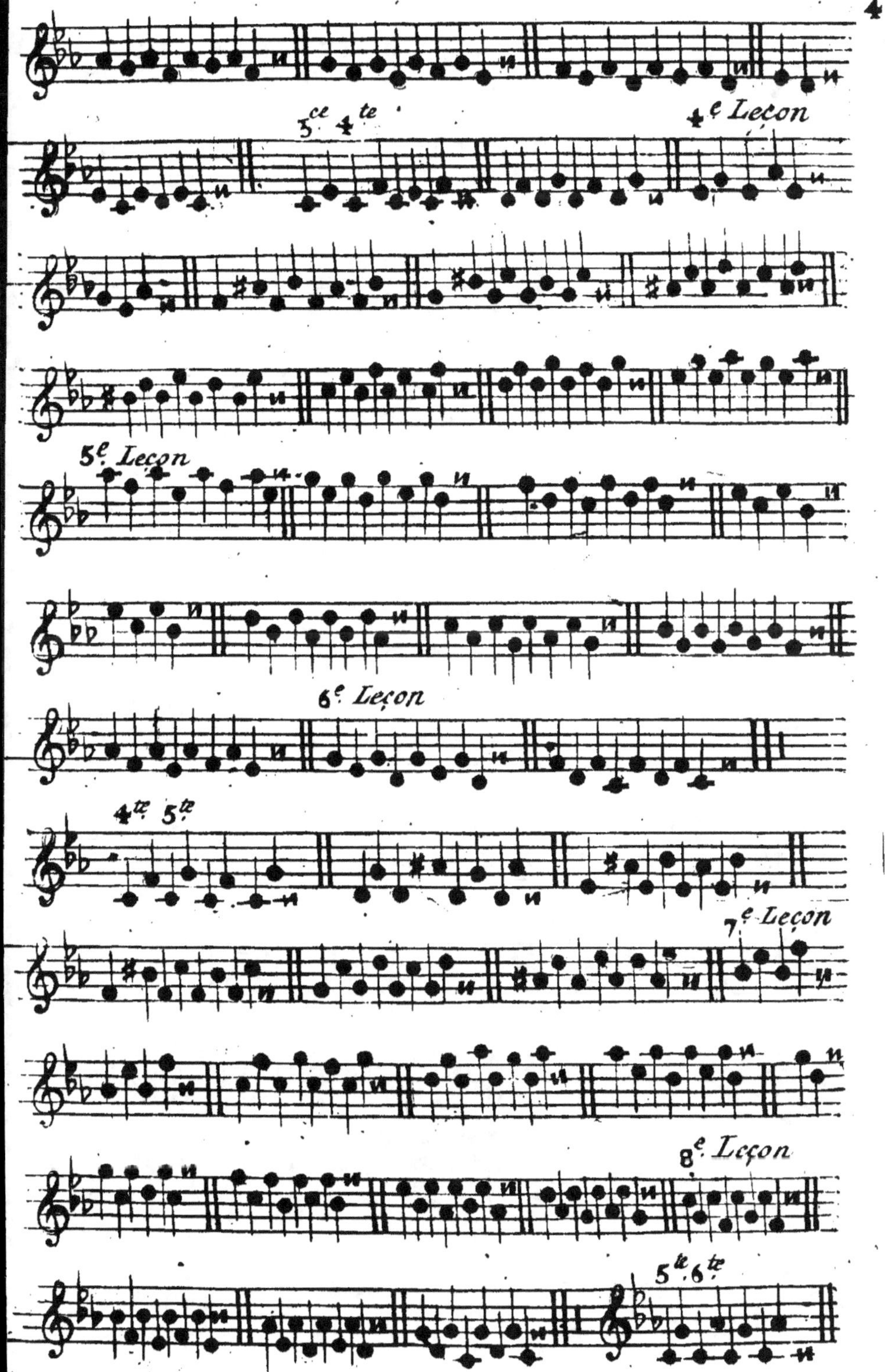
3ce 4te
4e Leçon
5e Leçon
6e Leçon
4te 5te
7e Leçon
8e Leçon
5te 6te

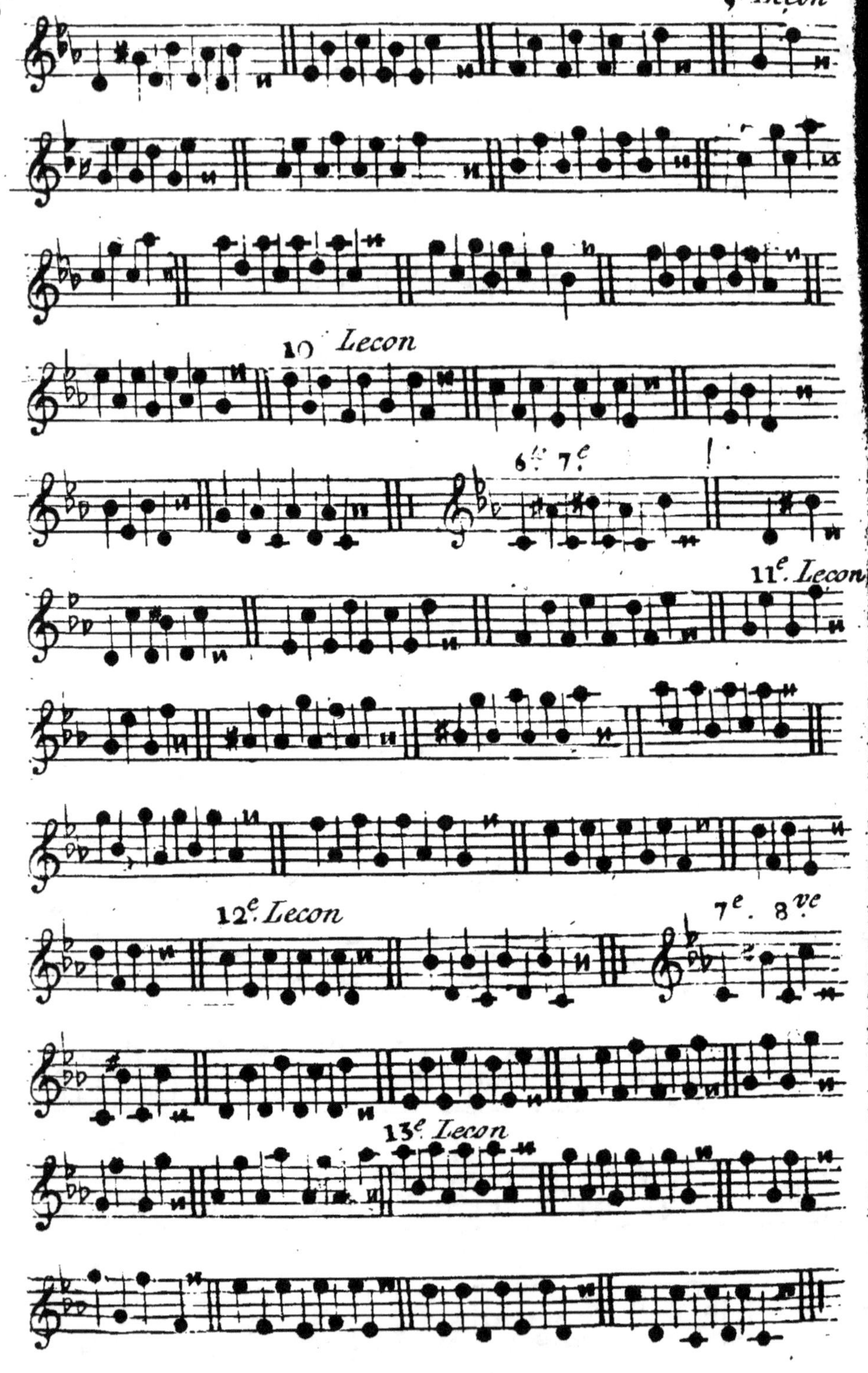
9.e Leçon
10.e Leçon
6.e. 7.e
11.e Leçon
12.e Leçon
7.e. 8.ve
13.e Leçon

On retournera au N.º IV. pour redire la Game Mineure pendant deux Leçons et les petites parties suivantes telles qu'on les a dites pour les repeter toutes encore deux autres fois de même.

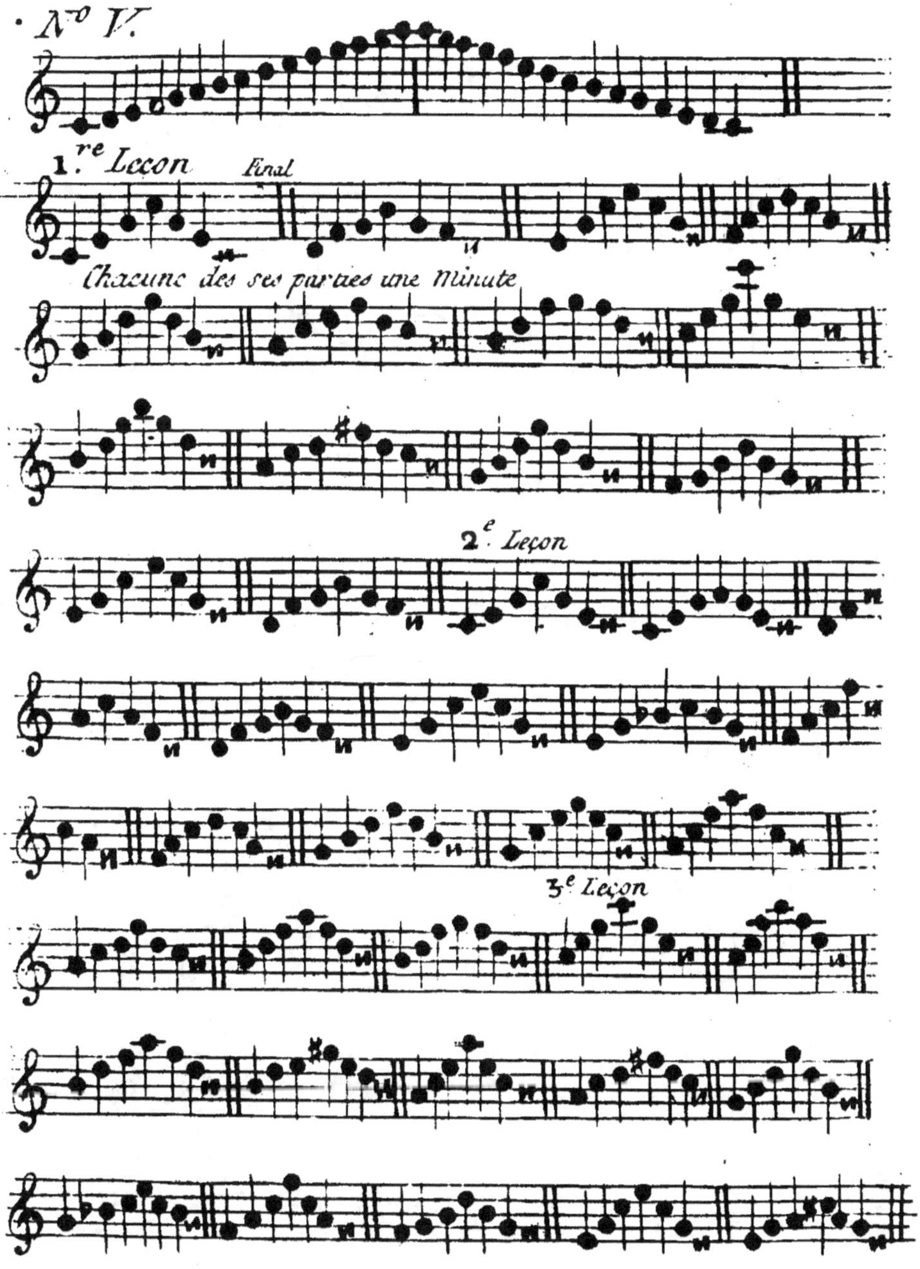

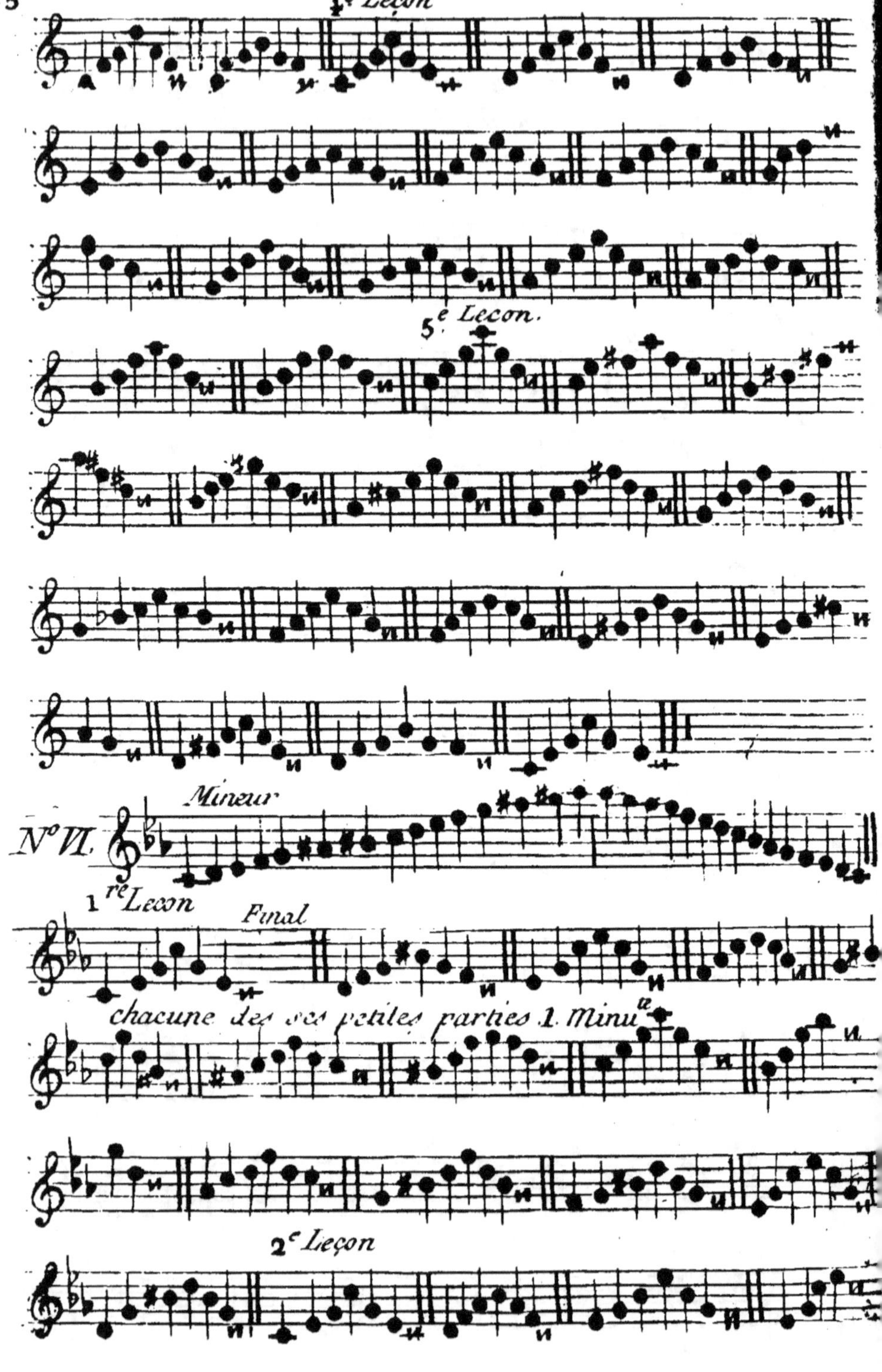
4e Leçon
5e Leçon.
Mineur
No VI.
1re Leçon
Final
chacune des ses petites parties 1. Minuit
2e Leçon

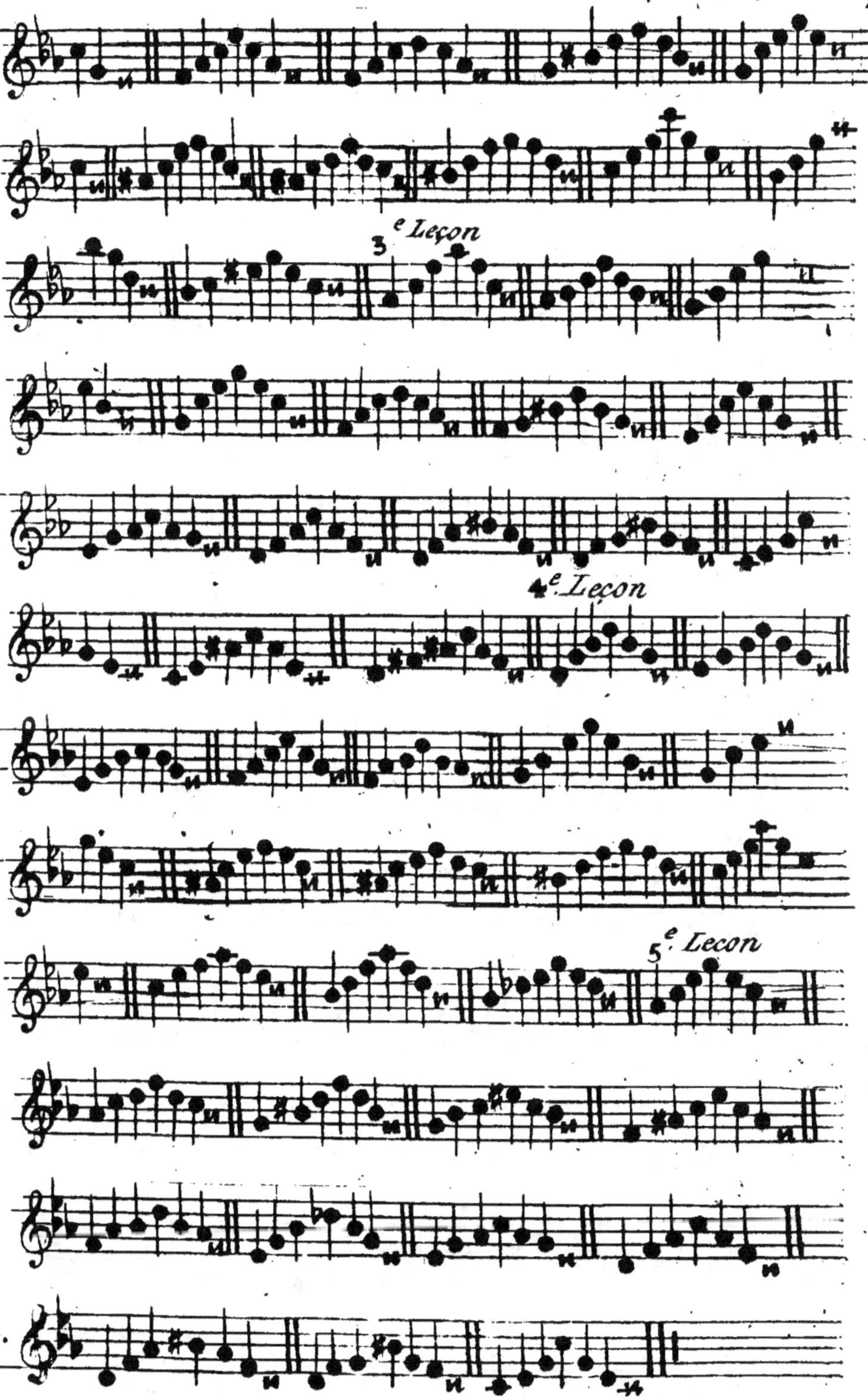

3^e Leçon

4^e Leçon

5^e Leçon

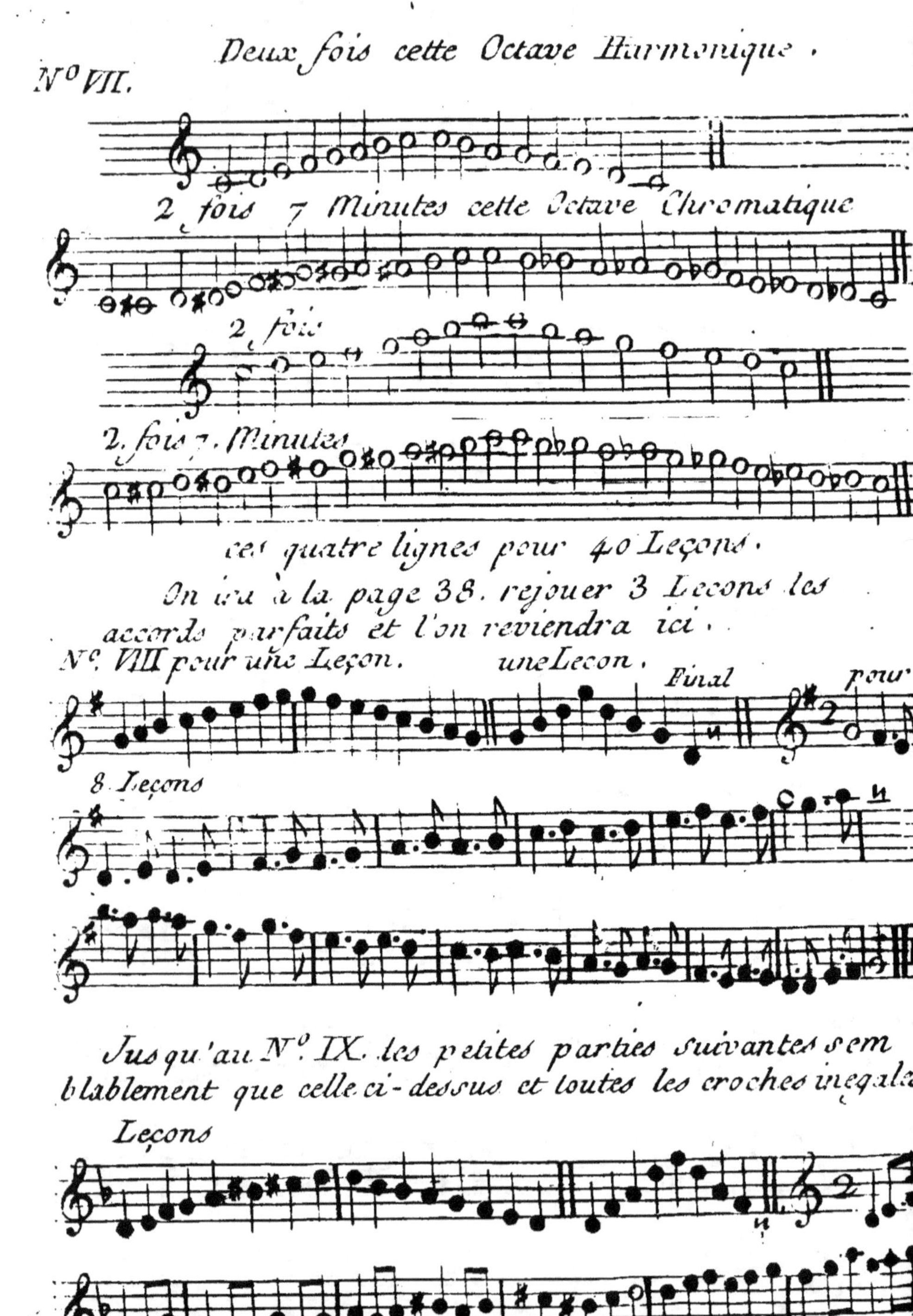

Deux fois cette Octave Harmonique.
N° VII.
2 fois 7 Minutes cette Octave Chromatique
2 fois
2 fois 7. Minutes
ces quatre lignes pour 40 Leçons.
On ira à la page 38. rejouer 3 Leçons les accords parfaits et l'on reviendra ici.
N° VIII pour une Leçon.   une Leçon.   Final   pour
8 Leçons
Jusqu'au N° IX. les petites parties suivantes semblablement que celle ci-dessus et toutes les croches inégales
Leçons

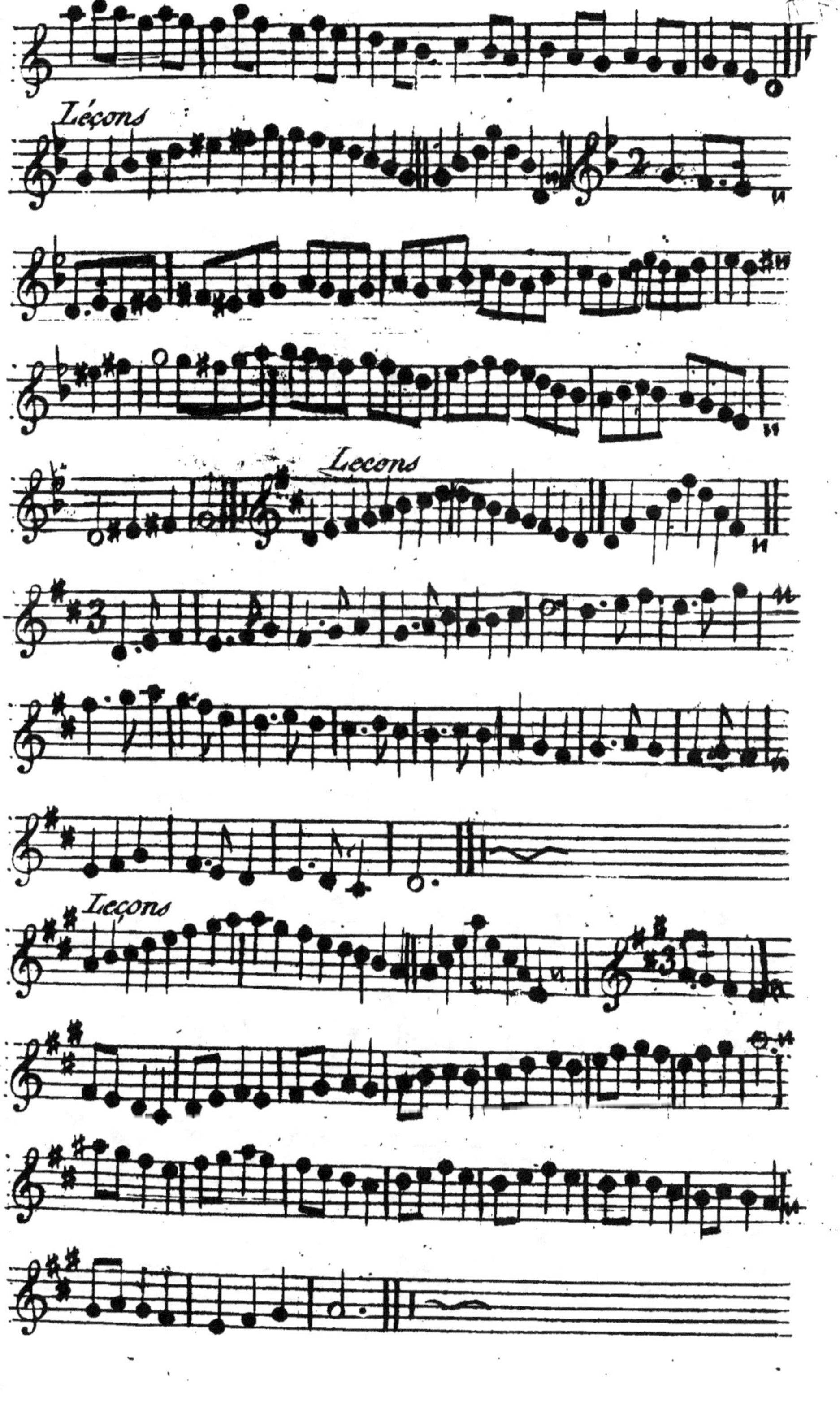

Léçons
Leçons
Leçons

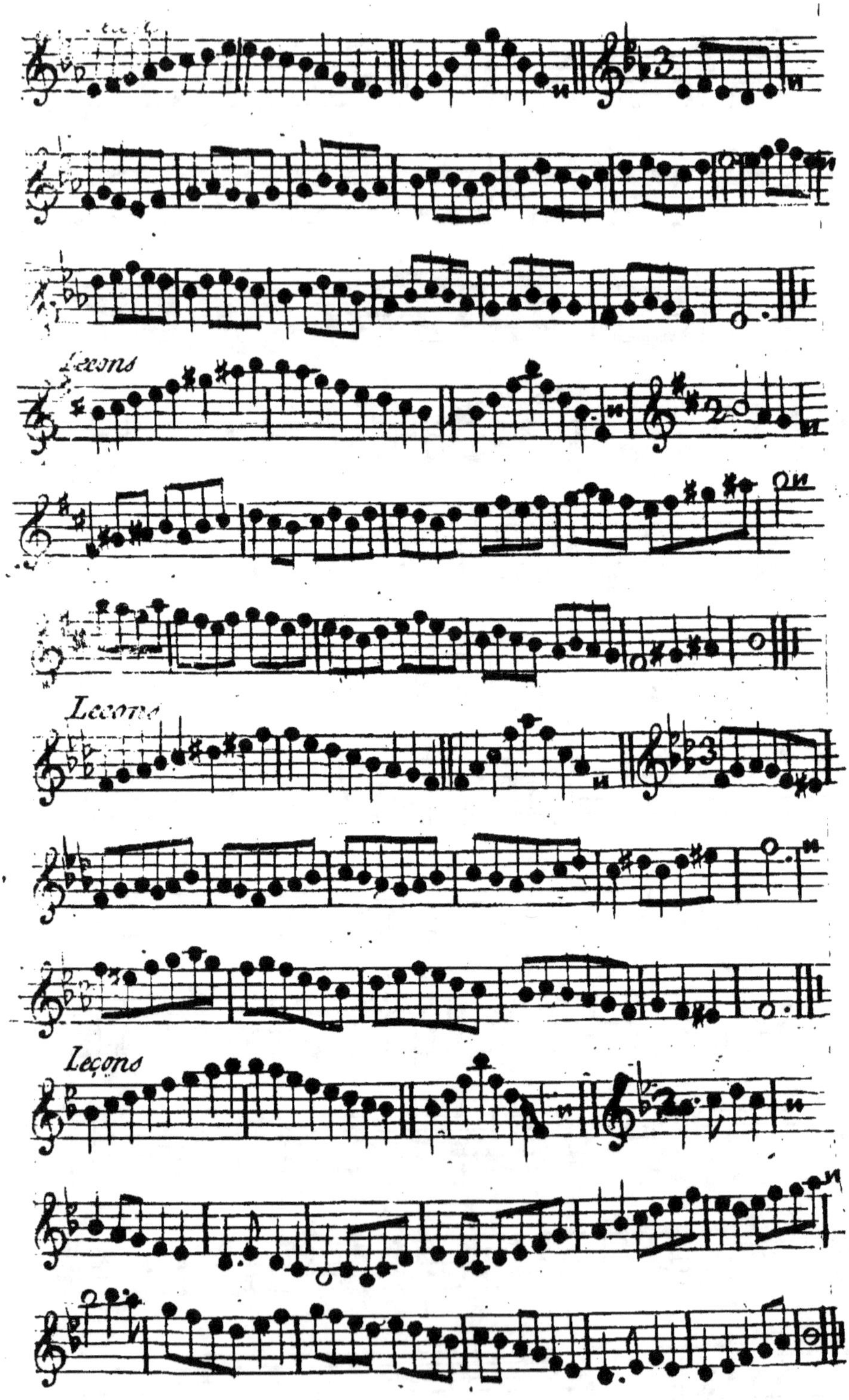

Leçons

Leçons

Leçons

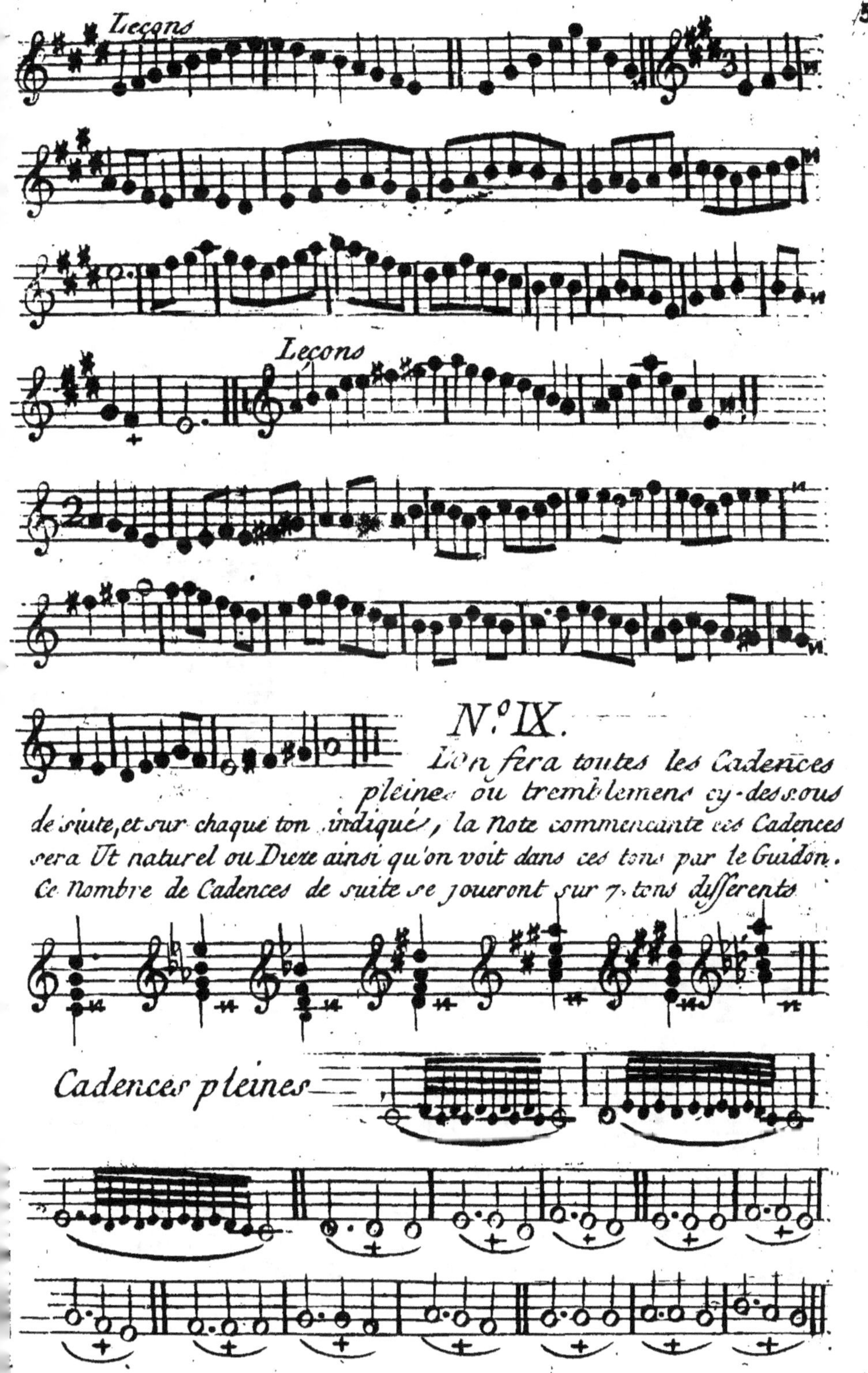
Leçons
Leçons
N.º IX.
L'on fera toutes les Cadences
pleines ou tremblemens cy-dessous
de suite, et sur chaque ton indiqué, la Note commençante ces Cadences
sera Ut naturel ou Dieze ainsi qu'on voit dans ces tons par le Guidon.
Ce Nombre de Cadences de suite se joueront sur 7 tons differents
Cadences pleines

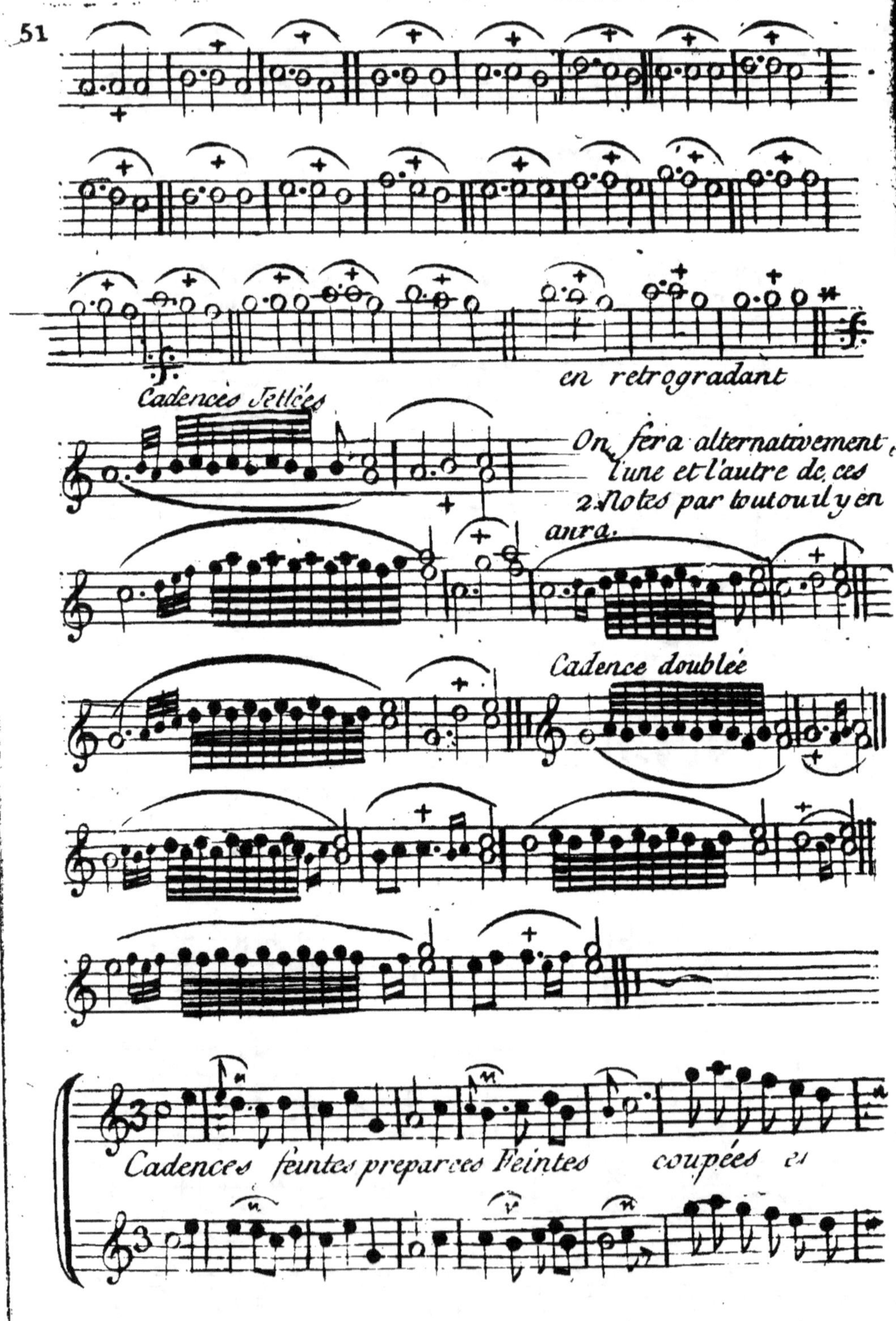
en retrogradant
f.
Cadences Jettées
On fera alternativement
l'une et l'autre de ces
2 Notes par tout ou il y en
aura.
Cadence doublée
Cadences feintes preparées Feintes coupées et

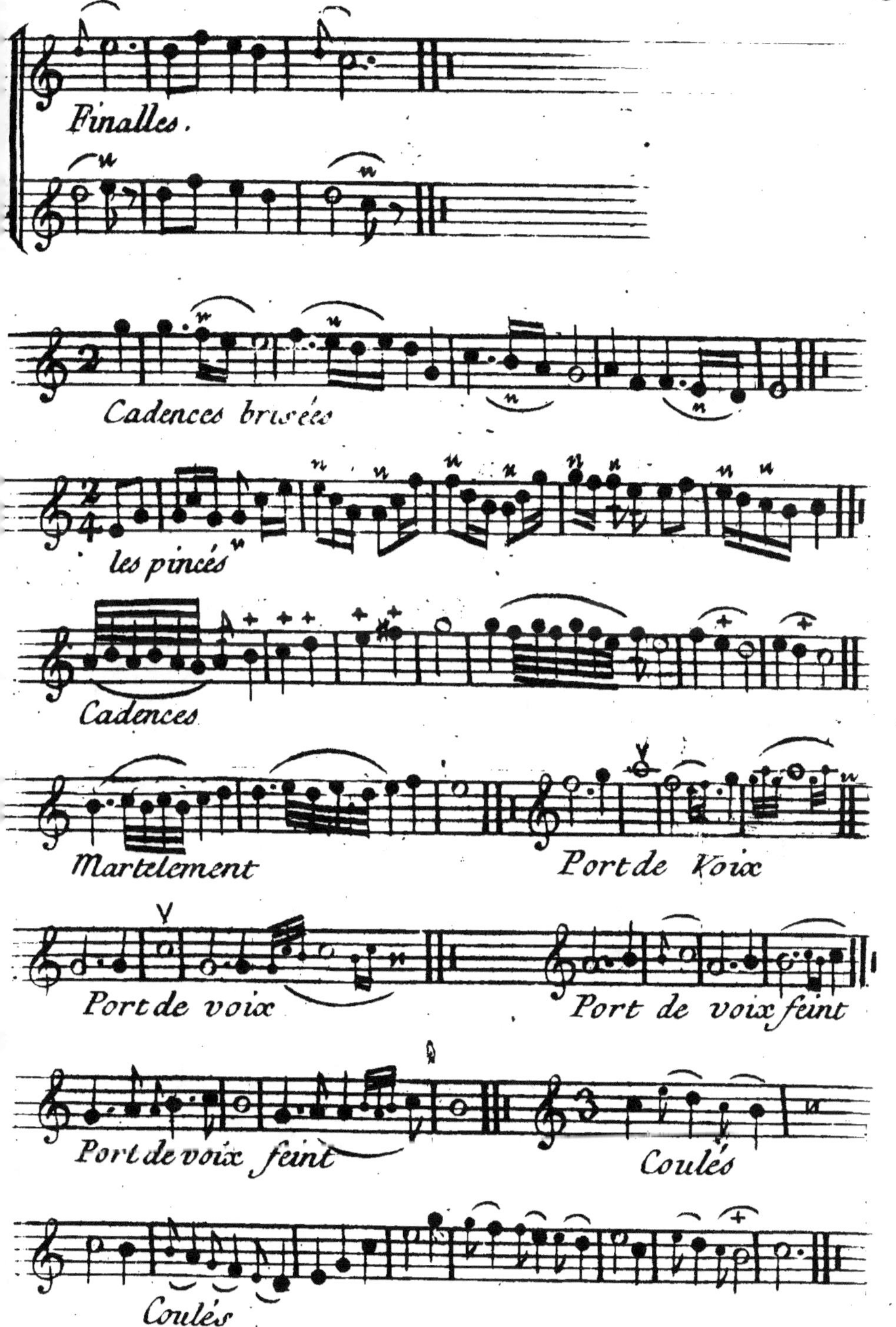
52
Finalles.
Cadences brisées
les pincés
Cadences
Martelement
Port de Voix
Port de voix
Port de voix feint
Port de voix feint
Coulés
Coulés

LEÇONS POUR CHANTER,

Ces Leçons se chanteront par les Sillabes,

Ia, Ie, Ii, Io, Iu.

La Game.

On ira à la Page 2. ou est écrit Notes pour apprendre, que l'on chantera
jusqu'à la huitieme portée de la Page 4.
3. ou 4 fois par jour cette Game Chromatique. Les Notes sur le même
Degré sont les demi-tons Mineurs. et celle sur deux dégrés demi-tons
Majeurs.

Premier Air.

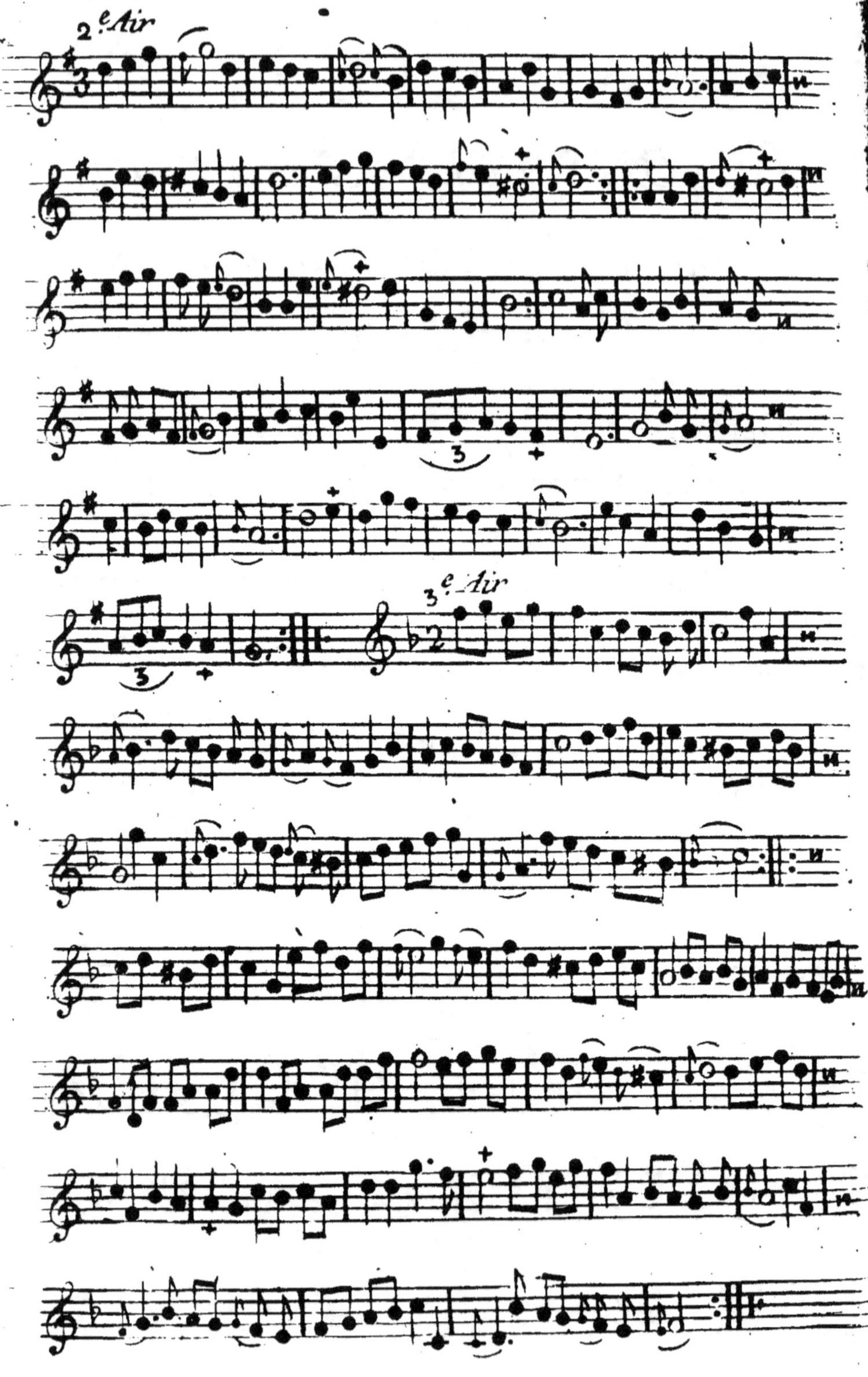

2.ᵉ Air

3.ᵉ Air

3.ᵉ Air.

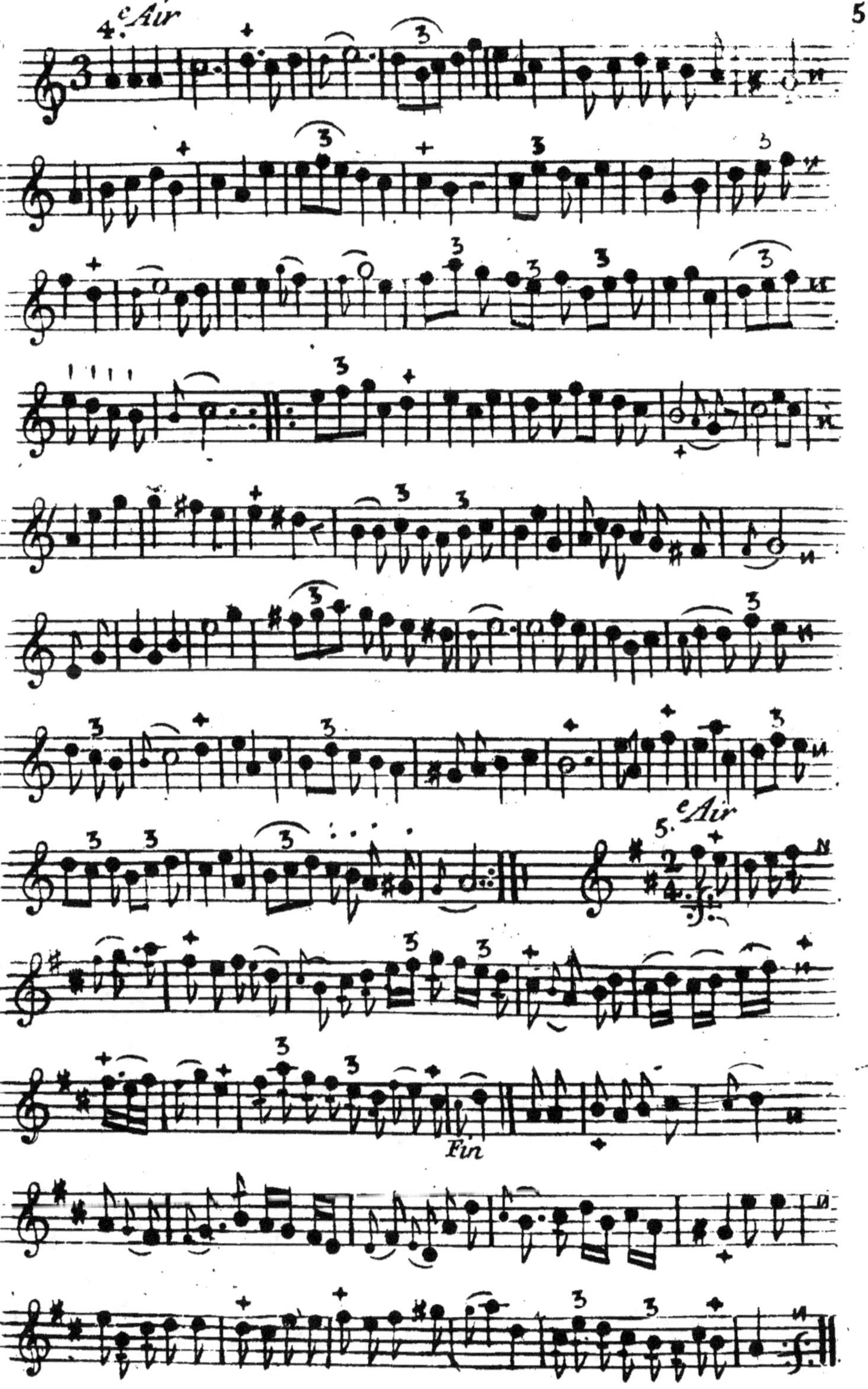

4.e Air
56
5.e Air
Fin

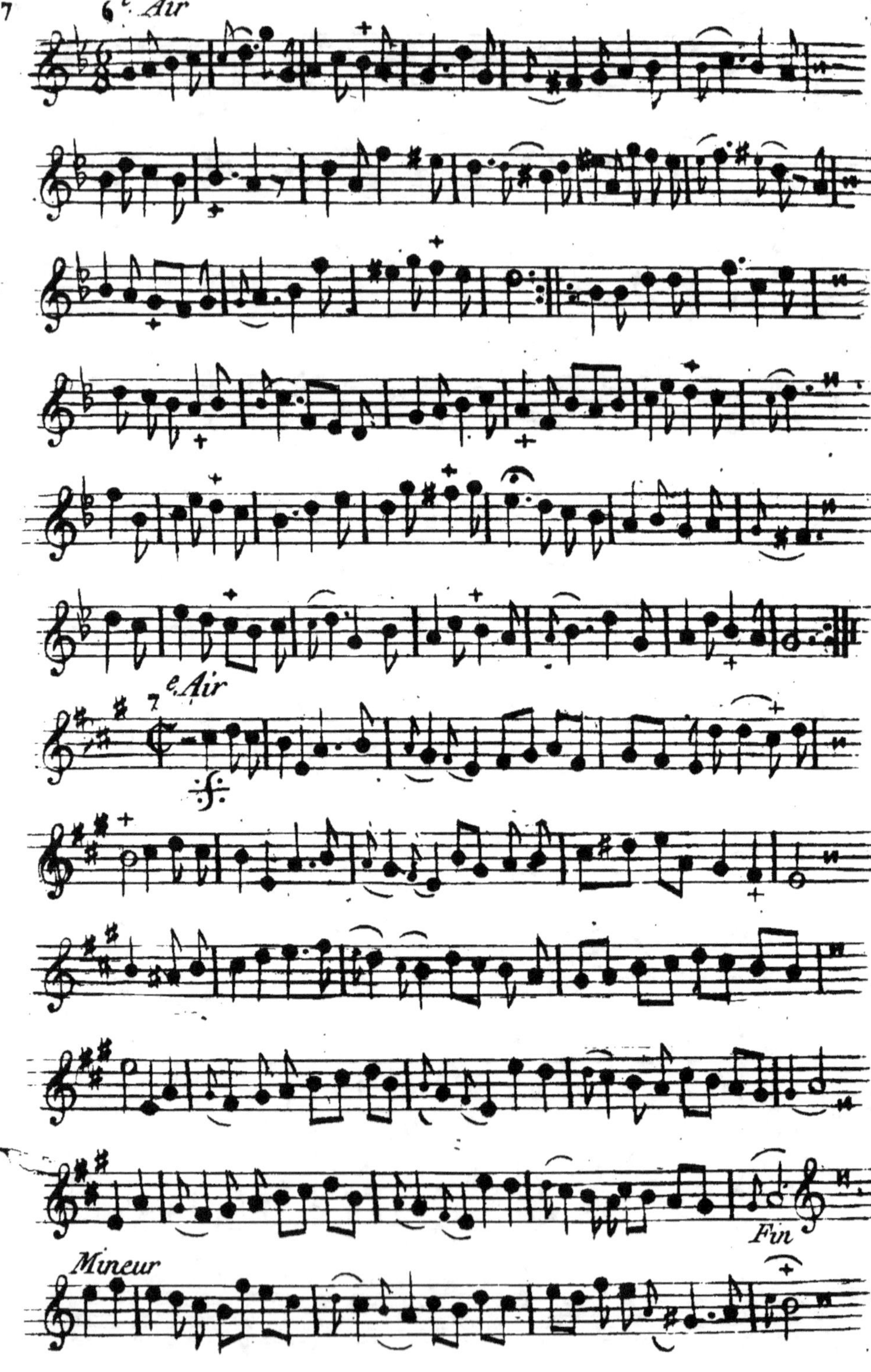
57
6e Air
7e Air
Mineur
Fin

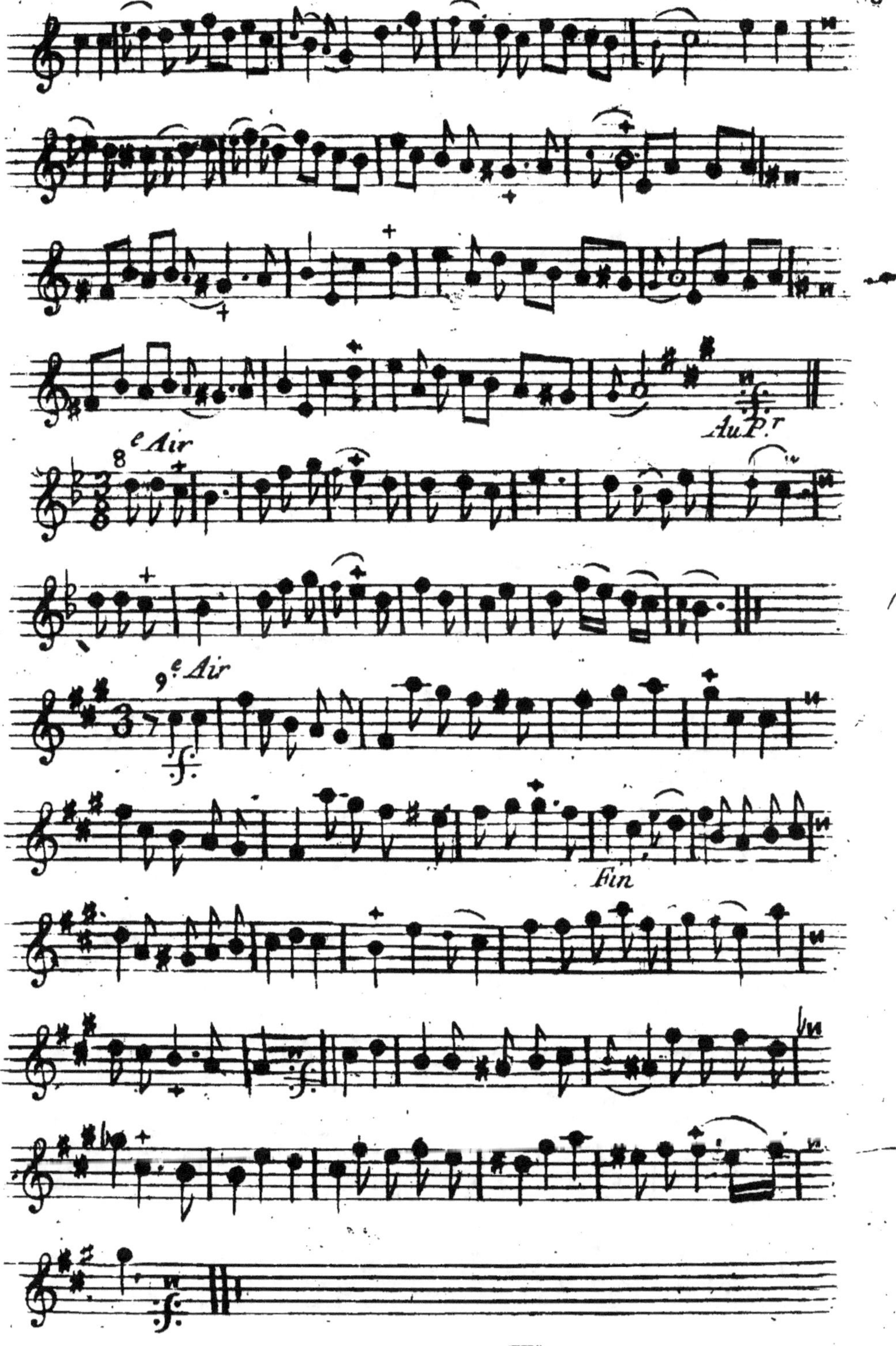
Au.P.r
8e Air
9e Air
f.
Fin
f.
f.

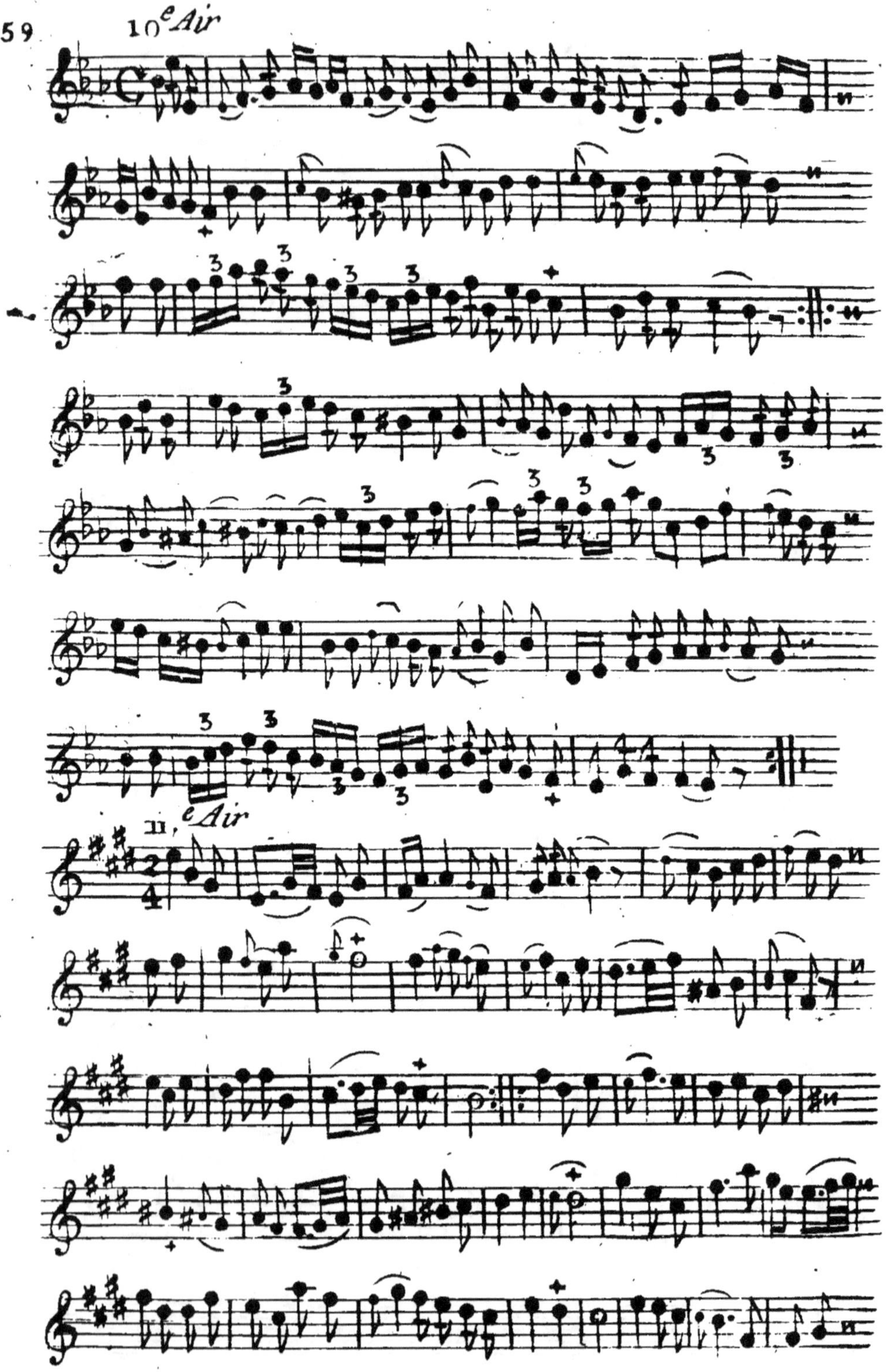

59
10e Air
11e Air

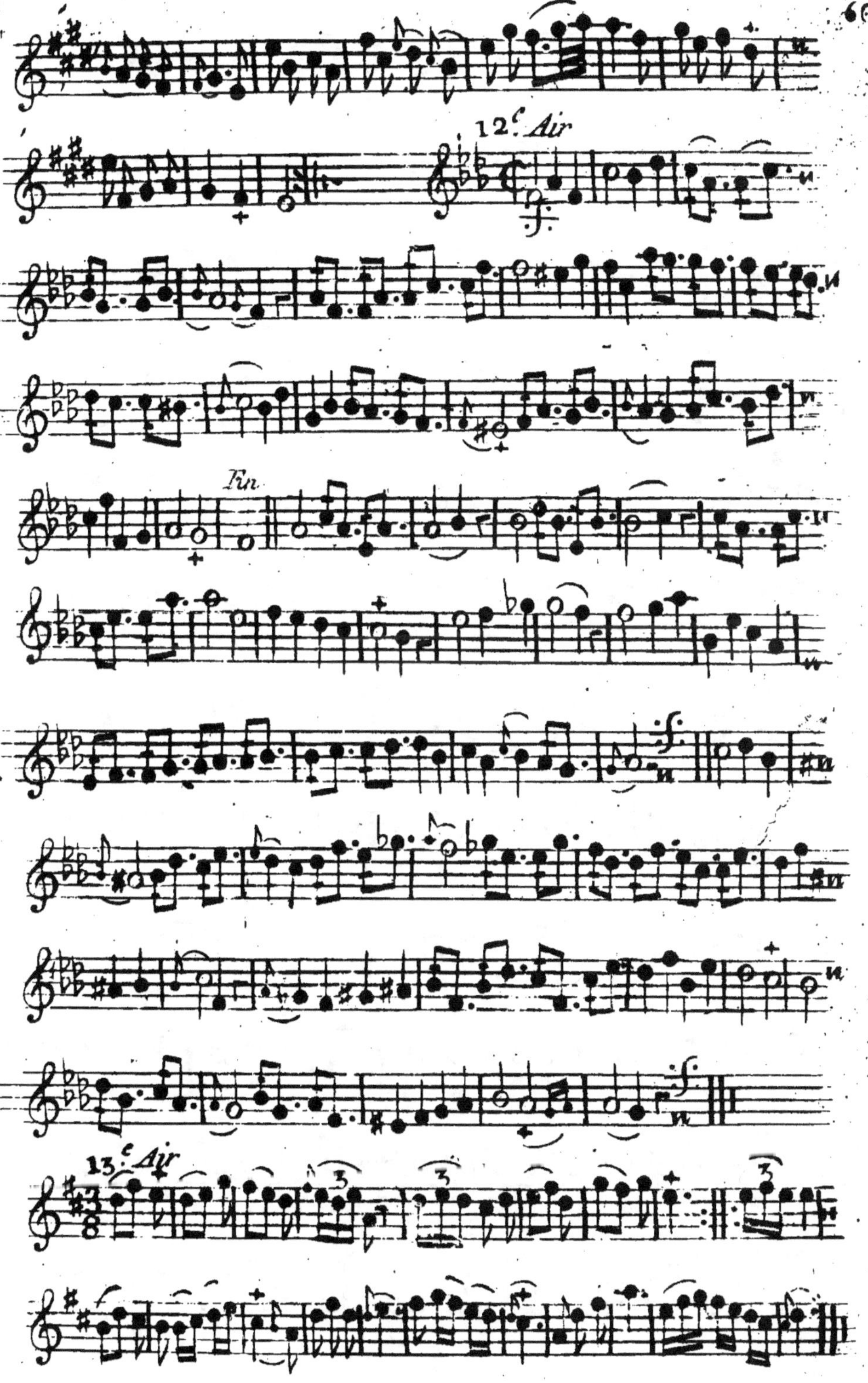
60
12.e Air
Fin
13.e Air

61
14e Air
Fin

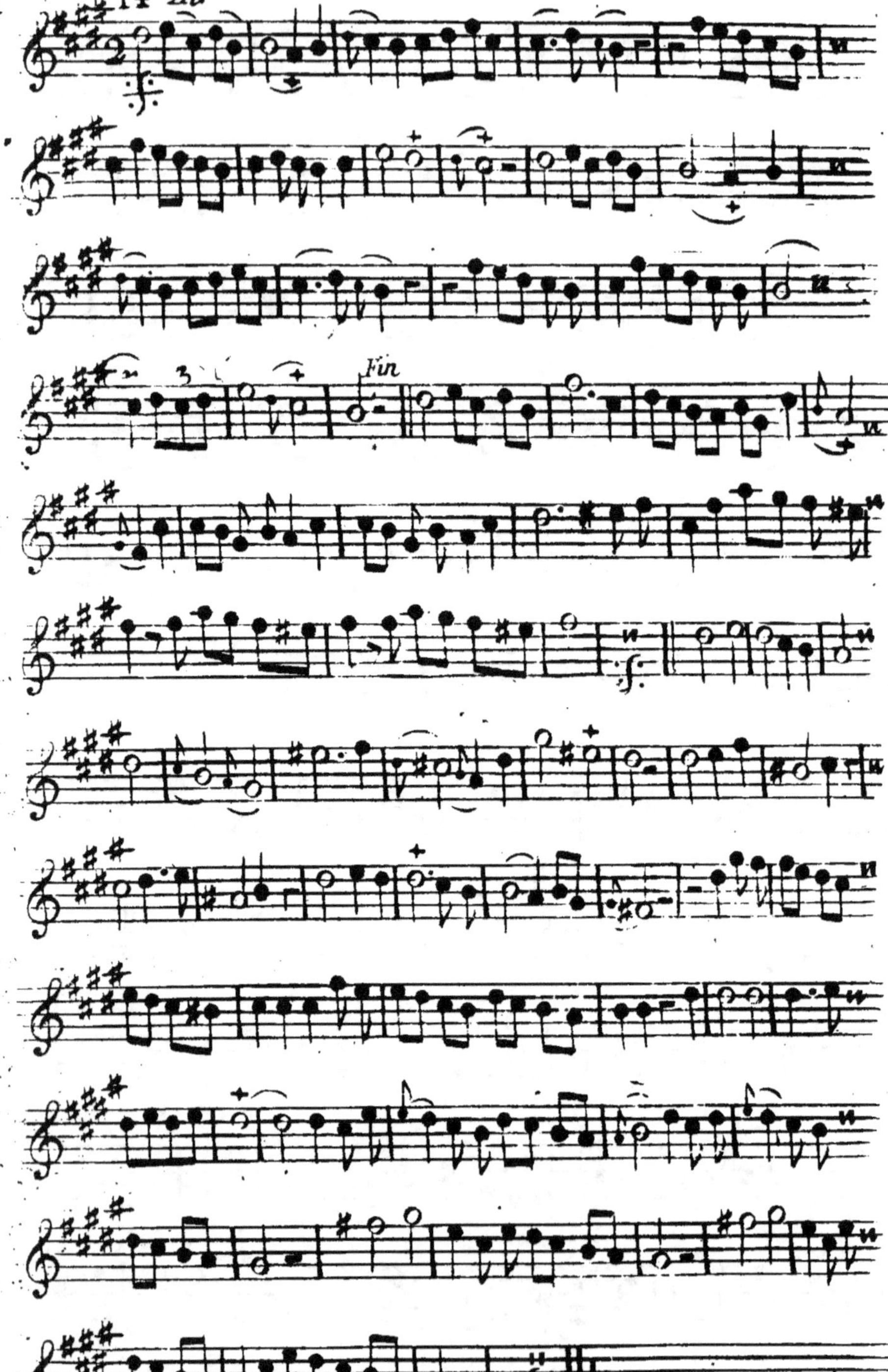

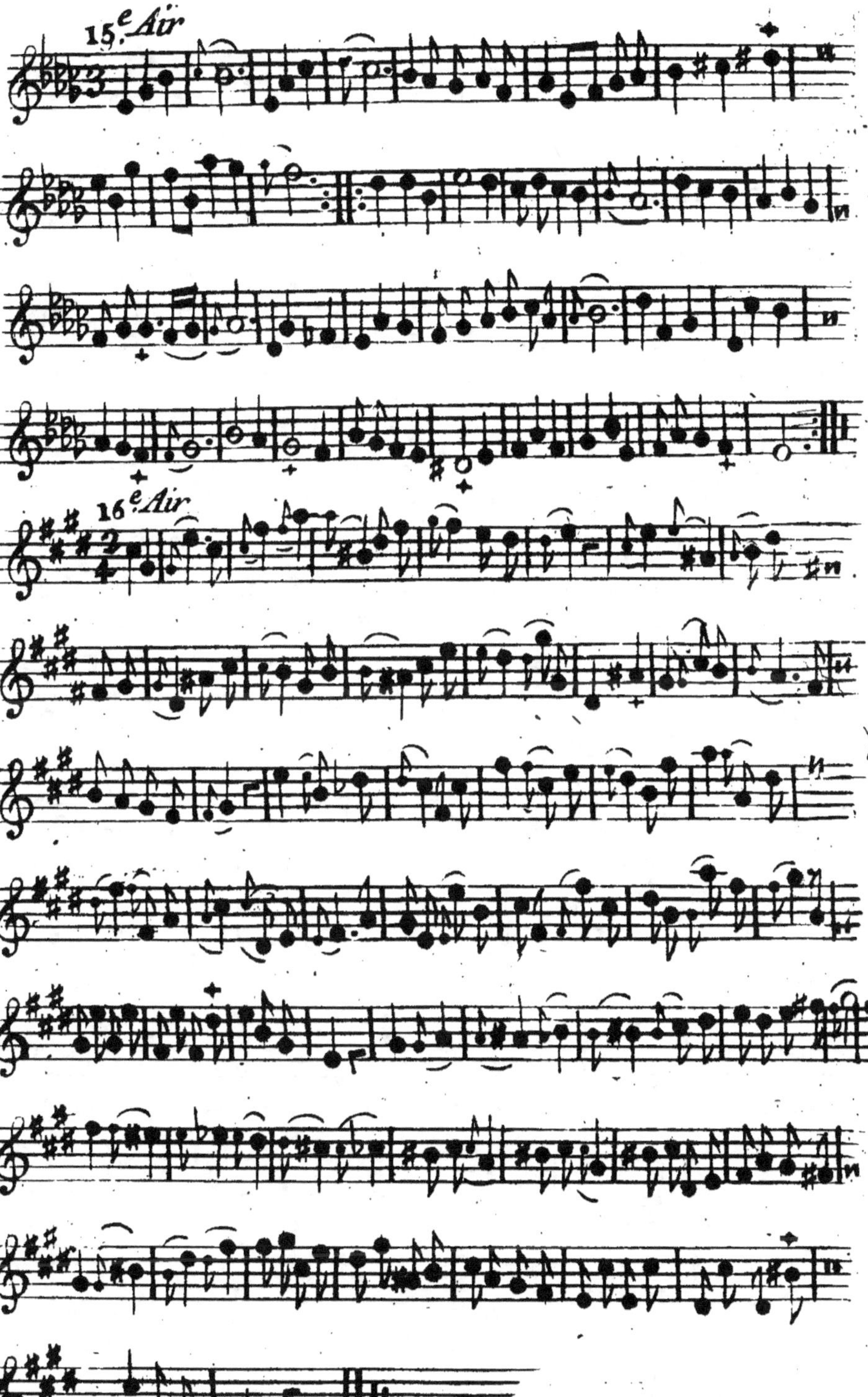

15.e Air
16.e Air

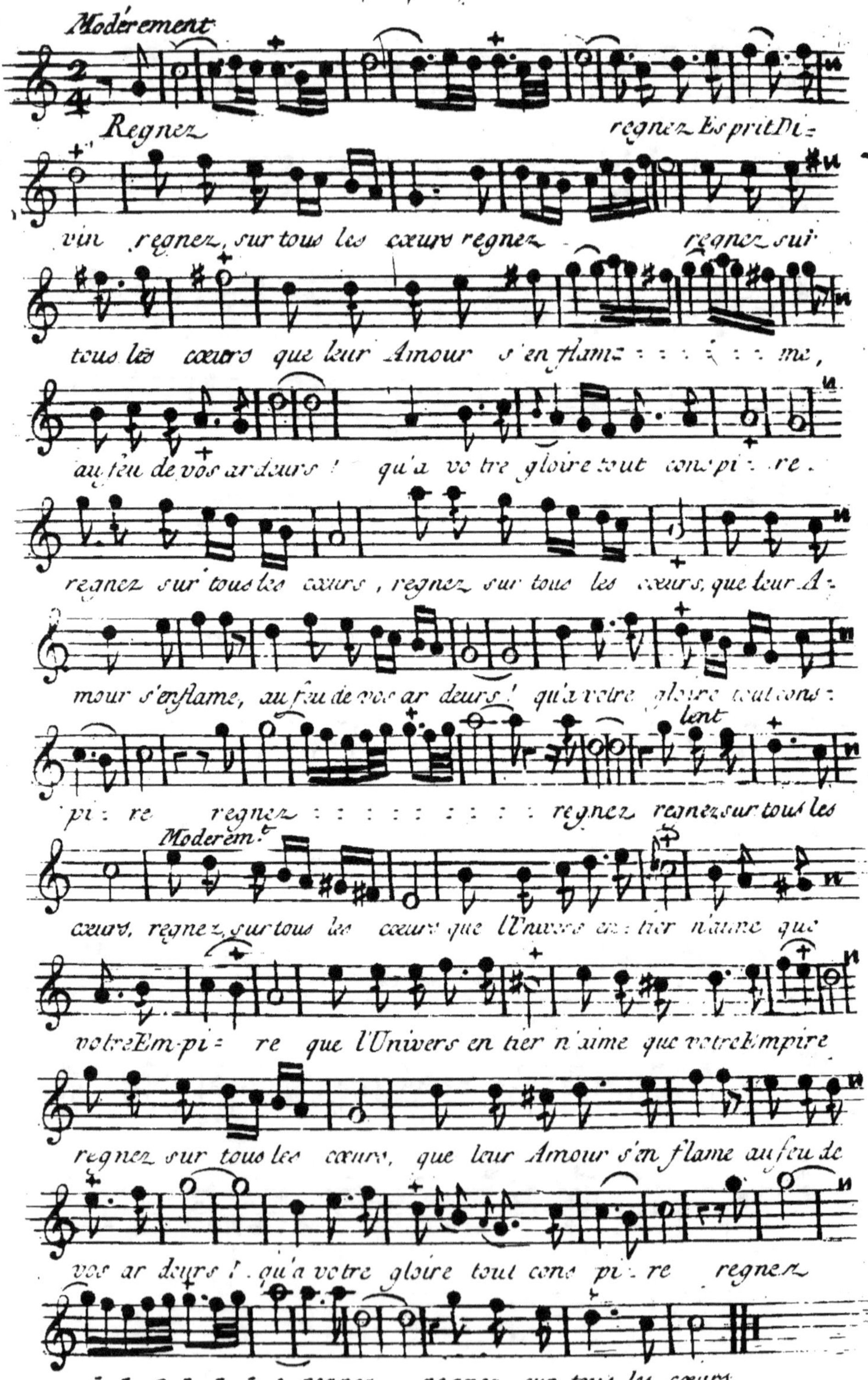

Modérement
Regnez   regnez Esprit Di=
vin regnez, sur tous les cœurs regnez   regnez sur
tous les cœurs que leur Amour s'enflame=======me,
au feu de vos ardeurs ! qu'a votre gloire tout conspi=re.
regnez sur tous les cœurs, regnez sur tous les cœurs, que leur A=
mour s'enflame, au feu de vos ardeurs ! qu'a votre gloire tout cons=
pi=re regnez============ regnez regnez sur tous les
Moderem.t
cœurs, regnez, sur tous les cœurs que l'Univers entier n'aime que
votre Em-pi=re que l'Univers entier n'aime que votre Empire
regnez sur tous les cœurs, que leur Amour s'enflame au feu de
vos ardeurs ! qu'a votre gloire tout conspi=re regnez
===========regnez regnez sur tous les cœurs

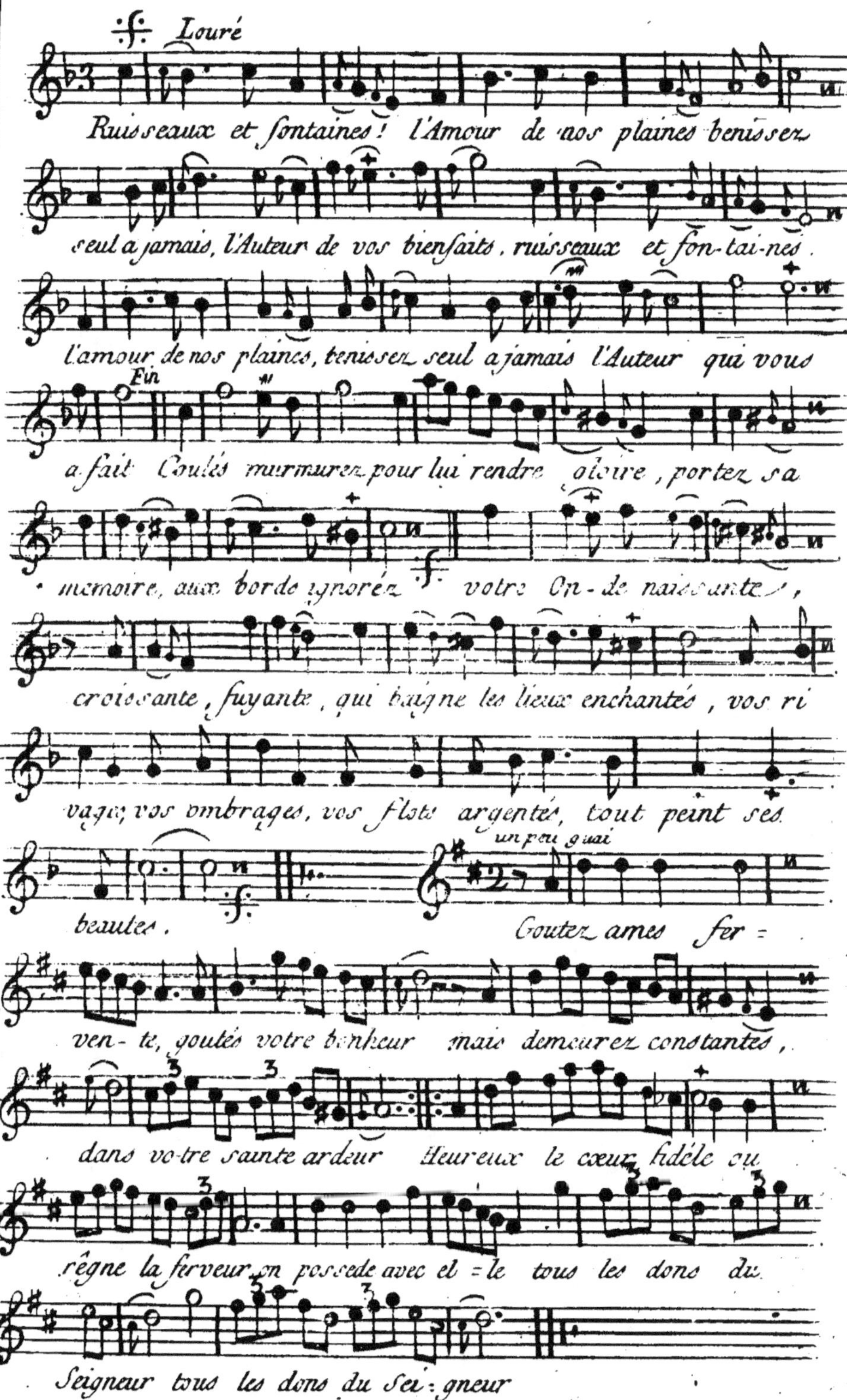

:f: Louré
164
Ruisseaux et fontaines! l'Amour de nos plaines benissez
seul a jamais, l'Auteur de vos bienfaits, ruisseaux et fon-tai-nes.
l'amour de nos plaines, benissez seul a jamais l'Auteur qui vous
Fin
a fait Coulés murmurez pour lui rendre gloire, portez sa
memoire, aux bords ignorez :f: votre On-de naissante,
croissante, fuyante, qui baigne les lieux enchantés, vos ri
vage, vos ombrages, vos flots argentés, tout peint ses
un peu guai
beautés. :f: Goutez ames fer =
ven-te, goutés votre bonheur mais demeurez constantes,
dans votre sainte ardeur Heureux le cœur fidéle ou
régne la ferveur on possede avec el = le tous les dons du
Seigneur tous les dons du Sei=gneur